入門!
産業社会心理学

仕事も人間関係もうまくいく
心理マネジメントの秘訣

杉山 崇 編著
SUGIYAMA TAKASHI

SOCIAL PSYCHOLOGY OF INDUSTRY

北樹出版

はじめに

　20年あまり心理学者をやっている私からみると、みなさんの生産性と幸福感を高めるなんて実は簡単なことです。心理学をうまく使えばいいのです。
　しかし…

「心理学は面白そうだと思ったけど、専門の先生の話を聞くと何かが違う…」
「役に立つものかと思ったけど、案外使えない…」

という声が聞こえてくるのが実態です。これらは、心理学に興味を持ってくれたビジネスマンや教師、看護師、そして心理学科の学生たちからよく聞かれる声です。

　なぜこのようになったのでしょうか？
　これは日本だけの問題なのでしょうか？

　筆者の知る限りですが、実は日本だけの問題ではありません。しかし、日本ではとくに「心理学はわからない、使えない」が深刻です。

　さて、この本は「わからない、使えない」心理学を脱却することを目指して作られました。
　心理学を使えば、日々の人間関係や組織の運営、さらにはその中でもメンタルヘルスなど、手に取るようにその仕組みがわかるようになります。仕組みがわかれば、何をしたら何が起こるのか見通すこともできます。
　私たちはみなさんに心理学をもっとうまく使ってもらいたいのです。
　そして、みなさんの日々の暮らしを、その積み重ねとしての生涯をもっと生産的に、もっと幸せにして欲しいのです。心理学を上手に使えばそれができます。
　そのためにこの本では学問としての心理学を紹介するのではなく、具体例を中心に使い方を意識して執筆しました。
　本書の執筆者らも力を入れて書いています。
　どうぞ、本書を楽しんでください。

杉　山　　　崇

目次

はじめに …………………………………………………………………… 3

第1部 組織・グループとリーダーの不思議

第1章 組織・グループという"いきもの" ……………………………… 12
- 1-1 「集団」は「集合」に非ず　12
- 1-2 人とつながってこそ「人」である　13
- 1-3 人と人を「つなぐ力」：凝集性　17
- 1-4 人は贔屓(ひいき)する生き物である　20
- 1-5 社会があるから個人がある　22
  - コラム1　人類の社会脳 (23)
  - コラム2　人類の非社会脳 (26)

第2章 良いリーダーはここが違う：リーダーシップ論 ………………… 27
- 2-1 人が集まればリーダーが生まれる　27
- 2-2 良いリーダーの条件　29
- 2-3 グループもリーダーも成長が必要である　31
- 2-4 リーダーとメンバー（フォロワー）関係　35
  - コラム3　メンタルヘルスのラインケアとリーダー (40)

第3章 集団心理の功罪：グループダイナミクス ………………………… 42
- 3-1 人と人の間に渦巻く力　42
- 3-2 人を抑える力　43
- 3-3 人をもてあそぶ力　46
- 3-4 集団心理による生産性の向上と減少　53
  - コラム4　集団と個人：アドラー心理学と嫌われる勇気 (49)

第2部 組織と個人のやる気の秘密

第4章 やる気にさせるリーダーの違い……56
- 4-1 組織はリーダー次第 56
- 4-2 モチベーションとリーダーシップ 58
- 4-3 リーダーのスキル 65
  - コラム5 マズローの欲求階層説（63）

第5章 やる気の作り方……69
- 5-1 やる気になる時、なれない時 69
- 5-2 報酬の効果 70
- 5-3 職務満足 72
- 5-4 職場環境と個人の関係性：組織社会化と職務コミットメント 74
- 5-5 やる気は報酬の工夫次第 76

第3部 コミュニケーションの理論とスキル

第6章 広告・営業の説得力……78
- 6-1 人は日々説得をしながら生きている 78
- 6-2 説得効果の規定因 79
- 6-3 効果的な説得とは？ 82
- 6-4 説得と交渉のテクニック 85

第7章 科学技術・法律・医療とのコミュニケーション……89
- 7-1 専門家と一般市民のコミュニケーション 89
- 7-2 裁判員制度の社会心理学 90
- 7-3 科学と市民のコミュニケーション 93
- 7-4 医療におけるコミュニケーション 98

第8章　心変わりの理論とスキル……………………………………………… 101

- 8-1　心は動きやすいものなのか？　　101
- 8-2　心を動かす三角形の法則：ABX モデル　　103
- 8-3　消費者の心を動かす法則　　105
- 8-4　その他の心変わりの理論　　109

第4部　ヒトは人をどうみているのか？

第9章　印象形成 ……………………………………………………………… 113

- 9-1　人は人を選んでいる　　113
- 9-2　印象は「影響力のある仮説」である　　116
- 9-3　印象形成の6ステップと情報バイアス　　118
- 9-4　印象形成における情報バイアス　　121

第10章　ヒトは人をどうみているか？ ……………………………………… 127

- 10-1　なぜ、合理的に印象が作られないのか？　　127
- 10-2　人を好きになる法則　　130
- 10-3　万人に好まれる人柄はあるのだろうか？　ビッグ5セオリー　　135
  - コラム6　元気な人のポジティブ幻想（139）

第11章　対人関係における錯覚と感情 ……………………………………… 140

- 11-1　人は人の何に惹かれるのだろうか？　　140
- 11-2　親密な関係とは何か？　　143
- 11-3　人の心は理解できるものなのか？　　145
- 11-4　通信技術を使ったコミュニケーション　　148
  - コラム7　顔文字・絵文字の効果（149）

第5部　社会と生きるヒト

第12章　援助の要請とソーシャルサポート……………………… 153
- 12-1　人生には助けがいることもある　*153*
- 12-2　人が援助を求めるまで　*154*
- 12-3　ソーシャルサポート　*160*

第13章　社会的行動と攻撃行動………………………………… 164
- 13-1　仲良くすべきか、警戒すべきか？　*164*
- 13-2　Learyの関係的評価理論　*167*
- 13-3　扁桃体の3Fと人の攻撃性　*172*
  - コラム8　アドラーの共同体感覚（*166*）
  - コラム9　防衛機制（*176*）

第6部　"自分"創り、"自分"探しの理論とスキル

第14章　キャリア形成と賢い生き方……………………………… 180
- 14-1　社会心理学とキャリア心理学　*180*
- 14-2　人生をうまく渡る理論とスキル　*180*
- 14-3　適性の考え方①：生態学的システム論　*185*
- 14-4　適性の考え方②：人生の「碇（いかり）」　*187*
- 14-5　適性の考え方③：職業とパーソナリティ　*189*
- 14-6　キャリアアップと転機　*192*
  - コラム10　キャリアの危機と問題解決療法（*193*）

第15章　自己意識と他者………………………………………… 197
- 15-1　人は人の中で自分を考えている　*197*
- 15-2　セルフディスクレパンシー理論と感情　*198*
- 15-3　社会的比較理論　*200*

15-4 自己評価維持モデル　*203*

15-5 人は人の中で人になる　*206*

第7部　ストレスとメンタルヘルス

第16章　ストレスの仕組み………………………*208*

16-1 ストレッサー　*208*

16-2 ストレスの古典的研究　*209*

16-3 ストレスの基本型　*209*

16-4 ストレス反応のプロセス　*210*

16-5 心理社会的な出来事とストレス　*211*

16-6 心理学的ストレス理論　*212*

16-7 Daily Hassles　*213*

16-8 ストレスと生理的反応　*214*

16-9 ストレスとストレス関連疾患　*215*

16-10 ストレスと行動分析　*216*

第17章　ストレスと人間関係、性格………………………*219*

17-1 人はストレスの中を生きている　*219*

17-2 職業ストレス　*220*

17-3 ストレスコーピング　*221*

17-4 ストレス生成モデル　*222*

17-5 素因―ストレスモデル　*223*

17-6 軽蔑のメッセージの悪循環　*225*

17-7 ストレスを理解して心の不調を予防しよう　*227*

第18章　心の不調の理論と予防………………………*229*

18-1 実は身近な心の不調　*229*

18-2　抑うつとは　　*230*
　　18-3　抑うつの自己注目理論　　*230*
　　18-4　原因帰属と抑うつ　　*232*
　　18-5　妄想観念　　*234*
　　18-6　パーソナリティ障害　　*236*
　　18-7　偏見を持たないことが最大の予防策　　*238*

第19章　ストレスマネジメント……………………………………*240*
　　19-1　ストレスコーピング　　*240*
　　19-2　ストレスコーピングと心身相関　　*242*
　　19-3　身体的リラクセーション　　*242*
　　19-4　心理的リラクセーション　　*243*
　　19-5　心身に働きかけるリラクセーション　　*245*
　　19-6　ストレスマネジメント　　*246*
　　19-7　ラインケアとセルフケア　　*248*
　　19-8　ソーシャルサポート　　*250*
　　　　　コラム11　メンタルヘルス・マネジメント（*244*）

おわりに………………………………………………………………*252*

執筆者一覧

（＊は編著者　五十音順）

杉山　崇＊	（神奈川大学人間科学部教授）	1～4・8～10・12～14章 コラム1・2・5・6・10
勝谷　紀子	（青山学院大学社会情報学部助教）	15・17・18章
小島　弥生	（埼玉学園大学人間学部准教授）	5章
武田　美亜	（青山学院女子短期大学現代教養学科准教授）	6・7・11章・コラム7
山内　志保	（神奈川大学心理相談センター相談員・教務補助員）	12・13章・コラム4・8～10
山蔦　圭輔	（早稲田大学人間科学学術院准教授）	16・19章・コラム3・11

入門！産業社会心理学

仕事も人間関係もうまくいく心理マネジメントの秘訣

第1部　組織・グループとリーダーの不思議

第1章　組織・グループという"いきもの"

Key words　集団　凝集性　魅力　作業効率
内集団バイアス　社会的アイデンティティ

1-1 「集団」は「集合」に非ず

　これまでに、みなさんは小中高では学級や部活、習い事、大学ではサークルや学科、ゼミナール、バイト、勤務先では作業班や担当チームなどの形で無数のグループに所属してきたことだろう。その中で、「隣のクラスは楽しそうだなあ」、「あっちのチームは仲良さそうでいいなあ」などと羨ましい気持ちになったこと、逆に羨ましがられたことはないだろうか。また、アイドルグループやバンドなどグループで音楽活動している人たちに魅力を感じたことはないだろうか。そして、グループから離れたメンバーに同じような魅力を感じられなくて奇異に思ったことはないだろうか。

　実はグループに対する羨望や魅力は、そのグループの個々人に向けられたものでは全くない。そのグループ全体に対する評価や感情である。もともと個人の持つ魅力ではないので、グループを離れてしまうと途端に色あせてしまう。

　逆に犯罪集団など悪いイメージがある場合も、同様にグループと個人が切り離されれば、その個人への印象や感情は急激に変わる。個人が犯罪集団と心理的な距離をおいて改心したと宣言・宣伝すれば、その犯罪集団に対するイメージではなく本人の雰囲気や印象でその人をみるようにもなる。

　このようにグループ（集団）は人がただ集合しただけとは違う。全く別の何かである。「集団は集合に非ず」、であり、個々人の総和を超えた不思議な存在なのである。社会心理学はこのようなグループや組織が持つ不思議に注目して古くから研究してきた。グループのマネジメントは2章で、グループの効果（功

罪）は3章で紹介するが、この章では組織やグループをひとつの生き物であるかのように捉えて、その誕生と寿命、すなわち発達過程、成熟過程、崩壊過程、そして人はなぜグループを作るのか、について紹介しよう。

1-2　人とつながってこそ「人」である

1-2-1　人間関係とグループの"賞味期限"

　次のような友人をひとり思い浮かべてほしい。一時期はものすごく仲が良くて、気さくに話ができて、いつも会うのを楽しみにしていたのに、今は積極的には会いたいとは思わなくなった…。決して友達でなくなった訳ではなく、何かに気まずくなるようなきっかけもない。なのに、なぜか今は会いたいとも思わないし、いざ会うとなると何となく面倒にも感じてしまう。このような友人・知人が思い当たらないだろうか。

　実は人間関係やグループには賞味期限がある。もちろん、物理的な期限ではなく心理的な賞味期限だ。人は生涯変わり続ける存在なので、ものごとの感じ方や求め方は一定ではない。感じ方や求め方の変化が個人の中で一定量を超えると、その個人にとってのそのグループの賞味期限が切れる。そういうメンバーの数が一定量を超えると、そのグループや組織そのものの賞味期限が切れる。すなわち、寿命を迎える。

　では、感じ方や求め方のどのような変化が賞味期限をもたらすのだろうか？

```
①共通の目的を持つ
②目的と目標が一致している
③目標に向けた相互の努力の認知
④目標に向けた互助の認知
⑤役割分担の相互理解
⑥振る舞い方の一定の基準の共有
⑦集団自己同一視
```

図表1-1　機能している組織・グループの条件

図表1-1は機能している組織・グループの条件の代表的なポイントをまとめたものである。実は人が2人以上あつまれば、それはグループであり組織だが、機能している組織やグループでは人は居心地が良い。しかし、機能していない場合はさまざまな不快感や負担感を引き起こす。あなたが今属している組織・グループはこの条件にどの程度当てはまっているだろうか？

　図表1-1におけるポイントをさらにまとめると「共通の目的・目標」と「各自の役割の相互理解」ということができるだろう。このどちらかでも機能しなくなると人間関係やグループの賞味期限が切れる。

　ここではある社会人サークルを例としてグループの誕生から成熟、そして崩壊（グループとしての寿命）までを考えてみよう。

1-2-2　社会人サークル

　日本の新卒社会人の多くは就職からの数年は勤務先の業務を覚えるだけでなく、社会人としてのマナー、そして日本のビジネス界やその業界の習慣を身につけることに没頭する時期を迎える。その過程で、社会人として通用する自分になることに一生懸命になり、一時的に勤務先が生活の大部分を占めることになる。つまり、勤務先という閉じた世界に引きこもってしまい、世の中から孤立しやすい。

　しかし、社会人2年目、3年目にもなると仕事もそれなりに覚え、マナーや習慣もなじんでくる。もう、社会人としての自分を気にする必要もなくなり、心に余裕が生まれてくる。余裕を持ってふと自分をみてみると、仕事以外の人間関係が寂しくなっていることに気づくことがある。休日をもてあまし、文字通り休養のためだけの休日になってしまい、自宅と勤務先だけで生活のほとんどが構成されていることに虚しさを覚えることもある。

　そんな時に、ある企業に勤めるAが合コン（合同コンパ：数名ずつの男性グループ・女性グループが合同で行う飲み会）を企画した。同窓の後輩にノリのよい女性がいて、同窓会で話をしたところ女性幹事を引き受けてくれたのだ。Aは自分自身が男性幹事になり、学生時代に一緒に合コンをやった友人たちの中からメンバーを絞り込み、声をかけた。Aをはじめ、男性陣は当日まで心躍

らせ、新しい服や装飾品を買いに出かける者もいた。結果、女性のひとりが当日欠席したために男女5対4で行われたが、男性陣は「俺が、俺が」状態に走り、女性たちはあまり面白くなかったのか二次会は男性4人だけだった。誰も連絡先も教えてもらえず、発展性のない合コンだった。虚しい雰囲気の二次会は大反省会と化していた。

　気のよいAは次回をコーディネイトする約束をして場を盛り上げようとするが、気まずい雰囲気は変わらない。そんな中、メンバーのひとりが、20代前半の女性は自分のことを喋るのが好きだから、まずは喋りたいだけ喋らせてみんなで持ち上げると気を良くするんじゃないか、という提案をした。自分が喋ろうとして失敗した印象が強い男性陣は皆がそれに同意した。その中で、「空気読めない女がべらべら喋り出したらどうする？」、「適当にほかの女性に話を振ろう」、「振りが被ると気まずい。主に誰が振るか決めよう？」、「やっぱり、幹事？」、「俺たちを印象づけるには？」、「相互に男同士でも話を振り合う？でも、自分を語るのはよせ」、「自慢話は場が白けるしな」「お互いの嫌味にならない上げポイントと笑える下げポイントを確認しておこうよ」…、など、さまざまな提案が出た。失意から始まった二次会だったが大いに盛り上がり、次回の合コンを成功させるべく「A軍団」なる合コンサークルが結成された。

1-2-3　共通の目的・目標

　実は上述の社会人サークルの展開はグループの成立を理解するためのヒントにあふれている。図表1-1の視点でみてみよう。

　まず、結果的にA軍団のメンバーになる4人はAと同じような状況にあり、虚しさを抱えていた。そして、合コンの予定があることで心躍る数日間を過ごし、虚しさが軽減される、すなわち生きる喜びが実感される数日を過ごした。言い換えれば、彼らは潜在的に「仕事中心の日々の虚しさを何とか変えたい」という共通の目的を持っていた。そして、その手段として合コンを楽しみにするという方法を経験した。ここで、合コンを楽しみにすることが、潜在的に共通の目標として機能していた。

　しかし、肝心の合コンそのものはあまり盛り上がらず、強い失意を経験する

に至る。同じ失意を経験することで、今度は失意の軽減が男性4人の潜在的な共通の目標となった。Aの次回のセッティングの提案をきっかけに、次々と提案が出て活性化し、ついにはA軍団なる名前を持つグループにまで発展した（図表1-1の①、②）。

このように、共通の目的・目標を持つことは組織・グループ成立の重要な条件といえる。A軍団の場合は、目的や目標は明言されず、相互に言葉で確認することもない潜在的なものだったが、目的・目標を顕在化（言語化して共有すること）した場合も同様にグループを構成する力を持つ。

また、集まったきっかけは、あるメンバーはとにかくヒマをつぶしたい、異性との出会いのきっかけが欲しい、職場とは違う自分を確認する場が欲しい、仲間とわいわいやりたい、など個々人で異なっていても、合コンを開催して盛り上げるという大枠は一致している。このように細部は異なっていても大枠が共有されて、そこが一致していればグループの形成は行われる。大事なことは大枠であっても同じ目標を共有しているという意識である。

1-2-4　機能する組織・グループの条件

さて、目的・目標が共有されるだけでは組織・グループとしては発展しない。同じ目標を達成するために必要な役割が明確で、その役割が不公平感なく分担されることが重要である。皆が「俺が俺が」になった後の失意の二次会では、その悔しさから誰も手抜きを考えず、活発な提案と実効性のある戦略に積極的に関わる態度を生んだ。また、「話したい女性を持ち上げる」というより具体的な下位目標が提示されて、さらにその努力に皆が賛同した。こうして、図表1-1における「③相互の努力の認知」が促された。さらに、「自分たちのアピールを」というところで、相互に話を振り合う、自慢になって場がしらけないように上げどころと下げどころを確認する、のように「④目標に向けた互助の認知」、女性が喋り過ぎたら適当に話をほかの女性に向ける役は幹事のAに、というように「⑤役割分担の相互理解」も成立している。「⑥振る舞い方の一定基準」は女性を立てる態度や自慢話をしない態度が共有された。そして、「A軍団」と命名したことで同じ失意の時間を共有したA軍団の仲間としての「⑦

集団自己同一視」も促された。このように、その強度をわきにおけば、A軍団は機能している組織・グループの条件を短時間で満たすことができた。

　この社会人男性の合コンサークルA軍団は実践における試行錯誤やメンバーの増員をくりかえしながら発展し、それぞれの役割分担に基づいて女性を楽しませ、幹事も持ち回り制になってほぼ毎週のように合コンを展開した。連絡先を交換する合理的なシステムも確立し、「俺が俺が」に女性陣がしらけて失意の二次会を行うことは2度となかった。A軍団はそれぞれが合コンで配偶者をみつけるまで、十数年継続したという。

1-3　人と人を「つなぐ力」：凝集性

1-3-1　組織・グループの2つの凝集性

　さて、A軍団は十数年も続いたが、個人をグループに留まらせようとする心理的な力を総称して社会心理学者フェスティンガーは集団凝集性と呼んだ。集団凝集性にはさまざまな要因が関わるが、概ね課題達成的凝集性と対人凝集性という2つにまとめられている。

　前者の課題達成凝集性は、A軍団では盛り上がる合コンの開催というようにそのグループの目標をいかに着実に実行できるかというグループの実力である。メンバーが目標を達成するためにこのグループに所属していたいという魅力のことを表している。「A軍団」の場合は幹事も持ち回り制で不公平感がなく、課題達成の共通ビジョンがあり、それぞれの役割も明確で課題の達成可能性が高い。このような場合には組織・グループの課題達成凝集性は高まり、メンバーはメンバーで居続けたいと望むようになる。

　後者の対人凝集性はメンバー同士が好意的につながることで、そのグループの居心地が良くなることである。A軍団の場合はお互いに嫌味にならない上げポイントや笑える下げポイントを共有し、さらに毎週のように集まっていた。人は慣れ親しんだ者、素性をよく知っている者には愛着や親近感を持つので、長所も短所もよく知ったなじみの仲間には好意を持ちやすい。そして、その人間関係を失うことに寂しさなどの心理的苦痛を感じることもある。

A軍団は全員が家庭を持って、またそれぞれの仕事や趣味に没頭し始めて共通の目的・目標がなくなって、十数年後には事実上の解散状態になった。つまり社会人男性の合コンサークルとしてのA軍団は崩壊した。しかし、長い付き合いの中で対人凝集性も高まっていたようで、年に一度は集まって近況の報告や思い出話に花を咲かせているようだ。つまり、新しい目的の新しい組織・グループとして再生した。このように長く続く組織・グループは単に課題達成のために集まったというだけではなく、お互いに愛着や信頼といった絆があることが多い。しかし、このような関係性が築けなかった場合は、共通の目的・目標を失った時点で、その賞味期限が切れることが多い。すなわち、組織・グループとしての寿命が尽きることになる。

1-3-2　集団の魅力

　さて、凝集性と類似した考え方に集団の魅力というものがある。魅力も凝集性の構成要素のひとつであるが、とくに積極的にメンバーであることを望む動機づけにつながる誘引を指して魅力という。
　集団の魅力は概ね図表1-2のようなものが指摘されている。
　まず、①集団の活動内容とは、例えば、テニスをしたい人はテニス部に入り、心理学を学びたい人は心理学科に進学するようなことである。②集団の目標とは、前述の課題達成凝集性と類似しているが、例えば社会貢献に興味があってその関連のNPO法人の活動に参加する、社会的弱者への奉仕活動に興味がある人がその関連のボランティアの団体に参加する、などその集団がかかげる目標に共感して参加する場合である。③集団の持っている社会的価値とは、例え

```
①集団の活動それ自体の魅力
②集団の目標に対する魅力
③集団のもっている社会的価値への魅力
④集団が自分の目的の達成手段となる魅力
⑤集団内の人間関係の魅力
```

図表1-2　集団の魅力の例

ば有名大学や有名企業など社会的評価の高い集団の一員になることで自分自身の価値を高めたいということである。④自分の目的の達成手段とは、例えば賃金を得るために職についていたり、出会いを目当てに何らかのレッスンに通うようなことである。⑤集団内の人間関係とは前述の対人凝集性と類似しているが、その組織・グループのメンバー間のつながりや絆が心地よくて魅力を感じることである。

1-3-3 凝集性と作業効率

　ところで、集団凝集性と作業効率や生産性の関係はどのようになっているのだろうか。魅力の項で紹介したように、組織・グループに参加している個人はさまざまな誘引で参加している。必ずしも、その目標の達成を目指していない場合もある。個人が集団に魅力を感じて凝集性が高まることは集団の課題達成力を高めることになるのだろうか？

　実は集団凝集と作業効率は必ずしも正比例の関係ではない。それは対人凝集性が重視されるグループでは関係性を維持することが目的化してしまい、課題達成に向けたアクションよりも関係維持に向けた関係性の確認作業に労力が注がれてしまうからである。例えば「長幼の序」という言葉がある。幼い者（足りないことが多い者）は長けた者（豊富な経験と良識・知識を持つ者）を敬って学びなさい、という意味で日本の文化の中では重要な礼節のひとつであるとされることが多い。この言葉の意味するものは実際に長けた立場の者が幼い立場の者が学ぶものを豊かに持っていて、相互にその立場を遂行する姿勢である。しかし、無駄な敬語や丁寧語のように形骸化した礼節もある。確かに、敬語や丁寧語で敬意を伝えるという儀式を通して双方の立場や役割を確認する意義もある。しかし、そこに時間をかけ過ぎたり、心理的なエネルギー（認知資源）を注ぎ過ぎると組織・グループの目標の達成が困難になってくる。

　また生産性を高めるには、「目標を達成するために各自が全力になろう」という成果規範が共有されていることが重要である。図表1-3にあるように成果規範の共有度が低く「課題の達成はあまり重視しなくていい」、「気楽にやればいい」、「努力しなくていい」という雰囲気がある場合は、集団凝集性が低いほ

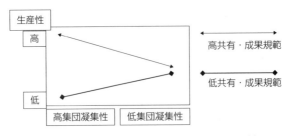

図表1-3：集団凝集性・成果規範と生産性の関係

うがむしろ生産性が高い。集団凝集性の高さが高い生産性に結びつくのは成果規範の共有度が高く、課題の達成にメンバーが強く動機づけられて、「目標を達成するために、全力になる仲間たちはみんないいやつだ」という雰囲気が保たれている場合である。このように集団凝集性、とくに対人凝集性はそれだけでは必ずしも生産性が高まる訳ではないといえる。

1-4　人は贔屓(ひいき)する生き物である

1-4-1　内集団とひいき

　例えば、勤務先や取引先の人が同郷や同窓だったとわかった瞬間、一気に親近感が高まったことはないだろうか？　それまでは、ちょっと感じが悪い印象があったかもしれないが、そういった心理的な距離が一気に近づいて印象が変わってしまう。これは私たちが人を自分と同じカテゴリーの仲間かどうか見分けようとしているところからくる影響である。

　一方で、人は見知らぬ人、素性の知れない人には、まずは警戒心を抱くように作られているらしい。見知らぬ人が自分の味方とは限らないので、敵かもしれない可能性を探るためである。そのため第一印象はやや警戒心があったかもしれないが、同郷、同窓となれば同じ価値観や文化で育った「仲間」である。いろいろと共有できるものがあるだろうと期待も持てる。

　このような仲間感覚のあるカテゴリーを内集団という。そして、人は、自分が所属する内集団を他の集団よりも高く、好意的に、時に過大に評価する傾向

がある。また、内集団以外の集団は外集団として認知し相対的に低く、敵対的に評価する傾向がある。このような身内びいきの傾向を内集団バイアスという。A軍団のメンバーも、後輩や同僚の女性から「聞いてくださいよ、この前の（他の男性たちとの）合コン、ありえなかったんです」と愚痴をこぼされるたびに、A軍団ならもっと女性に喜ばれると密かに内集団バイアスを起こしていることがあったようだ。

1-4-2 内集団バイアスの特徴

（1） 内外基準のあいまい性：内集団と外集団の線引きは常に一定ではない。状況や場所で変わる。例えば、スポーツの全国大会であれば地方や都道府県、あるいは地域という単位で内集団が構成され、自分が親近感を持つチームをひいき目にみたくなる。世界大会になれば、国という単位で内集団意識が構成されるため、国の代表チームをひいき目にみて応援したくなる。

（2） 内集団びいき：また、内集団の失敗は環境や状況、運が悪かったと本人らの実力以外の原因に帰属しがちである。そして、外集団の失敗は「しょせんあいつらは…」とか「そもそも奴らは…」といったように、外集団の実力だけでなく、人格的な側面も含めて卑下するかのような原因の帰属が行われることもある。とくにこのような外集団の卑下は、それによって優越感に浸れるような、メリットがある場合によく行われる。

（3） 外集団の冷遇：社会心理学者タジフェル（1919-1982）によると内集団びいきは内外の区別の根拠が希薄な場合でも、一度区別が意識されると発生し、内集団を優遇、外集団を冷遇しようとするとされている。また、外集団の冷遇は、それによって内集団の利益が縮小することになっても行われる（山岸, 2001）。つまり、内集団をより豊かにしようというよりも外集団を殲滅させようとするかのような方向になりやすいとされている。

（4） メリットの消滅はひいきの消滅：一方で、内集団びいきは何らかのメリットがなくなると、途端に消滅することも指摘されている。例えば山岸の研究グループは、被験者が500円の報酬を内集団と外集団に分配する実験を行った。参加者全員が報酬分配を行う場合（双方向）では内集団同士で優遇し合う傾向

がみられた。しかし、ひとりだけが報酬分配を行う場合（一方向）ではこのような傾向はみられなかった。内集団を優遇したりひいきするメリットがない場合には内集団びいきは消滅しやすいと考えられる（山岸，2001）。また、内集団と思っていたグループが外集団に徹底的に制圧され、外集団が自分に大きな影響力を持つと認知された場合、逆に外集団びいきになったりすることもある（ストックホルム症候群）。

　(5)　外集団との単純接触はより関係を悪くする：社会心理学者シェリフ（1906-1988）らは泥棒洞窟実験と呼ばれる実験を行った。11、12歳の少年たちを同人数の2グループに分けて(1)それぞれのグループで親睦を深め他のグループと接触しない1週間を設け、仲間意識の結束を図った。次に(2)2つのグループが対面し、賞品をかけた野球の試合をすることでグループ内の仲間意識とグループ間の敵対心を煽った。この仲間意識と敵対心は試合以外でも持続したことが確認された。(3)敵対心（集団間葛藤）を解消する試みとして、①集団間の交流の機会を増やした（映画や食事などを一緒に楽しんだ）ところ、集団間葛藤はむしろ増加した。②2集団が協力しないと達成できない課題を共有した（例えば溝にはまったトラックを一緒に救助する、など）ところ、集団間葛藤が減少した。

1-5　社会があるから個人がある

1-5-1　社会的アイデンティティ

　「あなたはどういう人ですか？」と問われたら、あなたはどのように答えるだろうか。人はみなその人なりにこの問いに対する答えを持って生きている。言葉にできる場合も、明確に言語化できない場合もあるが、この問いに対する答えを持っているからこそ、私たちは自分が何をするべきなのか、何をしないべきなのか、誰とどのように関わるべきなのか、関わらないべきなのか、これらの答えを知ることができる。つまり、この答えがあるから人として生きることができる。この答えに当たるものを、心理学ではアイデンティティと呼ぶ。

　中でも、内集団をもとにして獲得するアイデンティティを社会的アイデンテ

コラム1　人類の社会脳

　人類の特徴は他の生物よりも体のバランス的に大きくて複雑な脳を持つことである。
　脳は莫大なエネルギーを必要とする。体重の2％程度しかない脳がエネルギーの40％を消費している。約100年前まで人類の寿命を圧迫していた死因のひとつは飢餓だった。現代でも飢餓に苦しむ地域はある。哺乳類の中には、アリクイやナマケモノのように、餌の乏しい環境で生きるために脳をできる限り小さくしたものも居る。その中で、人類が莫大なエネルギーを必要とする脳を進化させるということは、飢餓のリスクを上回るメリットがなければ起こりえない。人類の脳はなぜにこのように進化したのだろうか？
　この謎のひとつの答えが社会脳仮説だ（Dunber, 1992）。この仮説によると脳は社会という複雑な環境をより有利に生き抜くために進化したとされる。つまり、"脳を進化させた人類が社会を作った"のではない。"社会によって脳を進化させられた人類"が現代人であるということだ。
　人類になってからとくに進化した脳のひとつが額（ひたい）の裏側に当たる前頭前野と呼ばれる領域である。この領域は人類の脳の29％を占めている（なお、チンパンジー17％、イヌ7％、ネコ3.5％である）。近年の脳神経科学は前頭前野には人の社会性を支える機能が満載であることを突きとめつつある。この部位を損傷した患者の研究を通して、例えば、人の気持ちを思いやること、他者に関心を持つこと、社会的な文脈を理解すること、怒りや不平・不満などの攻撃性につながる情動を抑えること、など社会で生きるための心の機能に関わっていることが明らかになっている。
　つまり、「人は、人と人の間を生きている」、ということが脳を通してより明らかになったといえるだろう。

　Dunber, R.I.M. (1992) Neocortex size as a constraint on group-size in primates, *Journal of Human Evolution*, 22, 469-493.

ィティと呼んでいる。例えば、中年の男女が集まって「最近の若い人は…」とか「自分らが若い頃は…」という若年者の卑下と自分たちの年代の美化話に花を咲かせていたとしよう。これは、所属年代という内集団を意識して、外集団から差別化して優越感に浸って楽しんでいる訳である。

1-5-2　ネガティブな社会的アイデンティティ

　内集団を外集団から差別して優越感にひたれる場合もあれば、逆に劣等感を感じることもある。例えば、スポーツなどで自分のチームは士気もパフォーマンスも低調で、他チームの好調ぶりをみせつけられた時などは、内集団に属していることへの気恥ずかしさや嫌悪感、自己嫌悪を感じたりする。所属集団への凝集性を高く感じている時は他のメンバーを鼓舞したり、集団の地位向上につながるような試みが行われやすい。一方で、所属集団や自分への嫌悪感が強いとその集団から離脱しようと試みることがある。民族や国籍のように本当に離脱するのが難しい所属集団の場合は、憧れの所属集団の習慣や文化をマネたりすることで心理的な離脱を図る場合もある。

1-5-3　自己カテゴリー化理論

　私たちは、社会的アイデンティティを確認できる内集団（例えば民族、性別、年代、出身地、出身校など）を規模の大小はさまざまに複数持っている。中でも、(1)外集団と自分の違いを際立たせ、(2)さらに自分と他のメンバーとの類似性を明確にできる、という2つの条件を満たす内集団が社会的アイデンティティを活性化しやすいとされている。このことは自己カテゴリー化理論と呼ばれ、人は自分自身を何らかの人間としてのカテゴリーに位置づけることで確認しているのである。

1-5-4　なぜ、集団が必要なのか？

　もし、あなたが周囲の他者と自分との違いばかりを実感する状況にいるとしよう。あなたはどのような気持ちになるだろうか。仲間内と認識できる内集団がなく、他のメンバーとの差異が大きくなった場合は、「自分 vs 他者」といった個人的アイデンティティに従って自己が認識される。問題は、このようにして獲得された個人的アイデンティティを誇ることができるかどうかだ。

　個人的アイデンティティは自己の独自性や独立性を実感できる一方で、他者の反応はまちまちである。まわりの他者と類似した特性は、まわりも同じなの

でとくに注目されることもないが拒否や軽蔑されることはない。少なくとも最低限の評価と承認は受けられる。しかし、周囲の他者にない個性や特性は他者が評価や承認、賞賛というポジティブな反応をしてくれる場合もあれば、批判や拒絶といったネガティブな反応をする場合もある。後者の反応は、仲間で居るためには仲間と同じであらなければという圧力にもなる（斉一性圧力、3章参照）。

　その一方で、人は他者からの評価に敏感な生き物で（15章参照）、社会的存在として生きていくためにとりわけ孤立感に弱く、仲間意識を持って所属する集団を求める欲求を持っている（コラム5参照）。そのため、自己確認を個人的アイデンティティだけに強く依存していると、評価懸念や孤立感などの心理的な負担が増す。内集団の存在はこのような負担を減らすだけでなく、外集団が何らかの脅威になるならば、内集団の存在はとても心強い。どうやら、人は組織・グループを作り、何らかの集団に属していたくなる存在として作られているようだ。

参考文献

山岸俊男（2001）社会心理学キーワード，有斐閣．

コラム2　人類の非社会脳

　コラム1で紹介したように人類の脳は社会的な機能が豊かであるが、果たして「社会的」なだけだろうか？

　前頭前野と並んで私たちの気持ちや行動に影響が強い部位がある。それは、脳のほぼ中心に位置する扁桃体で、恐怖や怒りといった情動（衝動性のある一時的で強い感情）の中心だ。4～5億年も昔から存在することが知られている。

　情動は瞬時に行動を決断しなければならない状況で迷わずに「生物としての生存」の可能性を高める優れた機能だ。例えば、(1)危険（恐怖の対象）から逃げる（flight）、(2)邪魔するもの（怒りの対象）を攻撃・排除する（fight）、(3)絶望的な脅威の前（悲哀の状況）で身がすくむ（freeze：どうにもならない状況ではむやみに動かないことで結果的に難を逃れることがある。恐竜時代の小型哺乳類を想像して欲しい）といった、扁桃体の3Fと呼ばれる機能がよく知られている。このほかにも快楽をもたらす対象への接近（喜び）などポジティブな情動もある。

　扁桃体を獲得したことで他の生物に比べて当時の環境では生存が有利になったようで、扁桃体を持つ脊椎動物（魚類、両生類、爬虫類、鳥類、哺乳類）は今日まで爆発的に発展している。しかし、情動というシステムは社会が発生する以前の弱肉強食の環境で獲得されたので社会性に乏しい。

　では、人はどのくらい情動に支配されているのだろうか。近年の心理学研究では、少なくとも私たちが漠然と思っているよりも感情的に物事を判断したり、反応したりしていることが多いことが明らかになってきた（高橋・谷口, 2002；関口ら, 2014）。また、平時の扁桃体は過剰に活動して社会性を失わないように前頭前野などによって強く抑制されているが（坂本ら, 2010）、強い刺激（ストレス）を受けて活発になるとホルモンの分泌などの生理的なシステムで前頭前野を麻痺させることもある。すなわち、社会脳を機能不全に陥らせることもあるのだ。

　人の脳の中では社会脳と非社会脳がお互いに牽制し合っている。全ては社会という単なる弱肉強食ではない、より複雑な生存環境への適応を目指した進化の産物である。どちらに支配され過ぎても、おそらくは人として偏っていく。大事なことは、自分自身の、そして社会システムの社会脳と非社会脳の最適なバランスをみいだすことだろう。

坂本真士・杉山崇・伊藤絵美編（2010）臨床に活かす基礎心理学，東京大学出版会．
関口貴裕・雨宮有里・森田泰介（2014）ふと浮かぶ記憶と思考の心理学，北大路書房．
高橋雅延・谷口高士（2002）感情と心理学，北大路書房．

第2章
良いリーダーはここが違う：リーダーシップ論

Key words パフォーマンス機能　メンテナンス機能
組織・グループの成熟
リーダー－メンバー関係

2-1　人が集まればリーダーが生まれる

2-1-1　リーダーと人類

　リーダーとは導く者、先頭に立つ者（leader）という意味である。
　組織・グループが機能するには、1章で紹介したように諸条件を管理マネジメントする役割が必要だ。この役割を担う人物が「グループ・リーダー（以下、リーダー）」と呼ばれている。
　人類は社会脳の働きで自分が属する集団を認知し、集団内のメンバーと認められようとする傾向を持っている。そのようなレディネス（準備状態：readiness）にあるメンバーを束ねて、ひとつの組織・グループとして何かができるように導くのがリーダーの役割である。リーダーは組織・グループの方向性を決めて、みんなが何をすればいいのか、何を目指すべきなのか、を明確にしてメンバーが迷わないようにすることが主な役割である。
　人類の持っているメンバー化のレディネスは、社会脳と社会経験に導かれた半ば本能的・習慣的なものである。そのため、私たちは何となくリーダーが居ることが当然のことのように感じてとくに疑問さえも持たない。リーダーが明確な場では自然とリーダーに従おうとする。また、リーダー不在の状況で何をどうしたらいいのかを見失ったら、自然発生的に誰かが「こうしたらいいんじゃない？」と提案してリーダーの役割を担う。「どんな場にもリーダーが居る」

ということは、人にとっては極々自然なことなのだ。

2-1-2　責任と特権の使い方がリーダーの明暗を分ける

　さて、リーダーとは、地位のある人でも、知恵のある人でも、能力が高く結果を残す人でも、みんなに好かれている人でもない。ましてや、威張り散らす王様でもない。

　リーダーはその組織・グループに対して最も重い責任を負っている人のことである。

　危険からは我先に逃げるような人はリーダーではない。何か問題が発生したらそれをメンバーのスキルのせいにするような人もリーダーではない。常に組織・グループの進むべき方向を探り、時には全力でグループを護らなければならない。リーダーは実はとても負担の重たい役割だ。

　しかし、その代償にリーダーにはいくつかの特権が与えられる。

　重い負担を担ってくれるリーダーは換えが効かないので、メンバーは特権を容認するのだ。特権は、リーダー個人を利する利権（例えば管理職手当など分配の割増）と、リーダーの役割を果たすための権限（例えば人事権などの裁量権）に分けられるが、いずれにしてもリーダーの責任と特権はセットになっている。

　利権だけを得たい人はリーダーになってはならない。

　メンバーに支持されるリーダーはこの責任と特権の使い方がうまい。中でもリーダーの持つ指示力と存在感はとくに重要な特権だ。メンバーはリーダーの指示で良い方向にも悪い方向にも動く。またリーダーの態度ひとつで一喜一憂することもある。リーダーの力は大きい。

2-1-3　リーダーの役割

　リーダーが責任として果たすべき第一の役割は、その名の通りグループを先導することだ。リーダーの導き方が間違っていると、組織・グループ全体が間違った方向に向かってしまう。リーダーの目指している方向性がメンバーに伝わらなかったとしても、それも基本的にリーダーの責任だ。リーダーは常に組

織・グループがどうすれば成果をあげられるか、そしてその方向性をどのようにメンバーに伝えればいいのか、考えておかなければならない。

また、チームが実際に問題にぶつかった時には、問題解決に向けて率先してあらゆる手段を講じるのもリーダーの責任だ。メンバーに不誠実な態度や背信的な行いがなく、忠実に目標に向かっていたのであれば、そこで発生した問題も基本的にリーダーの責任である。リーダーの責任で問題の解決に向けた行動に組織・グループを導かなければならない。

リーダーの役割は基本的にはこれだけだが、実際にやろうと思うと、なかなか難しい。そこでこの章では、社会心理学が明らかにしてきたリーダーの役割をうまく果たすためのポイントを紹介しよう。

2-2　良いリーダーの条件

2-2-1　リーダーの機能（リーダーシップ）

よいリーダーの条件のひとつはリーダーの機能を果たすことだ。そのためリーダーの機能について数多の研究が行われたが、概ね PM 理論（PM theory of leadership，三隅，1984）が提案する2つの機能に集約される。直感的にわかりやすくて、使い勝手がよい理論なのでまずは PM 理論から紹介しよう。

この理論は、リーダーの機能を目標達成機能（performance function，以下、パフォーマンス機能）と集団維持機能（maintenance function，以下、メンテナンス機能）と定義している。パフォーマンス機能とは、集団における目標達成を指向した機能である。図表2-1のよう

①仕事の計画を立てる
②メンバーに指示を出す
③メンバーに目標を示す
④メンバーに必要な作業を理解させる
⑤メンバーに必要な情報を伝える
⑥メンバーが動けるように最低限の環境を整える
⑦作業の進行状況を確認する
⑧明確で現実的な期日を設定する
⑨成果についての評価を行う
⑩必要なら助言や指導をする

図表2-1　パフォーマンス機能の主なアクション

① メンバーの労をねぎらう
② メンバーを励ます
③ メンバーの意見や関心に耳を傾ける
④ メンバーの仕事や作業を評価する
⑤ メンバー同士に話し合いをさせる
⑥ メンバーを平等に扱う
⑦ メンバーの長所を把握して評価する
⑧ メンバーの長所を活かせる仕事を与える
⑨ 意思決定にはメンバーの意見を反映させる
⑩ メンバーの体調を気遣う
⑪ メンバーの負担のばらつきに気を配る
⑫ 役職を決めるときは民主的に行う

なアクションが代表的なものである。そしてメンテナンス機能とは、組織・グループを維持することである。人間関係に配慮したり、部下の意見を求めたりするなど成員の満足度や凝集性を高める図表2-2が主なメンテナンス機能のアクションである。

図表2-2　メンテナンス機能の主なアクション

2-2-2　リーダーのタイプと生産性、凝集性

2つの機能をそれぞれ強く果たす場合（P/M）と弱く果たす場合（p/m）に分けて座標軸に表すと（図表2-3）、リーダーシップはPM、Pm、pM、pmの4類型になる。これまでのところ、組織・グループの生産性はPM＞Pm＞pM＞pmの順となり、メンバーのやる気や凝集性はPM＞pM＞Pm＞pmであるといわれている。

リーダーが抱えることができる負担や労力には限りがある。パフォーマンスにもメンテナンスにも優れるリーダーが理想的ではあるが、常にPMタイプのリーダーでいられる訳ではない。リーダーは組織・グループの目的や状況をテンポラリーに考慮しながら、パフォーマンスを優先するべきか、メンテナンスを優先するべきか、判断ができるとより機能的になるだろう。

また、リーダーがどちらかの機能が苦手であったり、労力的にPMでいられない時などは、サブリーダーにどちらかの機能を担ってもらうことも有効な方法である。

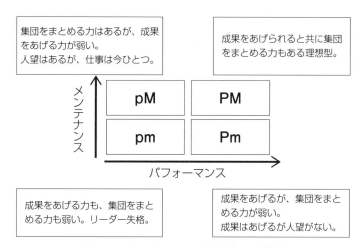

図表2-3　リーダーのタイプと生産性、凝集性

2-3　グループもリーダーも成長が必要である

2-3-1　組織・グループの成熟とリーダーの機能

　常に理想的なリーダーでなければ組織・グループが成り立たないかというと、実は必ずしもそうではない。組織・グループの成熟度によって、リーダーに不可欠な役割は少しずつ変化する。組織・グループの成熟とは、(1)目的や目標が整理され、(2)仕事や作業の合理的な進め方が組織・グループの経験値として蓄積され、(3)それがメンバーに共有されていることが必要である。このような成熟を課業（タスク）面の成熟という。必要な作業がマニュアル化され、メンバーの誰もがそれを参照できる、といった形にしている成熟した組織・グループもある。また、メンバー各自のグループの一員としての成熟も必要である。メンバーの成熟をフォロワーレディネスと呼ぶ（図表2-4）。フォロワーレディネスは作業への慣れやスキルの向上といったタスク面の成熟も含まれているが、自分のタスクを楽しめること、リーダーや他のメンバーと良好な関係、一員であることへの心理的な満足感、などの関係性や心理的な側面も多く含んでいる。
　必要なリーダーの機能は、組織・グループの成熟に対応して変化する（図表

第2章　良いリーダーはここが違う：リーダーシップ論

① 組織・グループが楽しい
② 組織・グループに生きがいを感じる
③ 自分が何をすればよいのかわかっている
④ 問題はたいてい解決できる
⑤ 他のメンバーの仕事や役割を理解している
⑥ 他のメンバーの長所を理解している
⑦ 他のメンバーと気軽に情報交換ができる
⑧ 他のメンバーと気軽に意見交換ができる
⑨ 他のメンバーと協力できる
⑩ メンバーであることを誇れる
⑪ 知人に組織・グループを自慢できる
⑫ リーダーに納得している
⑬ 自分への評価に納得している

図表 2-4　フォロワーシップの例

2-5)。人の成熟を心理学ではライフサイクルと呼ぶが、同じようにリーダーのあり方も組織・グループのライフサイクルの中で変わるのだ。このようなリーダー機能の考え方をリーダーシップ・ライフサイクル理論と呼ぶ。次の項では組織・グループの成熟段階ごとに効果的な機能を考えてみよう。

成熟の程度	リーダーの在り方
黎明期	教示的リーダーシップ
展開期	説得的リーダーシップ
成熟期	参加的リーダーシップ
安定期	委譲的リーダーシップ

図表 2-5　成熟の程度とリーダー

2-3-2　組織・グループの黎明期

1章で紹介したように、組織・グループで最も重要なことは目的と目標がしっかりして、達成に至る作業や過程が明確にメンバーに伝わっていることである。どんな組織・グループもスタート時点で全てがはっきりとしていることはない。この状態では、リーダーは課業面の組織の成熟に集中しなければならない。すなわち、PM理論でいうパフォーマンス機能が重要になってくる。さらに、メンバーも何をどうやっていいのか把握していないことが多いので、必然的にリーダーの態度は指示的、指導的、教師的になっていく。このようなリーダー

のあり方を教示的リーダーシップと呼ぶ。

　また、この段階ではメンバー同士もまだなじんでいない。人は良くなじんだ人に好感を持つが（9章参照）、逆によく知らない人には警戒心や敵意を持つものである。1章で紹介したように、好感を持っていない同士を合同でレクリエーションさせるのは関係作りとしては逆効果になりやすい。むしろ、共通の困難な課題を達成する体験が良好な人間関係を育てる。つまり、この段階ではリーダーが成果に結び付く側面に注目して、実際に成果を出し、達成感を共有させることも関係作りとしては意味がある。メンバー同士の関係性や組織・グループへの思いには注目し過ぎないほうが、むしろ良い場合もある。

　なお、教示的リーダーシップは伝達の経路がリーダーからメンバーへといった方向に偏りがちなので、トップダウン型のリーダーシップと呼ばれることもあり、組織・グループの黎明期だけでなく、何か大きな危機に直面している場合、リーダーのスキルや経験がメンバーを圧倒している場合、などにも有効だといわれている。

2-3-3　組織・グループの展開期

　目標達成のために何をすればよいのか、問題にはどのように対応すればよいのか、といったパフォーマンス面が充実して来たら、いよいよ関係性、メンテナンス機能を発揮するタイミングだ。

　パフォーマンス面でのノウハウが蓄積されて、課題の達成ができるようになると、目標達成の難易度は下がる。同時に、成果の上限もみえ始めて、その組織・グループへの期待値は激減する。そうなると、個人にとっての組織・グループの魅力も激減する。人は「飽きる」というシステムを持っており、同じことをくりかえすことには苦痛を感じて環境を変えたくなる仕組みを持っているのだ。

　そこで、日本の経営者たちは仕事のスキルを身に着けた従業員が安易に移動しないようにいくつかの仕掛けを施した。それが、年功序列賃金制度や退職金制度であり、また厳しい先輩後輩関係の文化も活用して、「将来的には"ここで"収入も立場も上がる」という個人の組織・グループへの期待値を維持する

仕組みを作り上げた。

　しかし、個人を組織・グループに留まらせようとするもうひとつの重要な要因がメンバーの組織・グループへの愛着である。このリーダーやこの仲間と一緒に仕事をしていたい…そういう気持ちを持てば、飽きるという苦痛が激減するのだ。

　愛着などの何らかの対象への個人の気持ちを心理学では態度と呼び、態度を形成してもらう関わりのことを説得という。すなわち、リーダーはメンバーが仕事にも慣れたが組織・グループの限界もみえてきたタイミングで愛着を持ってもらう説得的な態度を持つように心がける必要がある。つまりメンテナンス機能を高めなければならないが、この段階では組織・グループの活動も十分に安定したとはいえない場合が多いので、パフォーマンス機能も落とす訳にはいかない。すなわち、このタイミングではPM型のリーダーが必要となる。なお、自らも業務を遂行しながらメンバーのパフォーマンスを管理したり、メンテナンス機能も果たしている場合は、協働型リーダーシップとも呼ばれる。

2-3-4　組織・グループの成熟期と安定期

　メンバーがスキルを身につけ組織・グループに愛着を持って長く続けていれば、メンバーは自発的に活動し始める。自発的に活動できることで新しいアイディアやより合理的な進め方が提案され組織・グループはさらに活性化する。

　ここで大事なのは心理的リアクタンス（4章参照）と呼ばれる主体性を奪われることへの不満の管理である。このタイミングではリーダーがパフォーマンス機能を強く発揮すると、メンバーの自発性を奪うことになり、メンバーのやる気を削ぎかねない。自発的に活動し始めた段階では、リーダーは余計な口出しはしないほうが良いのだ。つまり、パフォーマンス機能を段階的に低下させて、徐々にメンバーに仕事を任せていくことが必要である。メンバーそれぞれが担っている役割や仕事をリスト化して、任せられる度合いを査定しながらパフォーマンス機能の程度を加減すると良いだろう。

　この時期のリーダーは徐々にメンテナンス機能が中心になっていく。メンバーを労い、評価しつつ、お互いに自発的になる中で時に衝突するメンバー同士

の間に立ち、それぞれの希望や不満に耳を傾ける役割が増えるだろう。人間関係により深く参加することになるので、参加的リーダーシップと呼ばれている。メンバー間の人間関係もより深まり、組織・グループとしての成熟期に入る。メンバーの間に立つことから、調整型リーダーシップと呼ばれることもある。

　成熟期を超えると、メンバーの中で人間関係や相互理解が深まり、メンバー同士でメンテナンス機能を果たせるようになってくる。メンバーの中で自然発生的にメンテナンス機能を果たすサブリーダー的な存在も現れて、組織・グループとしての安定期に入る。こうなるとリーダーの役割は、成員の自主性を尊重して自分自身のパフォーマンス機能とメンテナンス機能を抑制する段階に入る。機能をメンバーに委譲する形になるので委譲的リーダーシップと呼ばれる。

　ただし、機能する委譲的リーダーシップはpmだけのリーダーとは違う。機能の一部をメンバーに委ねただけで任せ放しにしている訳ではない。どのメンバーがどの機能を果たしているか定期的に査定し、全体的に足りないと感じた機能は補っていかなくてはならない。機能を果たしているメンバーには、それなりの自負心があることが多く、メンバーの自負心を折るようなことがあれば組織・グループ全体としては損失である。メンバーの果たしている機能を労い、評価しつつもさり気なく補うことが重要である。足りない部分を、あえて「よくやってくれてるね」と評価して自己発見をうながすような気遣いも必要なことがある。

　最もやってはいけない事は、リーダーが自己顕示的に機能を果たすところをアピールして、メンバーの自負心ややる気を壊してしまうことだ。このようなリーダーは、たとえPMであっても組織・グループを育てることはできない。組織・グループの主役はあくまでもメンバーそれぞれの活動であることを自覚できることもリーダーの大事な資質のひとつである。

2-4　リーダーとメンバー（フォロワー）関係

　ここまで、PM理論に基づいて、パフォーマンス機能とメンテナンス機能を中心にリーダーのあり方を考えてきたが、ここからはリーダーとメンバーの関係性に注目してリーダーのあり方を考えてみよう。この観点による社会心理学

> 社会的交換／行動理論／原因帰属／ロマンス理論／フォロワー主導理論

図表 2-6　メンバーとの関係に注目した主なリーダー論

的考察は概ね図表 2-6 のように集約できる。

2-4-1　社会的交換理論

　社会的交換理論とは、「交換」という観点から社会のあり方を理解するアプローチである。この理論はリーダーとメンバーそれぞれとの関係を通じた、社会的交換が組織・グループを構成していることに注目している。

　ここで交換されているものは何だろうか。まず、人は所属の欲求や尊敬（自尊、他尊、尊敬される）の欲求、承認欲求を持っている（コラム 4 参照）。そこで、リーダー側からは所属できる組織・グループ、そこでの役割遂行を通した尊敬や評価・承認といった心理的なメリットを得る場が提供される。企業であれば報酬などの経済的なメリットもこれに伴う。

　メンバー側からは、組織・グループの目的に即した作業や労働、組織・グループまたはリーダーへのロイヤリティ（忠誠心）や貢献度が提供される。

　交換の媒体がリーダーとメンバーの関係性なので、リーダーがメンバーにどのような印象を持つかでメンバーの処遇が変わってくる。第一印象が良ければ、より重要な役割を与え、より大きな尊敬や評価、報酬が得られる立場が与えられるが、そうでなければ重要性とリターンの劣る立場が与えられてしまう。

　結果的に、リーダーとの関係が良好なメンバー（イングループ）と、リーダーとの関係があまりよくないメンバー（アウトグループ）が出てくることがある。アウトグループのメンバーは、グループからの疎外感や、やる気の低下や不満を招きやすいため、リーダーはアウトグループが発生していないか常に配慮しなければならない。

2-4-2　行動理論に基づくリーダーシップ機能理論

　望ましい行動に何らかの報酬を与えてその行動をくりかえすようにする操作を、行動理論のオペラント条件付けにおける正の強化という。望ましい行動に

対して規制や制限といった嫌子（嫌がることがら）を取り除く負の強化というものもあるが、この理論ではリーダーを行動理論における強化の実行役とみなしている。

　適切な報酬と、適切な嫌子によって、メンバーの行動を望ましいものにしていくためには、メンバーの行動を注意深く観察するモニタリングが必要不可欠である。適切なモニタリングなしには適切な報酬や嫌子を与えることができない。また、報酬や嫌子は経済的なものから、労い、評価、信頼といった心理的なものもある。

　比較的、安定期にある場合に行い易いが、もちろんこれ以外の時期でもマネジメントに活用することはできる。黎明期や展開期には望ましい行動が容易に規定できないが、その場合はまずは目標設定を適切に行おう。目標に向けたメンバーの自律的行動を観察して、どの行動が組織・グループの成果につながるか査定しよう。そして、業績につながる行動には即座に工夫を褒めるなどの正の強化を行い、成果を圧迫する行動には即座に嫌子を与える警告を発信して、改善したら即座に嫌子を取り除こう。

　リーダーが目を光らせておくことと、正の強化と負の強化が部下のやる気や作業を妨げないようにできることが重要である。

2-4-3　リーダーシップの帰属理論

　帰属とは物事の原因の推論である。この理論はリーダーおよびメンバーが、結果をどのように原因に帰属するかが、行動に大きく影響することに注目した理論である。

　例えば、メンバーが失敗したり、トラブルが発生した時に、リーダーは原因をどのように判断するだろうか。メンバーのせいにするだろうか。状況のせいにするだろうか。自分の指示のせいにするだろうか。

　往々にしてリーダーは、その失敗をメンバーのせいにしがちでメンバーを責めるようなことが多い。しかし、実際には失敗は複数の要因の積み重ねで起こることが多く、メンバーはその引き金を引いたに過ぎないことも多い。

　逆にメンバーも失敗をリーダーの指示のせいにしがちである。人は自分の行

動が常識的で多数派であると帰属するバイアスがある。したがって、リーダーの行動や指示は常識から逸脱したものだと勝手に思い込んでしまうこともありえる。

　このような状況に陥ると、リーダーはパフォーマンス面でもメンテナンス面でも機能しなくなり、組織・グループは崩壊に向かう。リーダーは、自分自身とメンバーの失敗やトラブルの帰属が組織を崩壊させる方向に向かっていないか、常に気を配ってこの状況を防がなくてはならない。心理学の問題解決研究では過度の原因の追求は問題解決にはほとんど役立たない。大事なことは失敗やトラブルからどのようにリカバーするかであり、責任の押し付け合いではないのである。

2-4-4　リーダーシップのロマンス理論

　リーダーとメンバーの関係性に含まれる「ロマンス（空想的な美化）」の部分に注目した理論である。

　メンバーにとってリーダーは「重要な他者（significant others）」のひとりになりがちで、加入当初はさまざまな期待をしがちである。リーダーの人柄を美化したり、機能を強調し過ぎたりしがちになることもある。メンバーの期待というメッキに依存していたリーダーは、時とともに人望を失い、リーダーとしての機能を果たせなくなる。大事なことは、リーダーというだけでさまざまな期待や美化が半ば自動的に発生してしまうので、これを自分自身の資質や才能に帰属せず、リーダーとしての機能を果たせるように尽くすことである。

　また、組織・グループが成果を出している間もリーダーは美化されがちである。例えば、企業業績が好調である時は、その企業のリーダーの特集をよくメディアが取り上げる。つまり、好業績の原因は、リーダーのリーダーシップのおかげであると判断する。一方で、業績が冴えない時はリーダーへの注目が減り、さらに業績が悪化すると、リーダーシップのあり方に疑問を持たれて、リーダーのあり方研究が増える。

　これには組織・グループの成果はリーダーの質に依存するというステレオタイプが広く信じられていることが影響している。リーダーは良い時は美化され、

悪い時には叩かれる立場であることを自覚することも重要である。

2-4-5 フォロワー主導のリーダーシップ理論

　メンバー（フォロワー）次第でリーダーの機能性が変わるという観点の理論である。

　リーダーにもメンバーがこうあってくれたらという期待や願望がある。同時にメンバーにもリーダーがこうあってくれたらという期待や願望がある。この理論では組織・グループにロイヤリティを持ち、成果をあげるアクションに熟知したメンバーが望むリーダー像とリーダーの実体がマッチした時に、組織・グループとリーダーシップが最大限に機能すると考えている。

　大事なことは、機能的なリーダーのあり方は組織・グループを構成するメンバーによって変わるものであることを自覚することだ。とくに、すでにある程度できあがっている組織・グループのリーダーに就任する時は、安易に、自分なりのリーダーシップを理解してもらおう、最初に自分のやり方を示しておこう、などと考えてはいけない。メンバーの顔色をうかがって、態度や指示がブレることも機能低下につながるが、自分がリーダーになる組織・グループがどのようなリーダーを必要としているのかを、パフォーマンス面でもメンテナンス面でも査定することが必要だ。その上で、まずはパフォーマンス面で自分のやり方が成果に結びつくことを示しながら、自分のやり方を徐々に浸透させていく配慮が重要である。

参考文献

國分康孝（1984）リーダーシップの心理学，講談社．
三隅二不二（1984）リーダーシップ行動の科学，有斐閣．

コラム3　　　メンタルヘルスのラインケアとリーダー

　職場において、労働者を支援する際、ラインケアとセルフケアを上手に機能させることが課題となる（詳しくは19章参照）。とくにラインケアは、職場の上司（管理監督者）から部下をケアするシステムであり、組織の上流から下流に対する有効な支援体制を整えることが必要不可欠となる。

　職場の上司が部下に対し、心理的支援を実行しようとする時、心理的支援を行う専門スタッフ（カウンセラーや産業医など）と協働することが重要である。そして、上司の培った経験に基づき叱咤激励することやアドバイスするなどといった形の支援も重要であるが、上司として部下に接する際、自分自身の経験と重ねずに支援を実践することが大切である。ここでは、営業成績をあげることを目的としたリーダーシップや職場の人間関係を円滑化することを目的とした関わりとは異なった"見守る"姿勢を保つことが肝要となる。

　例えば、ある上司A部長がいる。A部長は地道な努力の甲斐もあり、着々と業績をあげ、今の仕事や自分の役割に自信を持ち、職業に対する満足感も高く、リーダーシップを発揮することもうまい、有能な人物だった。昨今、職場におけるメンタルヘルスの低下が社会的問題となり、職場におけるストレスマネジメントの取り組みが求められることもあり、A部長もメンタルヘルスやストレスに関する職場研修会に出席し、メンタルヘルスが低下するメカニズムやストレスコーピングのあり方などについて熱心に勉強を重ねていた。そして、ある研修では、「ラインケアを実践する時、部下の"いつもの様子"を知り、いつもとの違いを確認する必要がある」ということが紹介され、A部長も部下の"いつもの様子"を確認するよう熱心に努めた。こうした中、A部長は、入社3年目の部下Bがいつもと違い、ふさぎ込み、元気がない様子であることを発見した。すると、A部長は部下Bに近づき、いつもの力強い発声で「おいB！　何か元気がないぞ！　俺が3年目の時はもっと将来を夢見て輝いていたもんだ。情けないぞ！」と声掛けをした。

　以上はある職場の実例である。こうした種の声掛けをすることで、"頑張るエネルギー"が蓄えられることもあるが、多くの場合、より疲弊してしまう。A部長も悪気があった訳ではなく、部下を心配してのことなので、一方的に責めることもできないが、ラインケアのやり方を変える必要がある。具体的には、部下Bの変調を発見した時点で、自身の経験を伝え、叱咤激励するのではなく、変調が認められることを伝えた上で、上司として相談にのる準備があることを伝え、相談する機会があるのであれば、説得するのではなく、傾聴すること、また、職場に支援するリソース（例えばカウンセラーや産業医による面談の機会）が存在するのであれば、そのリソースを活

かすことが、Ａ部長が選択すべきラインケアの形である。
　上手に部下の立場に立ち、自分の主義主張や経験則を教え込むのではなく、部下の話に耳を傾け、的確なリソースを提供することが、ラインケアを機能させるための上司の立場（リーダーシップ）である。

第3章
集団心理の功罪：グループダイナミクス

Key words　同調　集団浅慮　集団極性化
社会的促進　社会的抑制

3-1　人と人の間に渦巻く力

3-1-1　グループダイナミクス

　ある集団の中で、その構成員が相互に影響を及ぼし合うことをグループダイナミクスと呼ぶ。1章で紹介したように、組織・グループは個々人の単なる集合を超えた別物になる事が多い。この秘密がグループダイナミクスである。

　例えば、みなさんが勉強をする時を考えて欲しい。ひとりで勉強するよりも指導者が付いているほうが指導者の存在や評価を意識して勉強がはかどった経験はないだろうか。逆に指導者と相性が悪い場合は勉強そのものが嫌になって、自習の時よりもはかどらなかったという経験はないだろうか。2人であってもグループなので、このような場合にもグループダイナミクスが働いている。

　また、飲み物などの新製品のモニター（試用）イベントを開発企業が主催したと想像して欲しい。大勢の参加者がいる中で、あなたはその参加者のひとりだ。プロの司会者が盛り上げる華やかな雰囲気の中で、従来品とのブラインドによる（参加者にはどちらが従来品か新製品かわからないようにしてある）飲み比べ大会が行われた。ほとんどの参加者が新商品のほうがおいしいと回答し、インタビューには絶賛の声が続く。その声は場内にリアルタイムで放送されていた。その中であなたの順番が回ってきた。飲んでみたら確かに一方はクセがあってやや飲みにくかったので、飲みやすかったほうをおいしいと答えた。それが新製品だった。インタビュアーの司会者があなたに感想を求める。あなたは、

どう答えるだろうか？　「おいしい」と答えたほうが無難だと感じるのではないだろうか？　これもグループダイナミクスの効果のひとつだ。

3-1-2　集団心理

　組織・グループをマネジメントする時も、参加する時も、このようなグループダイナミクスについて理解しておくといいことがたくさんある。とくにリーダーとしてマネジメントする時は、組織・グループを必要な方向に導く時に便利だ。また、予想外の組織・グループ内の意思決定やメンバー間の葛藤が発生した時に、グループダイナミクスをもとにそのメカニズムを繙いて、よりよい方向に導く改善策を検討することもできる。

　また、意思決定に関して、人はひとりの時と集団でいる時は全く別人になることがある。集団は個々人の心理学的メカニズムの総和とはまた異なる心理学的メカニズムが働くのだ。この集団の心理学的メカニズムを集団心理と呼ぶ。グループダイナミクスを知っておくと、メンバーとして参加している場合は、まずは自分自身が集団心理の影響をどの程度受けているのか理解する手がかりになる。自分を見失わないで済むので、一個人としてどのように物事を理解し、ふるまえばよいのか、考えることができる。また、予想外の判断や行動をとったメンバー（リーダーを含む）について、個々人の資質や個性ではなくグループダイナミクスの影響を受けている側面を理解することができるので、戸惑わずに対応しやすくなる。

　このようにグループダイナミクスの影響を理解しておくと、私たちの社会生活が有利になることが多いので、本章では代表的なメカニズムと効果を紹介しよう。

3-2　人を抑える力

3-2-1　集団規範

　規範とは、あるコミュニティで一般的に行われている行動の型である。社会規範といえば「電車の優先席は高齢者や傷病者に譲ろう」とか「人の物を盗ん

ではならない」というルールの事になるが、小さな組織・グループでもこのような規範が存在する。これを集団規範と呼んでいる。

　例えば、1段に2名乗れるエスカレーターでは急いでいる人のために片側を空けることが自然発生的な慣習になっている。関東では右側、関西では左側を空ける場合が多い。これは誰かがそのように空けることで、皆がそういう規範があるのかと感じて、認知した規範に合う行動をしているということを表している。このように法律などで決まっている訳ではないが、何となく人に行動をさせてしまうルールが集団規範である。

　集団規範に関連する実験をひとつ紹介しよう。社会心理学者シャクター(1922-1997)が1951年に行った実験だが、まず女子大生を集め3人1グループを構成し、グループで厚紙を切るという作業をさせる。作業中に、あるグループでは、「もうちょっと頑張ってください」、「もう少しスピードアップしてください」というパフォーマンス(2章参照)をあげるメッセージが送られる。他のグループでは、「ちょっとペースを落としてください」、「ゆっくりやりましょう」という、パフォーマンスを下げるメッセージが送られる。すると前者のグループでパフォーマンスがあがり、後者はパフォーマンスが下がった。この結果から、集団内のコミュニケーションから集団規範が生じることがわかる。また、この実験では仲の良さの影響も検討しているが、相対的に仲の良いグループで、ルールの拘束力が高くなる結果が出た。

　集団規範は類似した行動を促すので、メンバー間に類似性が生まれやすくなる。そのことで、お互いの行動を予測できるようになるので、チームワークをとりやすくなり、チームらしさも生まれて、パフォーマンスも上がる。つまりメンテナンス機能に優れたリーダーのもとで仲良くなった組織・グループは、形成された規範の範囲内ではパフォーマンスに優れてくる。

　しかし、その弊害もある。メンバーの行動や考え方が類似してくるので、組織内で出てくるアイディアや意見も似通ってきて、組織・グループとしての成長が見込めなくなってくる。他のメンバーと違う発想や行動を規制する方向に規範が働いた（メンバーが感じた）場合は集団圧力と呼ばれる。こうなると、組織・グループを維持することが目的化してしまい、組織・グループの目的や

方向性、社会的役割を見失ってしまうこともある。

3-2-2　同調と斉一性圧力

例えば、あなたが存在を意識している異性がいるとしよう。相手もまんざらではないようで、二者関係としてはうまく発展しそうな予感がある。しかし、あなたの気持ちを知らない友人たちが、あなたが意識している異性を対象に「あの人、昔こうだったらしいよ」、「意外とこういうところがあるらしいよ」と噂話に花を咲かせ始めた。そこには悪評も少なからず含まれている。概ね、その異性との交際には否定的だ。その友人たちは付き合いの長い遊び仲間で、あなたはそれなりに信頼もしている。おそらく生涯の友人関係が続くであろう仲間だ。そのような状況の中で、あなたはその異性との関係を発展させようという気持ちを維持できるだろうか？

組織・グループでは、その集団内で共有されている基準や期待に沿って行動したり考えたりすることが有形無形で求められ、個人の判断や行動傾向が抑制されてしまうことを同調という。そして、その際に個人が意識的、無意識的に感じる集団の圧力を斉一性圧力と呼ぶ。斉一性圧力が高まって同調が生じやすい主な条件は図表3-1、3-2の通りである。

①組織・グループやメンバーが魅力的
②他のメンバーと自分の類似性が高い
③グループのサイズが3から4である
④組織・グループでの地位が低い
⑤他に同意見をもつ者がいない
⑥自己の態度を明らかにする事態がある
⑦達成の困難度や重要度が高い
⑧判断基準があいまい

図表3-1　同調が生じやすい主な条件

同調を起こす個人の動機づけに他者や集団との関係を維持したい（図表3-1①）、承認や賞賛を得たい（図表3-2②）、罰や批判を避けたいといったものがある場合は規範的影響による同調といわれる。同じく、メンバーの意見や判断を

①想定的に他のメンバーのほうが優れていると認知している
②承認欲求が高い
③自分の判断に自信がない
④失敗経験がある

図表3-2　同調が生じやすい個人的条件

第3章　集団心理の功罪：グループダイナミクス

よりどころとしたい（図表3-1⑧、図表3-2③）、正しい判断をしたい（図表3-1⑦、図表3-2④）といった動機づけがある場合は情報的影響による同調という。

また、その心理的な深さによって「私的受容による同調」と「公的受容（追従）による同調」に区別される。前者は多数者意見に本心から同意しており、迷いが少ない。後者は、本心では多数者意見に同意してはいない。その場では表面上多数者に合わせているだけで、ほかの場に行ったり、一個人に戻った場合には本来の自分の意見に戻る場合もある。いずれにしても、本人の中には多数者意見に合わせようという動機づけが生じるので、本人自身の感じ方と異なる場合には、個人が葛藤状態を経験する。このような葛藤への不快感から、多数者意見に合わせた考え方や行動が、一時的にでも選ばれることがある。自分自身がそのようになっていないか、また他のメンバーがそうなっていないか、注意しながら組織・グループには参加しなければならない。

3-3 人をもてあそぶ力

3-3-1 集団浅慮

集団浅慮とはひとりで考えれば当然気づいたことが、集団で考えることによって見落とされる現象である。例えば、集団で取り組んだために「必要な情報を収集しなかった」とか、「情報から導かれるべき判断を見誤った」、または「（集団の意思決定に基づいて）実行しながら、決定事項の不都合を見おとして修正をかけなかった」といったことが起こることを指す。

例えば、「横断歩道、みんなで渡れば怖くない」という表現がある。交通量の多い道路をひとりで横断する時は、左右をしっかり見渡して、信号も十分に確認するだろう。しかし、大勢の人が同じ横断歩道で信号待ちをしている時に、誰かが誤って信号が変わる前に横断する動作をし始めると、それに釣られて一斉に横断する動作をし始める場面に遭遇したことはないだろうか。これは集団浅慮が起こった場面のひとつである。面識がない、すなわちとくに信用している訳でもない人の判断（横断してよい）に釣られるのだから、面識があって信用している「お仲間」であれば尚さら釣られてしまう。大勢の仲間とワイワイ

と会話しながら渡ると、先頭集団についてゆくという集団の斉一性を維持する動機づけが働いて、赤信号だろうと自動車が迫っていようと、ついつい横断行動をし始めがちである。

3-3-2 集団心理による認知の歪みと行動の偏り

社会心理学者のジャニス（1918-1990）は集団浅慮についてさまざまな角度から検討した結果、集団浅慮を引き起こす集団心理による認知の歪みを見出した（図表3-4）。また、その思い込みから生まれる集団浅慮を引き起こす行動の偏りもみいだした（図表3-5）。

例えば、ある企業で粉飾決済（恣意的に誤った帳簿を作成して、実際よりも収支が良いように見せること。収支が良ければ株価などの外部からの企業評価はあがる。逆に税金対策で収支が悪いようにみせることを逆粉飾決済と呼ぶ。いずれも不正行為である）が行われたとしよう。

企業規模が大きいほど集団心理で気が大きくなりやすくなり、大企業病と呼ばれている。さらに気が大きくなり過ぎると外部からの不正防止の呼びかけや、外部監査などを軽視しやすくなる。高評価を得て企業規模を拡大することが事業を通じた社会貢献になる…、などと自分たちを正当化し、異議を唱えることへの圧力が形成され、誰も疑問を唱えないので全員一致の幻想が生まれる。他社の粉飾決済のニュースがあったとしても、注目すると不快になるので意識外

①集団心理で気が大きくなる ②外部からの警告への過小評価 ③外部圧力の軽視 ④自分たちの正当化（誤った倫理観） ⑤異議をとなえることへの圧力 ⑥疑問をとなえることへの自己抑制 ⑦全員一致の幻想 ⑧都合の悪い情報の否認	①代替手段の未検討 ②目標吟味の不十分 ③リスクの未検討 ④初期に除外された代替案の未再考 ⑤情報収集の怠慢 ⑥手元情報と偏見に基づいた解釈 ⑦次善の策、その次の策の未検討 ⑧成功確率を考慮しない選択
図表3-4　集団浅慮を起こす 集団心理による認知の歪み	図表3-5　集団浅慮を起こす行動の偏り

に追いやってしまう。

　その結果、粉飾決済以外の企業評価をあげる方法が十分に検討されず、社会貢献を目指しているのに社会的な信頼を失う行為をしているという目標との矛盾が見過ごされ、情報の収集や精査、成功確率の考慮も怠ってしまう。むしろ、怠らないといけないかのような集団圧力がある場合も多い。

　このような集団浅慮は企業だけではない。過激な活動や言動をくりかえす団体や1960年代の過激化した学生運動にもみられている。地域によっては紛争や武力衝突に関わることもあり、大きな社会不安の要因になることもある。大事なことは、人が集まると逆に合理的な判断ができなくなることがある可能性をそれぞれが意識して組織・グループに参加することである。

3-3-3　集団浅慮への対策

　集団浅慮に陥らないためには、リーダーとメンバー双方の努力が必要である。

　まずは、リーダーは何人かのメンバーに批判的な目を持つ役割を割り振り、最低1名のメンバーが「常に反対する」役割を担うようにマネジメントする。組織・グループにそのメンバーの役割を理解させておくことで、集団圧力でそのメンバーが阻害されたり、反対しにくくなる雰囲気を予防しておこう。

　次に、リーダーは自分の意見や予測を最初からはいわないようにして、またメンバーはグループの意見について信頼できる外部の人の意見を求めるように心がける。さらに、外部の専門家をグループの議論に加えれば集団浅慮に陥るリスクは大幅に軽減する。

　最後に、リーダーは外部からの警告を検討する時間や習慣を確保して、常に外部から自分たちの組織・グループをみた時にどうみえるか意識することが重要である。多くの場合、リーダーシップのある人物は前向きでポジティブであることが多いので、外部からポジティブにみられている幻想に酔いしれがちだ。だが、往々にして外部機関は通常はより厳しい視点でネガティブなポイントを探しているものなので、実際に向けられている視点に近いところから自分たちをみる習慣が必要である。

コラム4　集団と個人：アドラー心理学と嫌われる勇気

　本章でみてきたように、個人は集団から影響を受ける存在である。では、個人の主体性や自由意志は存在しないのだろうか。

　この問題について、近年、ビジネスや自己啓発の分野ではアドラー心理学（個人心理学）が再評価されている。読者の皆さんの中にも、30万部を超えるベストセラーとなった『嫌われる勇気　自己啓発の源流「アドラー」の教え』（岸見一郎・古賀史健著、ダイヤモンド社）をご覧になった方がいらっしゃるのではないだろうか。

　アドラー心理学の創始者アルフレッド・アドラーは、個人が持つ能力や可能性を重んじ、個人は生まれ育った環境や歩んできた過去によって規定される存在ではなく、自分自身の意思と決断によって人生をいかようにも創り出せる存在であるとみなした。アドラー心理学の中心には"個人"があり、どのような個人たるかということを問い続けている。前掲の本では、嫌われる勇気という言葉がとても印象的だが、いくつかの記述をここで引用してみよう。

　"自由とは、他者から嫌われることである。"

　"あなたが誰かに嫌われているということ。それはあなたが自由を行使し、自由に生きている証であり、自らの方針に従って生きていることのしるしなのです。"

　"他者の評価を気にかけず、他者から嫌われることを恐れず、承認されないかもしれないというコストを支払わないかぎり、自分の生き方を貫くことはできない。"

　やや刺激的な言葉ばかりを並べてしまったかもしれない。しかし、このようなアクの強さが人々を惹き付けた所以でもあるだろう。ただ、大切なのはこの言葉に従った生き方をすることではなく、むしろ、こうしたアドラーの主張から私たち自身が何を感じるのかということにある。

　例えば、なぜアドラーはこんなにも、他者と自分を切り離す必要性を主張するのだろうか。そんな憤りにも似た違和感を覚える人があってもよいと思う。その違和感の背景にはもしかすると、他者との真のつながりを求める気持ちがあるかもしれない。通信技術の発達で多くの人と容易につながることが可能になった現在だが、心と心がつながっているという安心感に飢えている人はますます増えているように思われる。自分という存在が希薄なつながりにしか支えられていなかったら、"嫌われる勇気"など出せるはずもない。ある人の心にそんな憤りが生まれたとしても不思議ではない。私たちの中から生まれる問いは、私たち自身のみならず、私たちが生きている今この時代と密接に結びついているからである。

　一方、嫌われていることは自由を享受し、自分自身を生きている証しであるという考えに励まされる読者もあるだろう。"集団から外れてしまう自分""人が期待するよ

うな自分であることが苦しい"と社会と折り合うことに心を砕いている人にとって、アドラー心理学は自分自身のありようを肯定してくれる拠り所のように感じられるかもしれない。「違う」という状態に対してもっと寛容であっていいのではないか、差異はもっと擁護されてもいいのではないか。そんな心の叫びを受け止められて胸のすく思いがしそうである。

このように嫌われる勇気という言葉は、私たちにさまざまな気持ちを惹き起こす。刺激的で、新しく、耳に痛い、魅力的な言葉である。そして、どのような感想も自由に議論する価値がある。アドラー心理学の根底に流れるのは、このような個人の存在への徹底した肯定である。アドラー心理学とは、個々人が自分自身をはっきりと打ち出し、社会に貢献するために何が必要なのかを考えた理論であるともいえるだろう。

3-3-4 集団極性化：判断の偏り

あることがらについての集団討議を行った後に、参加者個々人にそのことがらへの意見を聴取すると、討議前に聴取した意見の平均よりも同じ方向により極端になって現れる。つまり、組織・グループで討議を行うと、個々人の当初の判断や態度、感情がより中庸だったとしても、極端な方向に偏る結果になりやすい。このことを集団極性化という。集団浅慮のような明らかに誤った判断ではないが、極端な結論を導き出してしまう。

集団極性化の具体例を、架空の総合家電メーカーを想定して紹介しよう。このメーカーは将来の産業構造の中で半永久的な需要が見込める製品（例えば液晶やスマートフォン）で他社にない世界的な先行技術を持っていた。家電開発は歴史が古く新規参入が容易で利益の薄い市場になりつつあった状況で、将来の需要が見込める市場でのアドバンテージは魅力的に映った。メーカーの首脳陣は自社の強味と弱味を分析する中で、世界的な先行技術を「最大の強み」と位置づけた。分析の過程では、すでに収益にならない赤字事業、薄いながらも収益をあげている黒字事業がそれぞれ検討された。しかし、「最大の強み」への期待感の前では黒字事業といえども「薄い収益」ではインパクトが弱く、「将来的には赤字転落可能性のある事業」として赤字事業と同列に扱われるようになった。こうして、そのメーカーは「（強みへの）一極集中」を事業方針として、

黒字事業さえも規模を縮小する大英断を行った。将来の市場で独占的な地位を築くことを目指したのである。

3-3-5　リスキーシフトとコーシャスシフト

さて、投資の「一極集中」は実はかなりハイリスクな判断である。投資事業が「当たり」なら考えうる最大限の収益をあげることができるが（ハイリターン）、「外れ」なら収益があがらず大赤字を抱えることになる。需要増が目立つ大きな市場は必ず他社も参入を狙ってくる。他社も技術を伸ばしてくるだろうし、技術が拙くても拙いなりに価格面で魅力を出す企業も出てくる。市場が大きくて目立つほど消費者は低価格を望み、安値競争に陥る場合もある。経営者がひとりで考えると、このようにリスクが多いことに目が行って英断が難しくなるが、経営の首脳陣という形で集団になると、よりハイリスクな選択をしやすくなる。

このような集団極性化をリスキーシフトと呼ぶ。逆にリスクを極小まで避ける判断をコーシャスシフトと呼ぶ。どちらも、そのプロセスとメカニズムは図表3-6のように考えられている。

具体例の家電メーカーの首脳陣でコーシャスシフトが生じていれば、赤字事業の切り捨てと余剰人員のリストラ、利益の薄い黒字事業の同業他社への対抗策、などのよりリスクの少ない施策がとられたかもしれない。このようなリスクを取らない施策は堅実ではあるが魅力に欠け、外部からの企業評価が一時的に下がるかもしれない。しかし、黒字事業の維持に成功すれば、相対的には安泰かもしれない。

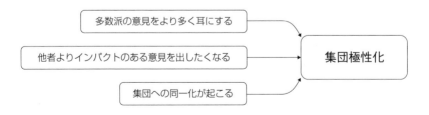

図表 3-6　集団極性化のプロセスとメカニズム

第3章　集団心理の功罪：グループダイナミクス

しかし、合理的に考えれば、先行技術も黒字事業も期待される収益率に差はあれども、その企業の強みであることには変わりない。両者を活かす中庸な施策がバランスが良いことは経営に詳しくない者でも理解できるだろう。

集団浅慮、集団極性化でみてきたように組織・グループで何らかの意思決定を行う場合は集団心理の影響で合理的でない方向に判断が進むことがある。このような集団心理の性質とメカニズムを個々人が考慮して組織・グループは運営されることが重要である。

3-3-6　情報のカスケード現象

リスキーシフトとよく似た現象が、個々人の判断にみられることがある。

例えば、有名投資家が、株価が大幅に下がりそうだといい始めて、実際に彼名義の株式資産のほとんどを処分した。投資家たちは彼がいうなら本当かもしれないと保有株式の大半を売りに出し、彼が売らなかった銘柄には買い注文が殺到した。その結果、供給過剰に陥った大部分の銘柄は暴落し、彼が売らなかった銘柄だけが高騰した。そして名義は異なるが実質的には彼が支配している企業が彼が売却した株式の数十倍規模で暴落した株式銘柄を買い漁り、高騰した銘柄を高値で売りさばいた。

これと近い現象は今日の経済制度が導入されてから何度かくりかえされている。特定の情報がひとり歩きして、多くの人がリスクの高い判断を知らずにやってしまうのだ。このことを情報のカスケード（雪崩）現象という。

この現象はどのように行動するのが正しいのか、はっきりしない状況で起こりやすい。正しい行動の基準を個々人が持てないために、他の人の行動を参考に、「みんながそうしているから」ということで意思決定をしてしまうのだ。同様の現象は、資産の投資行動だけでなく、設備投資、共用資源の活用法、ラーメン屋の行列、死刑制度の改廃、公職選挙の投票行動、など、さまざまな面でみられる。

この現象がインターネットを通じて生じた場合は、サイバーカスケード現象という。ネット上で生じる特定の意見、民族や国家、対象への行き過ぎた反感や賞賛はこの現象として生じることもある。ソーシャルネットワーキングサイ

トなどではこのことがネット上のいじめにつながり、さらには現実的ないじめや暴行につながることもある。断片的な情報やネット上の情報を元に意思形成や態度形成をするのであれば、集団極性化と同様にこの現象を考慮して情報を活用したい。

3-4　集団心理による生産性の向上と減少

グループダイナミクスには個人で作業をした時と比べて、生産性や実効のあるアクションを高める効果と逆に低める効果がある。ここでは、代表的な効果を紹介しよう。

3-4-1　社会的促進

作業や課題を遂行している時に、そばに他者がいることで、その作業や課題の成績が高まる現象を社会的促進という。オルポートは単語連想課題や意見産出課題で単独で行う場合よりも、集団で行うほうが単語の連想も意見の産出も量が多くなるという社会的促進を報告している。この現象は同じ課題を行っている他者が別にいることの効果なので、共行動効果（「共行為効果」）ともいわれている。

また、単に他者がかたわらでみているだけでも社会的促進を生じさせることが明らかになった。その効果を観客効果（見物効果）という。「共行動効果」も「観客効果」も、お互いの間で積極的な相互作用はないが、同じ作業をしている他者がいたり、自分の作業に他者が注目することで、注意が作業に固定されやすくなる。この集中力の高まりから社会的促進が起こるといわれている。

また、他者が存在することが刺激となり覚醒水準や動因水準が高まる。すると行動が生じやすくなるので、作業が促進するともいわれている。この効果は単純で簡単な作業や、やり慣れた課題の場合にとくに起こりやすい。

3-4-2　社会的抑制

逆に、作業や課題が複雑な場合、やったことがない新奇な課題の場合には、課題の遂行が抑制される傾向にある。この現象は社会的抑制（「社会的制止」）

と呼ばれている。人間には評価懸念（13章参照）というものがあり、作業をきちんとできる自信が不確かな場合は他者の前で課題を行うことがためらわれてしまうのだ。自己評価が低い人の場合は、全般的にこの傾向が顕れやすい。

プレゼン資料やキャッチコピーの作成、情報の分析などのひとり仕事には秀でていても、プレゼンでフロントに立つことをためらったり、実際にうまくできない人がいる。また、実力の割に会議ではうまく話せない人もいる。そういう人は評価懸念による社会的抑制が働いているのかもしれない。

3-4-3　リンゲルマン効果とフリーライダー

また、簡単な事ややり慣れた作業であっても、社会的に抑制されることがある。例えば、ひとつの作業に多くの人が関わっていると「誰かがやってくれるだろう」という気持ちが働いて、社会的手抜きといわれる現象が起こる。例えば、綱引きを考えて欲しい。ひとりで綱を引いた時の力を100％とすると、2人で引くと93％、3人だと85％、8人だと49％しか力を出さないという。この現象は綱引きの実験を行った実験者にちなんで、リンゲルマン（1861-1931）効果と呼ばれている。リンゲルマン効果は責任や課題のインパクト、成果による自己評価の分散によって起こると考えられており、「がんばっても、がんばらなくても自分にはあまり関係ない」という意識が背景にあるようだ。

なお、同様の現象が顕著な共同作業者（co-worker）のことをフリーライダーと呼ぶ。西條（2006）によると、日本では欧米よりもフリーライダーに対して厳しいようで、自分が損をしてでもフリーライダーに何らかの罰を与えようとする傾向にあるという。日本では組織・グループに貢献していないと思われると、何らかのいじめや意地悪の対象になりやすいのかもしれないので注意が必要である。

3-4-4　傍観者効果

最後に、社会的抑制が最悪の事態を招いた事件を紹介しよう。2000年代のある年、国内の特急電車内で暴行事件が連続して起こった。同じ車両には数十人の乗客がおり、被害者は泣きわめいた。多くの乗客は事態に気づいていた。

だが、誰も制止せず、通報もしなかった。1964年には米国で38人の目撃者がいながら女性が死亡した事件もある。

　この現象は傍観者効果といわれている。責任の分散だけでなく、ほかの人が何もしていないので行動してはいけないのではないか（多元的無知）、その雰囲気を破って行動してしまうと自分が非難されるのではないかと（評価懸念）、ためらってしまうことが原因だといわれている。

　近年の日本では、上司がひとりの部下をターゲットにして仕事ぶりや人格を攻撃する事案が問題になることがある。本人は上司の対応にもショックを受けるが、傍観者になっている同僚にも同様にショックを受けることが多い。この効果は学校でのいじめの深刻化との関連も指摘されている。

参考文献

本間道子（2011）　集団行動の心理学，サイエンス社．
西條辰義（2006）　経済学における実験手法について考える：「日本人はいじわるがお好き?!」プロジェクトを通じて，経済学史研究，48(2), 51-66.

第2部　組織と個人のやる気の秘密

第4章
やる気にさせるリーダーの違い

Key words　期待理論　パス・ゴール理論
　　　　　　期待価値説　達成期待度

4-1　組織はリーダー次第

4-1-4　よいリーダーはモチベーション開発がうまい！

　筆者が懇意にしているある中小企業はとても活気がある。社長はいわゆる2代目社長だが、時に社員をからかいながら、一人ひとりの特徴や個性を良くみている。この社長は「お前は△△だが、○○がうまいからな」と従業員に声をかけることがある。社長に「うまい」と評価されるとその長所を意識し、同時にさり気なく指摘された短所も意識して仕事をするようになる。そうして成果が出てくると、社長に評価された長所を活かせたこと、短所をコントロールできたことに成果を帰属するようになる。こうして、この企業で、この社長のもとで自分が活かされると感じ、従業員はやる気が出てくる。

　このようなメンバーをやる気にさせるリーダーの資質は、ビジネスだけでなく社会人や学生のサークル・クラブ活動の活気とも関係している。リーダーの資質は天性のものであるようにみられることが多い。しかし、心理学で繙くと、その秘密がみえてくる。

4-1-2　モチベーション開発は良いリーダーの必須スキル

　この章では、リーダーがグループのやる気、すなわちモチベーションを開発するための理論とスキルを紹介しよう。いつの時代でも、どの分野でも、メンバーのモチベーションを開発できるリーダーを求める声は多い。例えば、企業

経営者が組織のリーダーに求める資質としては「人にやる気を起こさせる力（金融業界、オリックス会長・宮内義彦氏）」、「下のものが進んで仕事をしたくなる人間力（美容業界、資生堂名誉会長・福原義春氏）」、「リーダーとはモチベーター（動機づけを開発する人）（広告業界、電通社長・成田豊氏）」など、各業界でいわれている。

　また、リーダーのもとで仕事をする従業員の声としても、産業能率大学の2011年度の新入社員対象の調査では理想の上司の要件の第1位が「やる気を引き出してくれそう」で、その前後の調査でも上位につけている。自分のモチベーションをうまく開発してくれるリーダーのもとで働きたい人が多いことがわかる。

4-1-3　モチベーション開発スキルはリーダーにならない人にも重要である

　すでにリーダーの役割を担っている人、将来的にリーダーを目指す人にモチベーション開発スキルが必要なことはいうまでもないが、リーダーの役割を担っていない人、これからリーダーを目指す予定のない人にも、この章で紹介する理論やスキルを知っておくことは重要である。なぜなら、グループメンバーは責任者のリーダーとしてのレベルを把握してリーダーとの付き合い方を考える必要がある（2章参照）。モチベーションの開発がうまいリーダーのもとであれば自分自身のやる気をそのリーダーシップに委ねればよい。しかし、リーダーが自分をやる気にさせてくれない時に、自分のやる気の無さをリーダーのせいにして、リーダーを非難していればよいのだろうか。モチベーションは個人内の心的過程なので、自己裁量で開発することもできる。

　実際、人生や仕事を楽しんでいる人たちの多くは自分自身のモチベーションを開発するのがうまい。同じ事をやるにしても何倍も気持ちよく、効率的に、効果的に作業ができるので、まわりの人よりも多くの成果を出せる。関西で評価の高い経営者・松下幸之助（パナソニック創立者）は「自分株式会社」という言葉を提案して、個々人が「自分」という人生のリーダーであり、経営者であると説いた。逆にいえば、やる気を人任せにする人は仕事も人生もうまく営めないということである。

4-2　モチベーションとリーダーシップ

4-2-1　モチベーションの期待理論

　ある高校教師は「学歴は大事だぞ！」とか、「学歴は一生付いて回るぞ！」という言葉で生徒をやる気にさせようとしていたが、生徒たちからは「脅し系」と噂されていた。そこで、別の高校教師は言い方を変えて、「学歴がいいと社会人として有利だぞ！」と学歴のメリットをくりかえし語った。すでに成績の良い生徒らはやる気になったが、大部分の高校生たちは「あの先生、学歴の話好きだよね」と噂するだけで、あまりやる気があがらなかった。残念ながら、この教師のやっていることは成績の良くない生徒のモチベーションの開発という意味では「脅し系」と大差ない。

　この教師のいっていることは、「ほしいものなんでも買えるよ。金持ちになればね」といっているに近い。「ほしいものなんでも買える」という魅力的な事態を誘因という。「何か欲しいものがある」という欲求があれば、誘因の魅力はさらに増す。しかし、「金持ちになれば」といわれても一体どうやってなればよいのだろうか。

　そこで、「節約してお金を貯めればね」と言い換えるとどうだろうか。生活のために必要でない出費、例えば外出先での飲み物代、バーゲンで買い過ぎた服、時間がなくてついつい乗ってしまうタクシー、などは節約しても生活には支障はない。節約はお金の貯まり具合で確認できるので成果もはっきりとわかる。お金が貯まることも魅力のある成果のひとつだが、この成果を一種の道具として「好きなものが買える！」というより魅力的な成果に結びつく（図表4-1）。つまり、モチベーション開発で重要なことは、「自分が確実にできそうだ」という達成期待度の高い一次的な成果が、より魅力的な成果（二次的成果）の道具になることが実感できるかどうかである。Vroom（1964）はこのモチベーションの仕組みを期待理論と呼んだ。

　このように日常的で具体的な小さな目標が、もっと大きな魅力の高い目標につながっていくイメージができると日々の業務や課題へのモチベーションがも

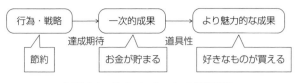

図表 4-1　モチベーションの期待理論

っと高くなる。例えば、日々のルーチン化された退屈な業務であっても、そつなく務め上げていることで周囲に好印象を持たれて、やがてもっと魅力的な業務や役割に抜擢されるかもしれない。こんな期待が持てると、毎日の仕事に張り合いが出てくる。リーダーは日々の積み重ねの意義を、メンバーが具体的にイメージできるように配慮することが望ましい。

また、この理論ではモチベーションの大きさは図表 4-2 の方程式で表されている。掛け算なので、どれだけ魅力があることでも達成期待度がゼロならモチベーションはゼロになってしまう。

目標の魅力×達成期待度＝モチベーションの大きさ

図表 4-2　期待理論の示唆する方程式

さて、上述の高校教師は成績の良くない生徒にどのように指導すればよかったのだろうか？

Vroom の期待理論によると、①魅力のある成果、②成果にたどり着く段階的な目標設定、③目標を順次クリアする戦略、がモチベーションを開発する。リーダーがこの３つを上手く提供すればグループのやる気が高まり、活気づく。

例えば、上述の高校教師が「自分も昔は勉強ができなかった。だから、わからなくても毎日３時間は必ず教科書を読むようにした。毎日読んでいるうちに少しずつわかってきて、成績が上がって、教師になれた」と自分の体験談を語ると、成績の悪い高校生たちに段階的な目標（少しずつ成績があがる）と戦略（毎日、わからなくても教科書を読む）を与えることができる。できれば、昔は勉強が苦手だったと自認している他の教師にも協力して語ってもらって、戦略のバリエーションを増やすともっといい。戦略が多ければ、勉強に苦手意識のある

高校生にも「この先生のやり方なら自分もできる」と達成期待を持てる勉強法がみつかって、その先の成績の向上、学歴、社会人生活…といった成果の積み重なりをイメージできるかもしれない。

4-2-2　状況に応じたリーダーシップ：パス・ゴール理論

　学歴のメリットを語る高校教師の戦略は、成績の良くない生徒らにはあまり効果的でなかったが、成績の良い一部の高校生たちにはモチベーションをあげる効果があった。もし、学歴のメリットという目標の魅力を語るだけでメンバーのモチベーションがあがる状況なら、4-2-1で紹介したような工夫はさほど必要ではない。低コストで短時間に成果を出すことが求められるビジネスの場面では、メンバーのモチベーション開発にそんなに大きな労力を払えないこともある。リーダーには、その状況で最も効率的なモチベーション開発が求められているのである。

　そこで、House（1971）は、課題や業務の環境要因やメンバーの状態に合わせたゴール（目標）とパス（道筋）を提供するのが良いリーダーとするパス・ゴール理論を提案した。図表4-3はその概略図であるが、図の中の個人要因と環境要因を掛け合わせた4つの状況で、モチベーション開発力の高い**4つのリーダーシップのタイプ**を提案している。

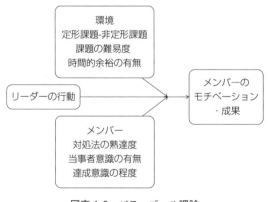

図表4-3　パス・ゴール理論

まず、メンバーがやり慣れている活動や業務を定型課題、メンバーがやり慣れていない活動や業務を非定型課題という。

　非定型課題には新鮮さはあるが対処方法がメンバーによく知られていない。さらに、時間的余裕がない場合は、メンバーが対処方法を身に付けるまで待っていることはできない。また、予告された業務ではないので当事者意識も低いことが多い。このような状況では、成果につながる行動内容を具体的に指示し、達成した場合の報酬の魅力を明確に示す**指示型リーダーシップ**が望ましいといわれている。例えば、メンバーがやったことがないような新しい課題が期限付きで入った時や、誰も経験がないような緊急の割り込み業務が発生した時に有効である。

　次に決まりきった定型課題は、課題そのものと達成した場合の報酬にメンバーがあきていることが多く、新鮮さがない中でモチベーションの維持が難しいことがある。しかし、メンバーは業務への対処方法は十分に身に着けていることが多い。このような場合は、メンバーが飽きないように楽しく明るく活動や仕事ができる環境を作り、課題の重要性や喜びをメンバーが実感できる場を作る**支援型リーダーシップ**が望ましいといわれている。

　課題や活動がある程度季節や時期で決まっている学校、大学のサークル、成熟期に入った産業領域のルーチン化された業務で有効である。

　また、課題の非定型、定型に関係なく、時間的に余裕がある状況で、課題への対処能力が高いメンバーを選抜してチームを結成した場合、メンバーは選ばれて集まったことを誇りに感じて当事者意識が高いことが多い。このような場合は、メンバーを目標や方法の意思決定に参加させる**参加型リーダーシップ**が有効であるとされている。例えば、1年以上先のプロジェクトや数年後の新規事業の立ち上げにむけて選抜チームを作るような場合に有効である。

　最後に、非定型の課題で難易度が高い状況では、課題の対処能力と当事者意識、さらに達成意欲が高いメンバーが集まることが課題達成の条件になることが多い。メンバーをさらにやる気にさせて、成果を出すには目標の高さの素晴らしさをメンバーと共有し、メンバーへの期待や貢献への感謝や評価をフィードバックする**達成志向型リーダーシップ**が望ましいといわれている。

4-2-3　動機の強さと期待―価値理論

　人には個性があり、魅力を感じるものも違うし、できそうと思うこと、できないと思うことも違う。リーダーが、簡単にできる、と思って提示した戦略があるメンバーには難しくみえることも、魅力的と思った目標や成果があるメンバーには魅力的にみえないことも少なくない。同時に、何を必要としているかといった、必要性の感じ方の個人差を動機（欲求）の強さの個人差という。メンバーの動機の強さに差がある場合、上述の期待理論は次の方程式に修正して考えたほうが良い（図表4-4）。すなわち、達成期待度が持てる戦略があって、目標が魅力的であっても、動機がゼロならモチベーションもゼロになる。

目標の魅力×達成期待度×動機（欲求）の強さ＝モチベーションの大きさ

図表4-4　期待理論の示唆する方程式

　動機の強さは何によって決まるのだろうか？　例えば、経済的に恵まれていてお金に不自由がない人には、経済的な成果はあまり魅力がないだろう。また、誰も自分の価値を評価してくれないと嘆いている人にとっては、誰かが自分に関心や厚意を向けてくれることは無上の喜びだろう。このように、人間は満たされていない欲求に関わることには動機が強い一方で、すでに満足していることに関わる課題にはあまり魅力を感じない。このように、メンバーの動機の強さに差がある場合は、リーダーはメンバーのそれぞれが満たされている欲求、満たされていない欲求を考えてみると良いだろう。

　満たされている欲求、満たされない欲求を考える手がかりとして、心理的支援の現場でよく活用されているのが欲求階層説（コラム5参照）であるので参考にしてほしい。なお、人間は所属コミュニティでの立場の悪さに敏感なので（13章参照）、多くのメンバーは所属コミュニティでの居心地の悪さ（社会的危険）を避けるように動機づけられることが多い。複数のコミュニティに属している場合は、より居心地の良いコミュニティの魅力が増し、居心地の悪いコミュニティの魅力が下がる、ということもあるのでリーダーはメンバーの個々の事情

> **コラム5**　マズローの欲求階層説
>
> 　マズローは実験室実験による心理学に限界を感じ、膨大な数の著名人の伝記を集めてヒトを動機づける欲求の原理を追究した。その結果、図のように下位から上位へと向かう欲求階層説をみいだした。最も基本的な欲求が生理的欲求で、生物としての生存と生殖に関わる呼吸や食欲、性欲などである。これが満たされると物理的・社会的な危険を回避したいという安全欲求に動機づけられる。安全が確保されるとコミュニティの一員として認められたいという愛情・所属欲求、コミュニティで尊重されたいという尊敬・自尊欲求へと展開する。ヒトはここまでの欲求が満たされると「理想的な活動をしている自分」を目指す自己実現欲求に動かされる。
>
> 　この説を基に、自分や他者が今どの欲求に動かされているのか、充足が奪われそうに感じているのか、という視点を持つと動機づけを考えやすくなる。また、より下位の欲求ほど生存・生殖への関与が強くなるので、充足が脅かされると動揺や戸惑いといった情緒的な混乱がより大きくなりやすい。
>
> 　なお、マズローは自己実現を人間の最高価値としたが、これにはさまざまな異論がある。快楽に酔いしれる、リスク回避を大事にする、愛情を希求し続ける、尊敬されることにこだわる、といった生き方もひとつの人生観として価値あるものである。また、尊敬・自尊欲求以下の4つ、またはそれ以下の3つの欲求を充足させ続けることも簡単なことではない。あなたは、今、どの欲求を大切にしながら生きているだろうか？

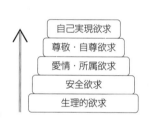

図表4-5　欲求階層説

も把握しておきたい。

　また、居心地の良さ（社会的安全）の確認の方法が個々人で異なることもある。例えば、「自分はまわりの役に立つ仕事をしている」と自分の仕事で自己確認する人もいれば、リーダーから「よくやってるね」というフィードバックを頻繁にもらえないと不安になる人もいる。みんなから一目おかれたり、尊敬されないと安全を確認できない人もいる。リーダーは社会的安全の確認方法の個性やスタイルに注目すると良いだろう。ただし、必ずしもリーダーがそれに応じなければいけない訳ではなく、過剰にフィードバックや尊敬を求める場合には、

そのことについて本人に自覚を促して改めてもらう方法もある。

4-2-4　モチベーションのメカニズム

コラム2で紹介したように、感情はもともと状況に応じた行動を動機づける生物学的メカニズムである。そのため、動機の強さ、弱さには感情が関わっている。図表4-6はここまで紹介してきたモチベーションのメカニズムを図示したものである。図表のように目標の魅力、達成期待度が高いだけでなく、情動（衝動性のある感情）が関わることで、モチベーションは最も高くなる。

例えば、スポーツや音楽など課題に取り組む事そのものが快感なら、自然に気分が集中し、努力しなくても活動に没頭できる。また、不利な状況や立場の中で、より有利な立場の人たちと同じ条件で成果を競うことにやりがいをみいだした場合、その高揚感が報酬になって課題への動機が強くなる。このような課題に夢中になっている状態をフロー状態という。

危機感は過剰になると焦りや過度な競争意識につながるので効果的ではないが、適度な危機感は一種のネガティブ・エンジンとして機能するので効果がある場合もある。ライバルや同業他社を意識させるのもひとつの方法である。また、メンバー間に軽い競争意識を持たせるのも身近にライバルをおくという意味では効果がある場合もある。ただし、メンバー間の競争意識が相互の協力を阻んだり、足を引っ張り合うような雰囲気につながっている場合は逆効果なの

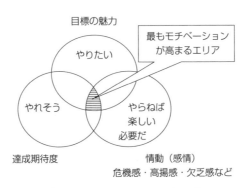

図表4-6　モチベーションメカニズム

で、リーダーは危機感の効果を把握して管理できるように努めたい。

4-3 リーダーのスキル

4-3-1 目標の魅力を高めるリーダーのスキル

　ここでは目標の魅力を高める4つの方法を紹介しよう。

　まず、自分で選んでこのやり方をしている、という実感があると課題への当事者意識が高まる。逆に「こうするものなんだ」とか「このやり方しかない」と強制されると心理的リアクタンス（8章参照）が生じてしまう。このことはオプション効果と呼ばれている。リーダーはメンバーのことを頼りないと思っている場合でも、できる限り本人に主体性を発揮させて自分で選択できる場をあたえることが必要である。もちろん、本人任せで必ず成功する訳ではないので、間違った選択をしないように修正をしてあげる、助言を与える、などの支援も必要である。本人が正しい選択をするように誘導して、成功を実感できると人材として育つだけでなく、リーダーに対する信頼や敬意も育ってくる。途中目標を明確にして本人のモチベーションを保てるようにマイルストーン効果も併用できるとさらに効果的である。

　次に、メンバーの貢献度を評価して意欲を引き出すのが、サンクス効果である。この場合、結果だけを評価するのでは効果が薄い。結果に到達したプロセスの「どの部分」を明確にして評価すると、自分が関与した「結果」に対して愛着が深まる。また、自分のどの行為が結果に貢献したのかわかると、その行為を続けたくなる。結果に対する自負心が育ち、行為と目標の魅力が相互に高まる良い循環を作り上げるとより効果的である。冒頭で紹介した社長が行っていることも、「お前はここがうまい（結果につながる）」という一種のサンクス効果である。

　仕事の内容に焦点を当てるのがサンクス効果なら、本人に焦点を当てて称賛するのがスポットライト効果である。例えば「今月のベストメンバー」というように、名前と写真を貼り出して表彰するのもそのひとつである。サンクス効果と組み合わせるととくに効果的である。

最後に課題に超越的で観念的な理念を付与するラダー効果を紹介する。例えば、営業活動の現実的な目標は売上げアップだったり、利益の追求だったりするかもしれない。しかし、消費者（＝人々、人類）により便利で豊かな生活を提供するのが自分たちの存在意義であり、その役割を果たすために企業として存続し続ける必要があり、そのためにある程度の利益が出せるビジネスをしなければならない…とするとどうだろうか。利益の追求の向こうには、人々、ひいては人類のより豊かな生活という壮大で崇高な目標が設定されることになる。「利益のために働いているのだ」と思うより、「人類の豊かさのために働いているのだ」と思うほうが働く側も気分が良いだろう。大学のゼミナールやサークルなども、単にその活動だけを目的にするのではなく「活動を通して、生涯助け合える仲間を作る」とか、「人として成長する」といったより大きな目標を示されると活動の魅力がさらに増すだろう。リーダーは具体的で、達成可能な目標を示しながらも、日々の課題の積み重ねの向こうにあるより大きな目標や理念を語ることも重要な役割なのである。

4-3-2　達成期待度を高めるリーダーのスキル

　上述のマイルストーン効果は途中目標を明確にすることで、成功を実感して達成感を高める方法だが、ここに適切なフィードバック（進み具合や結果について知らされること）が行われるとより効果的になるといわれている。フィードバックには「手がかりのフィードバック」と「まとめのフィードバック」があり、手がかりのフィードバックとは、自分のやり方が適切であるのかどうか、まとめのフィードバックとは結果のレベルや達成度に関するものである。どちらのフィードバックも、良い方向に向かっていることが伝わると自信や効力感が増す。一方、良い方向に向かっていない場合は、行動プランを練りなおすように支援する必要がある。

　また、個人の持つ、どこに行っても通用するスキルをポータブルスキルという。コミュニケーションスキル、洞察力、企画力、情報収集能力のような、組織や業種を超えて必要とされるスキルがそれに当たる。このようなスキルは経験を通して獲得されるので、特に普遍的に必要とされるものは普遍的ナレッジ

(knowledge) とも呼ばれる。ナレッジ効果というのは、リーダーがメンバーにグループの課題遂行を通してこのようなスキルが身に付いていることを意識させて、達成期待度を高める支援をすることである。例えば、不動産業者が複数の物件を紹介する時に顧客のニーズに最も近い物件を最後に紹介すると、他の物件への失望感からその物件の相対的な魅力が増して、契約の意思決定をしやすくなる、といった経験に基づく具体的で実効性のある知識のことを表している。メンバーに具体的に提示できるかどうかがポイントである。

　最後に、役割演技で視点を移動させるロールプレイング効果を紹介しよう。この方法は、自分の活動が他のメンバーやリーダー、グループ外の関係者（ビジネスであれば顧客や取引先）にどのようにみえているか考えさせる時に有効な方法である。他者の視点を取得することで自分のどのような行動や態度が有効なのか実感を持って知ることができるので、達成期待度を高めることができる。

4-3-3　周囲のやる気を削ぐメンバーの管理

　5章で詳述するが、もの事がうまくいかない時の感じ方には個人差がある。とくにうまくいかない理由についての感じ方（原因帰属）の個人差は統制の所在と呼ばれ、心理学でも長く注目されている。うまくいかなかった理由を「自分の能力を超える課題だったから」と自分の才覚に帰属したり、「今回は準備や努力が足りなかった」と努力に帰属しやすい人を内的統制感が高い人という。自己責任を自覚しやすいので気が重くなることもあるが、能力の範囲でできることを考えたり、改善に向けた準備や努力に動機づけられやすい。つまり、自発的に「うまくやる」ように動き始める。このような人物に責任ある立場を任せると、その周辺には引き締まった雰囲気が作られる。リーダーは彼の工夫や努力を応援し、時に助言を与えると良い。逆に、うまくいかなかった理由を「難しい課題だったからうまくいかないのは仕方がない」と課題の難しさに帰属したり、「今日は運気が悪かったから仕方がない」と運やツキに帰属しやすい人を外的統制感が高い人という。自己責任を実感しにくいので気は楽かもしれないが、改善やうまくやる工夫が行われにくい。うまくいっていない状況で、後悔の表情もなく、平然と無責任な態度を振りまく人がグループの中で責任ある

立場にいると、グループ全体のやる気が削がれてしまう。リーダーはこのような人物に責任ある立場を任せないように統制の所在の個人差を把握しておきたい。

参考文献

House, R. J.（1971）A path-goal theory of leader effectiveness, *Administrative Science Quarterly,* 16, 321-339.

Vroom, V. H.（1964）*Work and motivation,* San Francisco, CA: Jossey-Bass.

第5章
やる気の作り方

Key words　内発的動機づけ　外発的動機づけ
報酬　職務満足　組織社会化
職務コミットメント

5-1　やる気になる時、なれない時

　しなければいけない仕事が目の前にあるのに、どうしてもやる気が起きない…こんな経験を誰もが一度は体験しているであろう。しかし、もし職場において働く人々が全員やる気が起きない状態であったとしたら、全体の作業が一向に進まない事態を招くかもしれない。そこで、働く人それぞれに一定のやる気を維持してもらうこと、やる気の低下している人にやる気を起こさせることは、企業を経営する側、あるいは組織の上位者にとって、非常に重要な課題になる。

　では、どのように働きかければ一人ひとりのやる気が作れるのだろうか。自動車にガソリンを満タンにすると勢いよく走らせられるように、給与を多くすれば皆のやる気はアップするだろうか。心理学のこれまでの研究を調べると、給与（報酬）の存在が単純にはやる気の向上につながらないことがわかっている。むしろ、場合によっては報酬を意味なく与えることでやる気を下げ、結果的に仕事の効率が低下する可能性すらあることが示されている（例, Deci, 1971）。

　何のために人が働くのかを考えた時、もちろん、給与の存在も重要な要因ではある。しかし、"人はパンのみにて生きるにあらず" という新約聖書マタイ伝に記された言葉にあるように、人は物質的な満足のみで生きることができない存在であり、精神的な満足も同時に必要な存在である。職場で働く人々にとっては、自分自身が満足して働けることが重要であり、たとえ給与が客観的にみれば少額であったとしても、働く本人が自分の働きにふさわしい金額である

と認知できる場合や、金銭以外にも報酬があると考えている場合には、働くことで精神的な満足をえて、やる気を維持して働き続けられるのだ。

　本章ではまず、報酬が人々のやる気（動機づけ）に与える効果について、心理学の研究知見を中心に説明する。次に、働くことに関わる満足感（職務満足）の内容について述べる。最後に、働くことに関わる満足感を支える、職場環境と個人の関係性について、働く人が職場に溶け込むこと（組織社会化）の重要性、および、自分の働き方や働くこと自体に感じるやりがい（職務コミットメント）の役割の2点に話題を絞って述べる。

5-2　報酬の効果

　心理学における人間についての基本的な考え方（アプローチ）のひとつに行動主義がある。アメリカ人のワトソン（J. B. Watson, 1878-1958）が提唱した考え方で、刺激とそれに対する反応としての行動を分析する考え方である。このアプローチを発展させた研究者のうち、報酬によって動機づけが高まることをネズミやハトへの実験で明らかにしたのがスキナー（B. F. Skinner, 1904-1990）である。スキナーは、オペラント条件づけに関する一連の実験研究を通して、何かを学習する際の報酬と罰の効果について整理している。動物が偶然行った動作をその動物に学習させるために、対象となる動作を行ったら報酬としてエサを与えることをくりかえすと、やがてエサを欲する時に自主的にその動作を行うようになる（正の強化）。これが学習における報酬の効果である。また、その動作を行わない罰として電気ショックを与えることをくりかえすと、やがて電気ショックを避けるために自主的に動作を行うようにもなる（負の強化）。これが学習における罰の効果である。

　こうした報酬および罰の効果は、動物だけではなく人間にも当てはまる。西川（2005）は、労働者の動機づけにも基本的には、飢餓動因の低減（足りないものを求める）を目指す接近型の動機づけと、不安・恐怖動因の低減（不安や恐怖を感じさせるものを避ける）を目指す回避型の動機づけが存在することを述べている。このうち、前者の動機づけに影響を与える報酬とは、金銭的報酬や昇進などの物理的報酬のほかに、仕事の成果に対する上司の評価や他者の賞賛

などの心理的報酬もある。

このような物理的・心理的報酬を外発的動機と呼び、外発的動機によって高められる動機づけを外発的動機づけという。例えば、企業は給与という外発的動機を用いて労働者の仕事に対する動機づけを維持・向上させようとする。ほかにも、企業・組織には労働者に対するさまざまな外発的動機が用意されており、一定の仕事に対して何らかの報酬を与えることで、労働者の仕事へのやる気を維持・向上させ続けようとする。

ただし、外発的動機づけを高めるだけでは仕事の長続きにはつながらないとも考えられる。仕事の遂行に何のやりがいも面白さも感じられなければ、いくら外発的動機を与えたとしても、その人の仕事へのやる気は急速に低下してしまうかもしれない。マレー（Murray, 1964；八木訳, 1966）は、課題への取り組

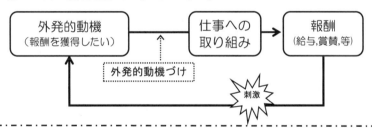

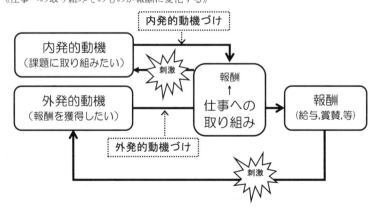

図表5-1　外発的動機づけと内発的動機づけの関係（野上, 2007 を参考に作成）

みを通して新しい経験や挑戦を楽しみたい動機のことを内発的動機と呼んだ。この内発的動機によって高められる動機づけが内発的動機づけである。内発的動機づけが高まると、仕事に取り組むことそのものが報酬となる。

内発的動機づけの高い状態にある人に、その活動に対して金銭的報酬を与えると、報酬のために活動をしていると認知が変化して、内発的動機づけが低下することを示した実験研究がある（Deci, 1971）。内発的動機づけが低下すると、課題に取り組むのは金銭など外発報酬を求めるためと割り切り、課題に真剣に取り組まず、ほどほどの活動で済ませてしまう可能性を増やすことにつながる。一般的に、とくに教育場面などでは、内発的動機の効果を高く評価し、相対的に外的な報酬を悪者としてみなしやすい。しかし実際には、内発的動機づけは外発的動機づけと完全に対置するものではなく（速水, 1996）、職業場面であれば、たとえ仕事への取り組みのきっかけが外発的動機づけによるものだとしても、課題に取り組むうちにその面白さや新しい発見があることへの喜びなどの内発的動機が刺激されていき、外発的動機づけと内発的動機づけがともに仕事場面での活動を支えていく役割を持つのである（図表5-1）。

5-3　職務満足

職務満足とは「組織メンバーが自己の職務および職務環境に対して抱く満足感」（林, 2000）である。職務や仕事をする環境のどのような側面に満足を感じるかは、人により、また業種や組織により、かなり異なる。心理学ではさまざまな職務満足に関する尺度が開発されており、その種類には全体的な職務満足感を測定するものと、個別の次元での満足感を測定するものがある。個別の次元の場合は概ね、(1)仕事の内容自体への満足、(2)待遇（給与、昇進、等）や職場環境への満足、(3)職場の人間関係への満足の3次元にまとめることができる。しかし、これらの次元が職務満足の全てを表しているとは限らず、個人の職務満足を把握することはかなり難しいといえる。

職務満足は、仕事に関わった結果として得られる主観的な感情であるとともに、仕事に関わろうとする動機づけをさらに高める感情でもある。本節では動機づけ、すなわちやる気、を高める要因としての職務満足のあり方について考

えてみたい。

　アメリカ・ピッツバーグの専門職労働者（会計士、エンジニア）を対象に、仕事場面で満足を感じたことと不満足を感じたことを面接調査で調べたハーツバーグ（Herzberg, 1966；北野訳，1968）は、職務満足に影響を及ぼす要因が2種類あることをみいだし、ここから動機づけ―衛生理論を打ち立てた（図表5-2参照）。

　第一の要因は、満足感を高め、仕事への動機づけを強める効果を持つ「動機づけ要因」である。これには仕事をすること自体や仕事の達成の程度、仕事に対する責任といった内発的動機に関することがらと、周囲からの承認、昇進することを望ましいと思う程度といった外発的動機に関することがらの両方が含まれている。まとめると、仕事の内容や結果に関わる要因といえる。第二の要因は、不満足感を低める効果を持つ「衛生要因」であり、給与などの待遇に関することがらや、職場のさまざまな制度、対人関係のあり方などが該当する。ハーツバーグによれば、このうち職務の継続により重要な要因は「動機づけ要因」である。動機づけ要因が満たされることで、仕事そのものに関する満足感が高まり、また、その満足感は比較的長期間持続する性質を持つため、仕事への動機づけを高める。一方、衛生要因に関しては、疫学的な観点（衛生状態の良さは疾病感染の予防につながるが、健康状態そのものを向上させるとは限らない）と同じ働きを職業場面にもたらすと考えられている。つまり、衛生要因が満た

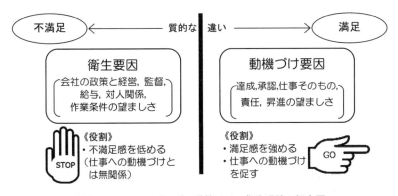

図表5-2　ハーツバーグの動機づけ―衛生理論の概念図

されていれば、職務や職務環境への不満足感は防止できるが、ただそれだけであり、仕事への動機づけには直接結びつかないのである。ただし、日本では対人関係が衛生要因ではなく動機づけ要因として機能することを示す研究が数多いとの指摘もある（櫻木，2006）。

動機づけ―衛生理論の観点に立てば、動機づけ要因の充足が職務満足を高め、その結果として仕事へのやる気が高まることになる。そこで、動機づけ要因を満たせるような職務環境を整備することが重要になる。つまり、達成と承認を受ける機会や昇進の可能性があり、職場に魅力があって個人の成長の機会がある仕事を設計し（職務設計）、さらには自己成長欲求を満たすことができる仕事をすること（職務充実）が、やる気を高めると考えられる（井出，2004）。

5-4 職場環境と個人の関係性：組織社会化と職務コミットメント

前節では職務満足の定義（職務および職務環境への満足感）を示し、職務満足を高める要因としての動機づけ要因（個人の達成、周囲からの承認あるいは対人関係、仕事そのもの、責任、昇進の望ましさ）の重要性について説明した。本節では、動機づけ要因と関連する職場環境と個人の関係性について述べていく。環境と個人の関係性としてさまざまなことがらが考えられるが、ここでは「組織社会化」と「職務コミットメント」の2点をとりあげる。

5-4-1 組織社会化

組織社会化とは、「組織参入者が、組織の一員となるために、組織の規範・価値・行動様式を受け入れ、職務遂行に必要な技能を習得し、組織に適応していく過程」（高橋，1993）である。新入社員として入社する、配置転換で新しい部署に異動する、転職する、等、労働者はさまざまな機会で、ある組織に新しく加わっていく人（組織参入者）となる可能性がある。そして、組織の一員となるためにはその組織の文化を受容し（組織社会化の文化的側面）、組織の中で達成される技能を習得する（組織社会化の技能的側面）ことが必要であろう。これら2つの側面を満たすことでその組織に適応し、適応の結果として組織の中核的なメンバーへと立場が推移していく過程が組織社会化である。このような

組織社会化の成功が職務満足を高める。組織社会化のうち文化的側面は、ハーツバーグのいう衛生要因と類似しており、一見、職務満足には結びつかないように思える。しかし、文化的側面の受容とともに技能的側面の学習を通し、組織社会化はハーツバーグのいう動機づけ要因の充足、とくに周囲からの承認や仕事の達成、仕事をすることへの楽しさ等につながると考えられ、そのために組織社会化は職務満足に結びつくのである。

なお、組織社会化の失敗につながる要因のひとつにリアリティ・ショック（現実ショック）があげられる。これは、組織参入前に収集した組織に関する情報と、実際に参入した後に知ったことがらとにギャップがあると感じることを指し、多くの場合、参入前の情報がポジティブな傾向に偏っていることから生じるショックといえる。リアリティ・ショック、そこから感じる幻滅感は職務満足を弱めるだけではなく、不満足を強め、離職につながる可能性もある。したがって、リアリティ・ショックや幻滅感を乗り越えることが、組織社会化の第一歩となる。

5-4-2 職務コミットメント

コミットメントとは、何らかの目的に高い価値をみいだし、その目的の遂行に力を投入しようとする積極的な態度を指し、自我関与とも呼ばれる概念である（野上，2007）。コミットメントにはいくつかの種類がある。先に述べた組織社会化と関わるコミットメントは組織コミットメントと呼ばれる。一方、自分の仕事そのものに価値を感じ、仕事の遂行に努める態度を職務コミットメントという。

社会組織化をそれほど必要としない職業も、とくに専門職といわれている職業には数多くある。近年、SOHO（Small Office/Home Office の略）のように、組織に属してはいても業務を個人が請け負う形の働き方も浸透しており、個人ベースで働き方を調整できる職業もある。すなわち、組織コミットメントと職務コミットメントが重なる職業もあれば両者を分けて考える必要のある職業も存在する。

職務コミットメントは、仕事そのものに価値をみいだし、職務遂行に責任を

持つことであるため、ハーツバーグのいう動機づけ要因の充足と一致する。したがって、職務コミットメントの高さは組織社会化とともに職務満足に結びつくのである。介護職や看護職に従事する人を対象に組織コミットメントと職務コミットメントが職務満足に及ぼすことを検討した研究（福間，2013）では、個人のコミットメントの程度を測定し、2つのコミットメントがともに高い優等生タイプの人が、達成、自己の成長、および自分に対する評価・給与への満足が強い一方で、2つのコミットメントがともに低い無関心タイプの人の職務満足が全体的に低いことが示されている。なお、この研究では、組織コミットメントのみが高い組織人タイプ、職務コミットメントのみが高い職業人タイプのそれぞれについて、無関心タイプと比較すれば職務満足が高いが、満足を感じる側面には違いがあることも示されている。

5-5 やる気は報酬の工夫次第

　本章では、仕事への動機づけに及ぼす報酬の効果、職務満足の影響力、そして職務満足につながる職場環境と個人の関係性としての社会組織化・職務コミットメントのあり方について述べてきた。基本的な考え方は、職務や職場環境に関して満足感がえられるような何らかの報酬を獲得できることが、最終的には仕事への動機づけを維持・向上させるという図式になる。ただし、人が何に満足感を覚えるかは、相当の個人差がある。個人の物事の捉え方は多様であるため、一定の物理的な報酬、他者からの働きかけがその個人の満足感につながる程度は一律ではないだろう。そこで、誰に対してもやる気を作り出すために鍵となるのは、個人の内発的動機づけを高めることではないだろうか。

　図表5-1では、初期の段階では外発的動機づけが仕事への取り組みを促し、段々と仕事に取り組むこと自体が内発的動機になる過程を示している。このようなプロセスを経て内発的動機づけを高める場合には、取り組む仕事の設計を工夫し、さまざまな動機づけ要因を満たせるように計画することが求められる。つまり、職場環境の整備が重要となる。しかし、中には当初から内発的動機づけが高い人も存在するであろう。仕事そのものに価値をみいだしたい、仕事を自分が成長する機会につなげたい、といったやる気の高い人である。こうした

人々が、そのやる気の高さを維持し、さらに高められるような環境であれば問題はないだろうが、環境をどのように受けとめるかには個人差が存在するため、"出鼻をくじかれる"心理的経験をし、内発的動機づけが一気に低下するといった現象も想定できるかもしれないのだ。

　先述のように、外発的動機づけと内発的動機づけは対極の存在ではない。両者がともに職務満足、組織社会化、職務コミットメントに働きかけ、仕事へのやる気を左右すると考えられる。そのため、働く人全体に影響を及ぼすだろう衛生要因のような側面を整備すると同時に、働く人一人ひとりが仕事をどのように捉えるか、どのような働きかけをすると内発的動機づけが維持・向上するかについて、職場の対人関係も考慮しながら、職務設計を柔軟に見直す姿勢が、結果的に職場全体のやる気の維持・向上につながるのではないだろうか。

■参考文献

Deci, E. L. (1971) Effects of externally mediated rewards on intrinsic motivation, *Journal of Personality and Social Psychology*, 18, 105-115.
福間隆康（2013）職務コミットメントと組織コミットメントの類型による職務満足およびサービスの質，社会福祉学，53, 55-68.
速水敏彦（1996）統合に向けて：外発的動機づけと内発的動機づけの関係，名古屋大学教育学部紀要，教育心理学科，43, 18-21.
林伸二（2000）組織心理学，白桃書房．
Herzberg, F. (1966) *Work and the Nature of Man*, Cleveland: World Pub.（北野利信訳（1968）仕事と人間性，東洋経済新報社．）
井出亘（2004）第1章　仕事への動機づけ，外島裕・田中堅一郎編，産業・組織心理学エッセンシャルズ（増補改訂版），ナカニシヤ出版，pp.1-30.
Murray, E. J. (1964) *Motivation and Emotion*, New Jerzey: Prentice-Hall.（八木冕訳（1966）動機と情緒，岩波書店．）
西川一廉（2005）成果主義に関する心理学的考察―動機づけ理論から考える―，桃山学院大学経済経営論集，47(2), 55-81.
野上真二（2007）Ⅱワークモチベーション，山口裕幸・金井篤子編，よくわかる産業・組織心理学，ミネルヴァ書房，pp.24-41.
櫻木晃裕（2006）職務満足概念の構造と機能，豊橋創造大学紀要，10, 37-47.
高橋弘司（1993）組織社会化研究をめぐる諸問題―研究レビュー―，経営行動科学，8, 1-22.

第3部　コミュニケーションの理論とスキル

第6章 広告・営業の説得力

Key words　説得的コミュニケーション
　　　　　　　精緻化見込みモデル　応諾獲得テクニック
　　　　　　　自己知覚理論　認知的一貫性　返報性規範

6-1　人は日々説得をしながら生きている

　新入生をサークルに勧誘する、両親に大学院進学を許可してもらう、会社を辞めて役者になろうとする友人を思い留まらせる、気に入った映画の推薦記事をブログに書く…などなど、人は日常生活の中でさまざまな形の説得をしている。

　深田（2002）は説得を「（説得メッセージの）送り手が、おもに言語コミュニケーションを用いて非強制的なコンテキストの中で、納得させながら受け手の態度や行動を意図する方向に変化させようとする社会的影響」と定義している。ここから説得の特徴をあげると、主に言語を用いること、送り手が意図的に受け手の態度や行動を変化させようとしていること、ただし変化を強制するのでなく、論拠を示すなどして受け手を納得させようとすることだといえる。

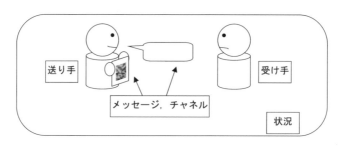

図表6-1　説得効果の4つの規定因

説得効果は言語表現だけで決まるものではない。誰が（送り手要因）、どのような説得メッセージをどのような形で（メッセージおよびチャネル要因）、どのような状況で（状況要因）、誰に伝達するか（受け手要因）によってその効果はさまざまに異なる（図表6-1）。

6-2　説得効果の規定因

6-2-1　説得効果の規定因1：送り手要因

　送り手の要因は、信憑性、魅力、勢力の3つに大別できる。信憑性はさらに専門性と信頼性の2つに分けられる。説得に関わる内容について専門的知識を持っているとみなされた場合のほうが説得効果は高い（専門性）。また、誠実である、悪い意図は持っていないなどとみなされた送り手の説得は、不誠実そうであったりよからぬ意図を持ったりしていそうな送り手の説得よりも受け入れられやすい（信頼性）。例えば、できるだけ最近の心理学の知見をわかりやすく学べる本が欲しいと考えた時、数ある本の中から心理学の教員がある1冊の本を薦めてきたら、心理学の専門家の薦めるものならば心理学を装ったトンデモ本である可能性は低いと考え、その本を選びやすいだろう。しかしもしもその本が、ずいぶん昔に発行された、薦めてきた教員自身の著書だったとしたら、内容のよさを誠実に判断して薦めてくれたとは思いにくく、信頼性は低いと感じられるであろう（なお、実際にはこのような教員は少ないはずなのでご安心を）。

　魅力の効果は、受け手が魅力的だと思う送り手による説得は受け入れられやすいというものである。同じ勉強法を勧められるとしても、苦手な先輩からいわれるよりも憧れの先輩からいわれるほうが、その助言に従おうという気になりやすいであろう（どのような他者に魅力を感じるかについては11章を参照）。

　勢力とは、送り手が受け手に賞や罰を与える可能性を持っていることである。自分では完璧に仕上げたつもりの企画に対して「全面的に考え直してくれないか」という説得は、同僚からいわれた場合よりも上司からいわれた場合のほうが受け入れやすいであろう。

6-2-2　説得効果の規定因2：メッセージおよびチャネル要因

　メッセージおよびチャネル（経路）の要因は、メッセージ内容すなわち説得的コミュニケーションで主張する内容の論拠と、メッセージの構成や表現方法などの形式的側面がある。

　メッセージの内容は説得の本質的な要因といえる。主張内容の論拠がもっともらしいとみなされたものである場合のほうが、説得効果は高い。例えば「8時間睡眠が理想という通説は誤りであり、もっと短くてよい」と説得するのに、送り手の経験則だといわれるのと、科学的な実験の結果わかったことだといわれてそのデータを示されるのとでは、後者のほうがもっともらしく、説得を受け入れやすいであろう。ただし、受け手が説得に関わる内容についての知識をどれくらい持っているかによって、論拠の強さが説得効果に及ぼす効果は異なる。

　メッセージの形式的側面とは、いわば論拠という材料をどう料理するかに関わる要因である。例えばメッセージの反復に関して、同じ主張を単純に数回くりかえすことで、最初のうちは説得効果が高まる。これは単純接触効果として知られている（詳細は11章を参照）。

　言い回しに関しては、同じ主張でもどの側面に焦点を当てるかによって2通りの表現ができる。具体的には、主張を受け入れないと困った事態に陥ると告げるネガティブアピール（例えば「きちんと薬を飲まないと治りませんよ」）と、主張を受け入れるとよいことがあると告げるポジティブアピール（「きちんと薬を飲めば治りますよ」）である。説得の内容や受け手の性質によって、一方の説得効果が他方よりも高いことがある。

　どのような主張内容にも、それを支持する情報と不利に働く情報がある。これらの情報のどれを受け手に提示するかというメッセージの構造も、説得効果に違いをもたらす。主張内容を支持する内容だけで構成された一面的メッセージ（例えば「この料金プランならば、メールは無料、パケット通信代も通常の1/3です」）と、主張内容にとって不利な内容も含む両面的メッセージ（「この料金プランならば、通話料金はほかのプランよりもやや高めですが、メールは無料、パ

ケット通信代も通常の1/3です」)がある。不利な情報を提示すると説得効果は下がると思うかもしれないが、受け手の元の態度が主張内容と反対のものである場合や、主張内容に不利な情報があることを受け手が知っている場合などには、両面的メッセージのほうが効果的であることが多い。

　積極的な主張は重要だが、あまりに強く主張し過ぎて押しつけがましくなると、説得効果は下がってしまう。仮に元から主張内容に対してどちらかといえば好意的な態度を持っていたとしても、「その態度以外に選ぶものはありえない」「絶対にこれしかない」などと、主張される態度以外を選択する自由が侵されたと感じると、その自由を取り戻したいという動機が生じる。こうした反応を心理的リアクタンスと呼ぶ(詳細は8章を参照)。あと10分でこのテレビ番組が終わったら宿題をしようと思っているところに、母親から「そろそろ宿題に手をつけたほうがいいんじゃない？」などといわれると、途端にやりたくなくなるだろう。

　口頭で説得する場合には、その話しぶりが説得効果に影響を及ぼす。明瞭に、大きな声で、棒読みでなく抑揚がついた話しぶりであるほうが、メッセージへの注意を引きつけやすかったり送り手の信憑性が高く感じられたりするため、説得効果は高い。ただし、うるさい、くどいと感じられる程度にまでなると、逆に説得効果を低める。また、あまりに口がうまいと逆に何かだまされているような気がしてしまうかもしれない。場合によっては不明瞭な話し方をするほうが、受け手の関心を引き、受け手自身に主張内容についていろいろと考えさせることになる結果、説得効果を高めることもありうる。

　CMやポスターなどの広告にはしばしばユーモアが含まれているが、ユーモアを交えての説得については、一貫した明確な知見は得られていない。ユーモアの面白さによってそこで宣伝される商品にも好感を持つことがある一方、広告そのものは面白いがそのインパクトが強過ぎて宣伝されていた商品が何であったかを覚えていないという経験もあるのではないだろうか。

6-2-3　説得効果の規定因3：状況要因

　説得の内容や方向(どういう態度にさせようとしているのか)、説得メッセージ

の送り手の立場などが事前に受け手に知らされることを予告と呼ぶ。一般に、予告があると説得効果は下がる。これから説得を受けると予告されると、実際に説得される前に反論をいろいろと考えることができるためである。発電所や工場建設についての住民説明会は、「ここに建てさせてくれ」という説得が行われることが予告されているようなものなので、そのために説得が難しくなっている側面もあるかもしれない。一方で、受け手が説得内容にあまり関心がない場合には、予告されることによって説得内容について考えるようになり、説得されやすくなることもある。

6-2-4 説得効果の規定因4：受け手要因

　説得内容が受け手にとってどの程度自我関与のあるものかによって説得効果は異なる。受け手が関心を持っている内容や、受け手の利害に関わる内容に関する説得であれば、受け手は真剣にその内容を吟味する可能性が高い。例えば学校から学費値上げを了承してもらいたいという説得メッセージを提示された時に、値上げ予定が自分の在学中に行われるといわれた場合（自我関与が高い）と自分が卒業した後のことだといわれた場合（自我関与が低い）とでは、どれくらい真剣に考えるか、ひいては説得されるかどうかも違ってくるであろう。

　お願い事は相手の機嫌がよさそうな時を狙ってするという方略は、多くの人が自然に使っているのではないだろうか。気分状態は情報処理のしかたに影響を及ぼす。ポジティブな気分の時には情報をあまり吟味せず処理しやすくなるために説得も受け入れやすくなる。逆にネガティブな気分の時には周囲の情報を精査しようとするため、説得メッセージについても吟味しようとする。

　このほか、被説得性など、説得効果に影響する受け手の個人特性もある。

6-3　効果的な説得とは？

6-3-1　精緻化見込みモデル

　ここまでにみてきた個々の要因に限定せず、説得メッセージを受け取る側がどのように説得メッセージという情報を処理するかという観点から説得の成否

を説明したものが、Petty & Cacioppo（1986）による精緻化見込みモデルである。説得メッセージ、すなわちさまざまな情報を受け取って吟味するのはそれなりに負荷のかかる作業である。したがって、情報を吟味しようという動機がなければ情報は吟味されないし、やる気はあっても非常に疲れている時やほかのことで頭がいっぱいになっている時など、吟味する能力がなければやはり情報は吟味されない。吟味する動機や能力がなくても（むしろないほうが）態度は変化するが、変化の質が異なる。

精緻化見込みモデルでは、態度変化に至る2つのルートがあるとする（図表

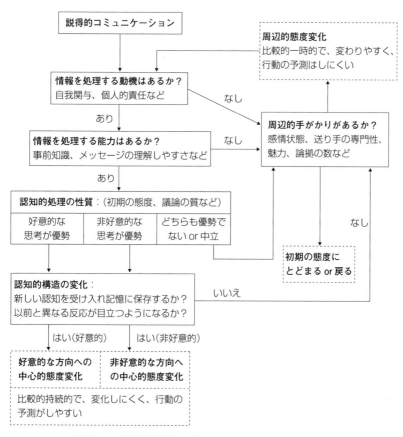

図表6-2　精緻化見込みモデル（Petty & Cacioppo, 1986より）

6-2)。ひとつは説得メッセージを吟味する動機も能力もある場合にたどる中心ルートであり、主張内容の論拠の本質に関わる性質、議論の妥当性など、議論に関わる情報について精緻に検討し吟味する。もうひとつは周辺ルートである。説得メッセージを吟味する動機も能力もない場合は、説得の主張内容にとって本質的ではない周辺的手がかり情報（論拠の多さ、送り手の性質など）を、ある意味短絡的に処理する。

　例えば自分の勉強や仕事でかなり使い込む予定のパソコンを購入しようとする場合、ある商品の購入を薦める説得メッセージを吟味する動機づけも能力も高く、あらかじめ予算やどういった機能が欲しいかなど下調べをし、じっくり考える余裕のある時に店に行って選ぶのではないだろうか。広告や店員の説明でパソコンのスペックや自分にとっての使い勝手など、パソコンそのものの性質に関する情報を吟味し、この商品がよいと決めた後はそう簡単に考えは変わらないであろう。一方、パソコンを購入するという友人に頼まれて一緒に店に行った場合には、能力はあるかもしれないが動機づけはそれほど高くないであろう。すると、店員がいう1番のおすすめをみて「これでいいんじゃないか」と思うかもしれない。または、自分がパソコンを購入する立場ではあるがパソコンに詳しくなく、選ぶ基準とするべき情報やスペック情報を理解する能力がないとしたら、やはり店員のおすすめにそのまま従ったり、友人が使っているものと同じだから、自分の好きな俳優が宣伝しているからなど、パソコン自体についての本質的な情報でない周辺的手がかりを頼りに決めてしまうかもしれない。

　どちらのルートにしても説得を受け入れる方向への態度変化は生じうるが、その後また心変わりする可能性がある。精緻化見込みモデルによると、中心ルートを経て生じた態度変化はその後も変化しにくく、行動との一貫性も高い。一方で周辺ルートを経て生じた態度変化は一時的なものであり、態度と行動の一貫性が低い。スペックを十分検討して購入するパソコンを決めた人は新たにほかのパソコンをみせられてもそう簡単に気が変わることはないであろうが、好きな俳優が宣伝しているという理由で購入するパソコンを決めた人は、もっと好きな俳優が宣伝する別のパソコンをみつければそちらのほうを購入しよう

と態度を変えるかもしれない。

6-3-2　広告による説得

　ここまでにもいくつか例としてあげてきた通り、広告は、受け手の態度を変えることを目的とする、説得的コミュニケーションの一種である。広告とは、広告主が明確で、マスコミ、チラシ、ポスター、webサイトのバナーなどの有料媒体を利用して、商品やサービスの販売を促進するために行う行為のことである。説得コミュニケーションとしての広告の多くは、目の前の特定の他者を相手にするのでなく、不特定多数に向けられた説得である。個々の商品の詳細なスペックを示したカタログを参照するのは、ある商品についての情報を吟味する動機と能力のある人に限られるであろうが、広告はそうした動機や能力のない人にも広く働きかける。例えばテレビCMは多くの場合15秒という短い時間で、商品の販売促進に結びつけなければならない。商品の特長を端的に示して、情報を吟味する動機と能力のある人に訴えかけることもできるかもしれないが、心地よい音楽、人気の芸能人の出演など、商品そのものと直接関係しない周辺的な情報を駆使して、たとえ一時的であっても好意的な態度になってもらおうとするほうが有効かもしれない。スナック菓子は星の数ほど種類があるが、いちいちその味や栄養成分など詳細な情報を吟味することはまれであろう。周辺ルートで態度変化を生じた結果、一度でも購入してくれれば、それをきっかけに味を気に入って、今度は中心的な態度変化を示してくれるかもしれないし、一貫性を求める欲求によって、次にスナック菓子を買う時も前に買ったものと同じものを選んでくれるかもしれない。

6-4　説得と交渉のテクニック

6-4-1　2つの要請を利用した応諾獲得テクニック

　もっと直接的に他者に何かを要請するには、応諾獲得テクニックが活用できるかもしれない。

　フット・イン・ザ・ドア法（foot-in-the-door technique：段階的要請法，Freedman & Fraser, 1966) は、最初に本来要請したい内容よりも小さな要請をし、次に本来の目的であるもっと大きな要請をする方法である（図表6-3(a)）。セールスマンが訪問家庭の家の扉に足のつま先だけを差し挟んで（このテクニックの名前はここに由来する）、まずは話だけでも聞いてもらいたいと請う。それが聞き入れてもらえれば、商品を買ってもらえる可能性も高くなるという。例えば調査員が家までやってきて家じゅうの日用品について分類するという非常に面倒臭い調査への協力を要請したい場合、いきなり訪ねていって頼んでもまず承諾してもらえないであろう。フット・イン・ザ・ドア法を活用すると、まず電話をかけて、数分で済むごく簡単なアンケート調査に答えてくれないかと頼む。この程度の小さな要請であれば承諾してくれる人も多い。そしてその数日後に本来頼みたかった面等臭い調査への協力を頼むと、最初から面倒臭い調査への協力を頼んだ場合よりも高い承諾率が得られる。

　この方法が有効である理由は、自己知覚理論や認知的一貫性を求める傾向により説明できる。自己知覚理論とは、人が自分自身の感情や態度など内的状態を知覚するやり方は、他者の内的状態を知覚するやり方と同じだとする理論である（Bem, 1967）。他者の内的状態を知ろうとする場合、外からみえる行動とそれが行われた状況を手がかりに推論する。自分の内的状態も、自分が感じられる直接的な手がかりが微弱である場合には目にみえる自分の行動と状況を手がかりに判断する。ごく簡単なアンケートへの協力依頼を承諾すると、私は見知らぬ他者からの協力依頼を承諾するような人間なのだと自己を認識する。さらに、人は自分の態度や思考は一貫していると思いたがる傾向があるために、次に大きな要請を受けた時、その要請を承諾して「見知らぬ他者からの依頼に応える自分」という認知を一貫させるのである。

　これとは逆に、ドア・イン・ザ・フェイス法（door-in-the-face technique：譲歩的要請法, Cialdini, Vincent, Lewis, Catalan, Wheeler & Darby, 1975）は、先に本来要請したいことよりも大きな要請をする。冗談だと思われない範囲で、しかしできるだけ大きな要請をしておき、案の定断られたら代わりにもう少し小さな（しかし実はこちらが本来の）要請をするといって譲歩してみせる方法である（図表6-3(b)）。

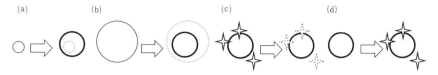

(a)フット・イン・ザ・ドア法　(b)ドア・イン・ザ・フェイス法　(c)ロー・ボール法　(d)ザッツ・ノット・オール法

図表6-3　応諾獲得テクニック（太線の○が本来目的としている要請）

　この方法は、返報性規範を利用している。ハムラビ法典に「目には目を、歯には歯を」という格言があるように、古代バビロニアの時代から、人は何かをされたらそれ相応のお返しをしないと何となくおさまりが悪いという返報性規範に縛られている。これはよいことでも悪いことでも同じである。嫌なことをされたままでは腹の虫が治まらないし、何かをしてもらいっぱなしの「借りがある」状態で居続けるのも居心地が悪い。ドア・イン・ザ・フェイス法において説得の受け手が最初の要請を断った後に「それが無理ならせめてこちらのお願いを」と送り手にゆずってもらったと恩義を感じると、受け手はその恩義に報いるために、2番目に提示された要請を承諾しやすくなる。

6-4-2　要請と特典を組み合わせた応諾獲得テクニック

　高額な商品の販売でよく用いられるのが、特典を用いたテクニックである。
　ロー・ボール法（low-ball technique：特典除去要請法, Cialdini, Cacioppo, Bassett & Miller, 1978）は、最初に何らかの特典つきで要請をして承諾を得、後になってからやむをえない理由で特典をつけられなくなったなどと告げて、最終的には特典なしで要請を承諾してもらう方法である（図6-3(c)）。例えば数十万円に及ぶ受講料を最初に支払わなければならない英会話学校は、受講時間や講師が自由に選べるという特典つきで契約を決意させようとするかもしれない。そして客がいざ正式に契約をしようとした時になって、申し訳ないが講師の都合や教室数の関係で、やむをえず受講時間や講師の自由選択ができないと告げてくる。そこで改めて契約をするかどうか尋ねると、客は特典なしでも契約をするといいやすい。最初から特典なしで契約をさせようとする場合よりも承諾率は高い。

このテクニックの仕組みは、フット・イン・ザ・ドア法と同じく自己知覚理論と認知的一貫性を求める傾向で説明できる。一度契約を決めると自分はこの英会話学校を好ましく思ったのだと認識する。さらに、すでに契約すると決めたものを覆すことは自分の一貫性を損なうことにもなるため、覆しにくい。

　逆に、特典を後からつけるのがザッツ・ノット・オール法（that's-not-all technique：特典付加要請法，Burger, 1986）である（図表6-3(d)）。最初にある条件（価格など）を提示しておき、その条件について受け手が考える間を与えずに「これだけではありません」と特典をつけていく。例えばある商品の定価を示しておいて、価格はそのままで別の商品を特典として付け足していったり、値引きという特典を提示したりする方法である。

　この方法はドア・イン・ザ・フェイスと同様に返報性規範で説明される。その商品を買うかどうか判断する前に先んじて、特典をつけてもらうという恩を受けたと感じ、それに返報するために購入を承諾してしまうのである。

　これら応諾獲得テクニックは、もちろん全ての場面で有効な訳ではない。実践に応用する際には、適用しようとする要請内容や状況に合ったテクニックを選ぶ必要がある。

参考文献

Bem, D. J.（1967）Self-perception: An alternative interpretation of cognitive dissonance phenomena, *Psychological Review*, 74, 183-200.

Burger, J. M.（1986）Increasing compliance by improving the deal: The that's -not-all technique, *Journal of Personality and Social Psychology*, 51, 277-283.

Cialdini, R. B., Cacioppo, J. T., Bassett, R. & Miller, J. A.（1978）Low-ball procedure for producing compliance: Commitment then cost, *Journal of Personality and Social Psychology*, 36, 463-476.

Cialdini, R. B., Vincent, J. E., Lewis, S. K., Catalan, J., Wheeler, D. & Darby, B. L.（1975）Reciprocal concessions procedure for inducing compliance: The door-in-the-face technique, *Journal of Personality and Social Psychology*, 31, 206-215.

深田博己編著（2002）説得心理学ハンドブック，北大路書房．

Freedman, J. L. & Fraser, S. C.（1966）Compliance without pressure: The foot-in-the-door tecnique, *Journal of Personality and Social Psychology*, 4, 195-202.

Petty, R. E. & Cacioppo, J. T.（1986）The elaboration likelihood model of persuasion. In L. Berkowiz（Ed.）, *Advances in Experimental Social Psychology*, Vol.19, New York: Academic Press, pp. 123-205.

第7章
科学技術・法律・医療とのコミュニケーション

Key words　裁判員裁判　取り調べ
　　　　　　　科学技術コミュニケーション　リスク認知
　　　　　　　共有意思決定

7-1　専門家と一般市民のコミュニケーション

　私たちは日常生活の中で、さまざまな分野の専門家が提供する情報を利用している。気象庁発表の天気予報をみて傘を持っていくかどうかを決め、具合が悪い時は病院へ行って病状や治療方法についての説明を受ける。家の内装を変えようと思えば建築士に相談するだろうし、当事者同士の話し合いではどうにもならないレベルまでこじれてしまった揉め事は、弁護士に相談するかもしれない。

　専門家の話はわかりにくいと感じることがある。専門用語が多くて難しい、こちらの疑問に明快な答えをくれなくてもどかしい、などの思いを経験したことがある人は多いのではないだろうか。また、同じ領域の専門家でも人によっていうことが異なり、結局誰のいうことを信じればよいのかわからないという問題もある。しかし、このわかりにくさの原因は専門家だけにある訳でもなさそうである。一般市民の私たちが、「餅は餅屋」とばかりに専門家にさまざまな判断を過度に委ねてしまい、しろうとでも最低限必要な基本的な知識や能力（リテラシー）が足りていないという指摘も散見される。

　本章では、司法、科学技術およびリスク、医療の領域に着目して、専門家と一般市民の間でどのようなコミュニケーションが行われているか、どのようなギャップがあるかをみていく。一般市民の立場で考えてもよいし、自分が専門とする他の領域に当てはめて、専門家の立場で考えることもできるだろう。な

お本章では、当該の分野の専門家以外の人という意味で「一般市民」の語を用いる。ある分野の「専門家」は別の分野においては「一般市民」である。

7-2 裁判員制度の社会心理学

7-2-1 裁判員として裁判に関わる

　裁判員裁判とは、一定の重大な犯罪についての刑事事件を対象として行われるものであり、2009年5月から始まった制度である。原則として裁判官3人と、衆議院議員の選挙人名簿から無作為に選ばれ、選任の手続きを経て任命された6人の裁判員でひとつの事件を扱う。

　これまで司法の専門家だけで行われてきた裁判官裁判に一般市民が関わることの意義として、一般市民が審理に直接参加することによって一般市民にもわかりやすい審理になること、参加した一般市民を中心に裁判の意義が実感され、司法に対する国民の理解と信頼が向上することなどがあげられている（最高裁判所，2013）。

7-2-2 司法の専門家の感覚と市民感覚のギャップ

　裁判員裁判で適正な判決が行われるために必要なことのひとつとして、裁判員が証拠の取り調べや有罪・無罪の判断基準について適切に理解できていることがあげられる。司法における判断の基準には市民感覚と異なる点も多くあり、専門家と一般市民で判断のしかたにギャップがみられる。例えば「証拠」は日常でもよく使う言葉だが、裁判における「証拠」は、その定義やそれによって証明できることの範囲などが厳密に定められている。例えば「犯行が行われたとされる時刻の直後に被告人が凶器を持っているところを見た」という目撃証言が5人から得られたと聞くと、全員が見間違えたと考えることは難しく、被告人が犯行を行ったことは間違いなさそうだと判断したくなる。しかしこの証拠から直接証明できるのは「犯行が行われたとされる時刻の直後に被告人が凶器を持っていた」という事実までで、被告人が犯行を行ったことを直接証明はできない。

最も重要な有罪か無罪かの判断にもギャップがみられる。司法においては、さまざまな証拠によって被告人が犯人であるという確信ができれば「有罪」と判断するが、そこまでの確信ができなければ（「被告人が有罪であることに合理的な疑いが残る場合」と表現される）「無罪」とする。これは「疑わしきは被告の利益に」という推定無罪原則に基づくものである。つまり「無罪」とは「有罪でない」ことであって、積極的に被告人が犯行をしていないと認めるものではない。しかし素朴に考えれば「無罪」という言葉は犯行をしていないことを表すように感じられ、被告人が犯人であることに合理的な疑いが残っていても無罪と判断しにくい。こうした判断の基準は一朝一夕に身につけられるものではなく、訓練を積んできた専門家との間で判断のしかたにギャップが生じることは避けられないかもしれない。

　このほか専門家と異なる一般市民の判断の特徴として、専門家に比べて、量刑判断を軽くする要件（心神喪失、飲酒や薬物の影響、少年であることなど）を考慮しにくいこと、重い量刑判断をする傾向があること、本来量刑判断に影響してはならない情報（人物の印象、強く感情に訴える証拠など）の影響を受けやすいことなどがあげられる。

7-2-3　専門家と一般市民の混成集団で話し合うことの影響

　裁判員裁判における適正な判決のために必要なことの2点めは、裁判官と裁判員が対等な立場で自由に議論できることである。例えば一般市民である裁判員が、専門家である裁判官の主張とは異なる主張をすることももちろん自由である。また、裁判官やほかの裁判員の意見を聞き、なるほどと思えば意見を変えてもかまわない。しかし、主張の内容自体でなく専門性を持つという裁判官の性質によって、裁判員が自分の意見を変えてしまうことがあるかもしれない（専門性による説得効果については6章参照）。また専門家と一般市民の混成であるかどうかにかかわらず、集団での話し合いは時として集団思考や集団極性化など、個人で行う判断よりも歪んだ意思決定を生み出す場合がある。

　評議の内容には守秘義務が課されているため、裁判官と裁判員のコミュニケーションを直接調べることはできないが、裁判員経験者に対する調査などを用

第7章　科学技術・法律・医療とのコミュニケーション

いて、適切なコミュニケーションが行われているか確認と検討を続けることはできるだろう。

7-2-4 事件や事故の当事者、目撃者として供述する

事件や事故の被疑者、被害者といった当事者や目撃者による供述は、有罪・無罪または量刑の判断にも影響しうる重要な証拠となる。しかし、供述はいわば出来事についての記憶の表明であり、記憶はさまざまな要因で歪むことがわ

---

(1) 心的容量の限界：目撃者の認知的容量は限られているので、できるだけ妨害のない静かな状況で面接を行う。

(2) 文脈の再現：出来事の記憶は文脈とともに記憶されているので、文脈（出来事があった場所等）を思い描き再現することにより、より多くの情報が思い出せる。

(3) 様々な方法による検索：異なる方法で繰り返し想起させる。例えば質問の仕方を変える、視聴覚、嗅覚等、様々なモダリティに関する質問を行う、出来事の生起順に、また逆順に語ってもらう、様々な視点（目撃者の視点、犯人の視点等）に立って思い出してもらう等。

(4) 複数の符号化と誘導イメージ：出来事の記憶には言語的、抽象的情報の他、視聴覚、嗅覚等、知覚的な情報も含まれている。目を閉じ、積極的にイメージさせることで、後者も引き出すことができる。

(5) 目撃者に合った質問：目撃者は一度に一つのことにしか集中できない。よって質問をする場合は、目撃者が今現在思い浮かべていることについて質問する。予め決められた順序で質問するのではなく、チェックリストを作り、目撃者の供述にしたがってチェックする、等。

面接の具体的なプロセスは、(a)導入（ラポールを構築する）、(b)自由再生、(c)プロービング、(d)確認、(e)終了となる。(c)では、誘導的になったり、暗示的になったりすることなく、上記の技法を用いて想起するように促す。できるだけはっきりとしたイメージを描くように促し、まずそのイメージについて自由に語ってもらった後、必要と思われる項目について質問を行う。また、別の角度からイメージを思い浮かべてもらい、自由に語ってもらった後、誘導的にならないように尋ねる、ということを繰り返す。

図表7-1　認知面接法の例（日本学術会議, 2011より）

かっている。例えば出来事から時間がたてば記憶は不鮮明になるし、後から見聞きした情報による影響も受ける。「間違いない」と本人が確信していても実際にその記憶が正確とは限らない。命の危険など極度のストレスにさらされている時の記憶は不正確になりやすく、銃や刃物などの凶器がある場合には凶器以外の、例えば犯人の顔などに対する記憶は不正確になりやすい。さらに、記憶は裁判官や検察官による質問（尋問）の内容や形式、教示のしかたによっても影響を受ける。しかも、質問のしかたには標準化された手続きがないため、誘導尋問により不正確な証言が行われ、最悪の場合、冤罪を作り出すことにもなりかねない。

　そこで、誘導や暗示のない、できるだけ正確な供述を得るために、面接のしかたに関する標準化された科学的な手法の制度化や、面接の研修訓練の実施などが、日本学術会議の心理学・教育学委員会　法と心理学分科会によって提言されている（日本学術会議，2011）。心理学の知見に基づく標準化された面接法は、供述をするのが子どもか成人か、参考人なのか被疑者なのかによって詳細は異なるが、共通する原則は、被面接者に会話のコントロール権を委ね、自由に報告してもらうことである（図表7-1）。

7-3　科学と市民のコミュニケーション

7-3-1　一般市民の科学離れと科学技術コミュニケーション

　日本の大学で心理学を学べる学部や学科はいわゆる文系学部におかれているため、理科や数学を苦手とする「文系学生」が入ってきては、統計学の必要性に直面して「もう数学をやらなくていいと思ったのに…」とため息まじりにつぶやく姿を時折みかける。

　文系学部を選ぶ学生に限らず、全国的な科学離れ、とくに20代の若者の科学離れは、1990年代にはもうすでに危惧されていた。科学離れから懸念される問題のひとつは、科学技術の振興を担う人材が不足することである。「科学技術創造立国」を目指すという国の方針にとって、人材不足は由々しき事態である。もうひとつは、日常生活に支障が生じうるほどの科学的知識の欠如であ

る。私たちの生活は今や科学技術なしには語れない。エネルギー利用量をどう節約するべきか、食品の安全性をどう判断するか、感染症の流行や大災害の発生にどう対処するか、健康上のリスクや倫理的問題も孕む先端医療を受けるかどうかなど、一人ひとりが科学的知識または科学的な（言い換えれば論理的な）ものの見方を使って判断しなければならないことがある。科学離れによってそうした基本的な科学的知識や考え方すら身につかなくなっているとすれば、これは私たち自身にとって困ったことになりうる。科学を装って実際には科学的根拠がなかったり否定されたりしている主張、いわゆるニセ科学を信じてしまい、効果のないものに多大な投資をしてしまったり、健康を損ねたりすることになるかもしれない。例えば心理学というと血液型性格判断を思い浮かべられることが少なくないが、血液型と性格に関連があるという科学的証拠は得られておらず、これは一種のニセ科学である。しかし多くの人が根強く信じ続けており、特定の血液型であることを理由に就職面接で不採用とされたり友達にしたくないなどの差別を受けたりという弊害が生じている。

　こうした懸念に対して、科学技術について一般市民にもっと知ってもらおうとする動きは以前から行われていた。広くは科学系博物館での展示や研究所の広報、理科教育などもそうした動きのひとつだが、近年はとくに科学技術コミュニケーション（または科学コミュニケーション、サイエンス・コミュニケーション）と呼ばれ、一方的に知識を教授するのでなく一般市民との双方向的なコミュニケーションを行おうとする活動が広まりつつある。具体的な活動の例として、専門家と一般市民が直接顔を合わせて科学について気軽に語り合うことを目指したサイエンス・カフェと呼ばれるイベントが開催されている。

7-3-2　欠如モデルに基づく啓蒙から双方向的な対話へ

　一般市民にいかに科学を理解してもらうかについては、科学技術基本計画でその方針が述べられている。科学技術基本計画とは科学技術政策を体系的に行うためのもので、1996年に第1期科学技術基本計画が策定され、5年ごとに新しい計画が策定されている。2013年現在は第4期の途中である（文部科学省, 2011）。第1期計画では「科学技術に関する学習の振興及び理解の増進と関心

の喚起」が掲げられていたが、2001年に策定された第2期計画では「科学技術と社会の（言い換えれば専門家の立場と一般市民の立場の）双方向的なコミュニケーション」の必要性が強調され、この方針は第3期、第4期にも引き継がれている。

　第2期基本計画以降「双方向」のコミュニケーションが強調されている背景には、従来の科学技術コミュニケーションが欠如モデルに基づいたものだったという批判がある。欠如モデルとは、一般市民は科学技術に関する適切な知識が欠けているために非合理な恐れを抱くのであり、知識を持つ専門家が一般市民に適切な知識を注ぎ込むことによってそのような恐れは抱かなくなり、科学技術に関する理解や関心も進むはず、と考えるモデルである。例えば放射能の影響や遺伝子組み換え食品など、専門家が「影響はない」「安全だ」とどれだけデータを尽くして説明してもなかなか一般市民が受け入れられないのは、科学的知識が欠如しているせいだと考える。しかし科学技術の問題は一意に「正しい知識」が定まるものばかりではない。また、一般市民の関心は科学的な事実そのものではなくもっと社会的な側面など別のところにあるのかもしれないし、事実を認めるとしても判断の基準が専門家とは異なる可能性も考えられ、ただ知識を注ぎ込めばよいというものではないだろう。したがって、一般市民がどのような側面に関心を持っているのか、どのように判断しているのかなどの情報収集をして、ニーズに合わせて科学技術に関する情報を提供していくことが必要なのだと考えられる。

　一般市民にわかりやすく受けのよいコミュニケーションをするだけでなく、一般市民の期待や意向を汲み取り、政策や意思決定に反映させられるという意味での双方向的なコミュニケーションをするためにどうすればよいか、その活動をどう評価するかは、科学技術コミュニケーションの大きな課題として検討が進められている。

7-3-3 「安全・安心」を求める心理とリスク管理

　科学離れといわれていても、一部の領域に対しては一般市民も非常に高い関心を持っている。その領域とは、直接的に私たちの生活の安全に関わるもので

ある。食品添加物、ダイオキシンやPM2.5といった何らかの汚染物質や放射性物質などが私たちの生活に危険をもたらす可能性は、それぞれの分野で検討されているが、そうしたリスクを人がどう捉えどう対処するかについては、リスク認知やリスクコミュニケーションの問題として検討が行われている。

リスクの定義は研究等の文脈によってやや違いがあるが、ここではハザード（ある危機が起きた場合の被害）の大きさとその生起確率の積で表されるものとする。世界のほとんどの出来事はリスクを含んでいるといえる。「絶対安全」といわれてきた原発が案の定絶対安全などではなかったように、ゼロ・リスクはありえない。したがって、全てのリスクをなくそうとするのは無理である。企業や国がリスク管理に関する政策を決める際は、リスクやリスク低減のための対策を実施するコストの大きさなども考慮に入れて優先度を決める必要があるだろう。

7-3-4 一般市民と専門家のリスク認知の違い

人間は不確実性を含む状況に関する判断が苦手であり、一般市民のリスク認知にはバイアスがかかっている可能性がある。人はある事象の生起頻度を推定する際、実際には生起頻度の低い事象を過大視し、逆に生起頻度の高い事象を過小視する傾向がある。これに加え、一般市民は「恐ろしさ」と「未知性」といった、リスクの定義に含まれる要素とは異なる要因に基づいてリスクを判断していることが示されている。死に至るような被害であったり、被害者数が多かったりすると恐ろしいと感じられ、リスクが高いと判断される。そして、被害が目にみえて現れないものであったり、時間をかけて徐々に現れてくるようなものであったり、被害の生じるメカニズムや原因が科学的に明らかにされていないものであったりすると、未知性が高く、リスクが高いと判断される（図表7-2）。

専門家も人間なので全くバイアスのない判断ができる訳ではないが、リスクに関する専門的知識や安全性に関する情報を多く持っているため、恐ろしさなどの感情による影響は一般市民に比べて受けにくいと考えられる。また、科学技術やそれに伴うリスクを扱う専門家は、科学技術は人間の力でコントロール

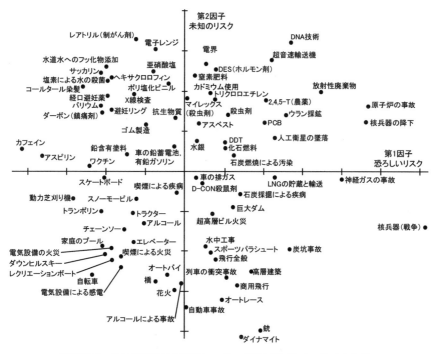

図表 7-2　リスク認知の 2 要因とハザードの布置（Slovic, 1987 より作成）

できると思うなど、科学技術に対して一般市民が持つよりもポジティブな価値観を持っており、こうしたこともリスク認知に影響していると考えられる。

7-3-5　リスク・コミュニケーション

　リスク・コミュニケーションとは、「個人、集団、機関の間でなされる情報や意見交換の相互作用的過程」である（National Research Council, 1989）。そのリスクに関わる利害関係者同士が、リスクそのものについての情報に限定せず、関連する情報や意見を、双方向的にやりとりするものとされる。具体的には、2つの領域に区分することが推奨されている。2つの領域とは、個人がリスクに関するよりよい意思決定ができるようにすることを目標とする個人的選択の領域と、一般市民もリスクに関する意思決定や活動に参加して問題を解決することを目標とする社会的論争の領域である。吉川（2012）は、コミュニケーシ

ョンを考える上で、この区分を意識することは意味があるとしている。個人的選択の領域では、適切に情報を得て個人がリスクをうまく避けられるよう、説得的コミュニケーション研究の知見を活用して行動を促すことが有効な場合もある（もちろん、不当な誘導は許されないが）。しかし社会的論争の領域では、「正しい意思決定」を明確に決められない場合が多く、一定の方向に説得しようとすることには相当の注意を要する。

　科学技術およびリスクに関する政策においては、一般市民の信頼が非常に重要である（中谷内，2012）。なぜならば、信頼できるかどうかはリスクやベネフィットの認知に影響し、最終的に政策を受容するか否かという判断にも影響するからである。信頼の詳細な分類のしかたはさまざまだが、専門家の専門的知識や技能に対する信頼と、誠実さや真面目さなどの人柄に対する信頼の2つの側面があるという見解は多くの研究でみられている。知識や技能は努力次第で向上させることができるが、こちらの影響力は人柄に対する信頼の影響力に比べて小さい。一方で人柄の評価はこのようにふるまえば信頼されるといった明確な基準はない。各現場の性質に合わせて信頼を獲得する方法を考える必要があるだろう。

7-4　医療におけるコミュニケーション

7-4-1　医療者と患者のコミュニケーション

　医療の現場は複雑である。医師、看護師、薬剤師、その他さまざまな職種の専門家が関わっており、複数の患者に並行して異なる施術をする。患者の側からみるといろいろな人が入れ代わり立ち代わりやってきて、しかし間違いなく自分が受けるべき処置を適切なタイミングでしてくれる。こうしたチームワークは医療者間のコミュニケーションが適切に行われてこそ達成されるものといえるだろう。

　治療に携わるのは医療者だけではない。近年は患者本人も医療チームの一員として情報を共有し、治療法等の意思決定に関わる、患者中心医療の必要性が認識されてきている。患者中心医療が円滑に進むためには、医療者という専門

家と患者という一般市民の間の適切なコミュニケーションが欠かせない。しかし、先にも述べた通り、医療の現場は複雑であり、医療者は忙しい。そうした中で医療者と患者が適切なコミュニケーションを取り、信頼できる協同関係を築けるかどうかが、患者の健康や治療の成否に影響を及ぼすこともある。

7-4-2 治療に関する意思決定の方法

患者中心といっても、患者が全てのことがらに関して意思決定を迫られる訳ではない。意思決定の方法は3つあり、どれかが必ず望ましいというものではない。これまでの状況を考慮して、どの方法で意思決定するかを患者が選べるようにすることが重要である（図表7-3）。

パターナリズム（父権主義）は従来行われてきた意思決定方法で、医療者が患者によかれと思うことを、患者の意向をあまり問わずに決めるものである。その後増えてきたのがインフォームド・コンセントであり、必要十分な説明が医療者からなされ、患者が主体となって意思決定をする方法である。共有意思決定は、ほかの2つの意思決定方法と異なり双方向的なやりとりで、医療者と患者が対話を重ね、場合によっては価値観など治療法以外の情報も共有した上で、医療者と患者が共に主体となって意思決定を行うものである。

本章でみてきた領域のいずれにおいても、非専門家である一般市民と双方向的なコミュニケーションの必要性が認識されていた。ただしそれによって目指すものや双方向性を達成するための手段には少しずつ違いがある。これら以外の領域での専門家と一般市民のコミュニケーションに応用するには、どの方法が有用かを見極めることが必要だろう。

意思決定法	パターナリズム	共有意思決定	インフォームド・コンセント
情報の流れ 情報量 意思決定の主体	主として医師→患者 法や規則を満たす分のみ 医師	双方向 意思決定に必要な分 医師と患者（とその家族）	主として医師→患者 意思決定に必要な分 患者（とその家族）

図表7-3　意思決定方法（市川, 2012より）

参考文献

市川直明(2012)成人がん患者・家族とのエンドオブライフコミュニケーション,ピラールプレス.
吉川肇子(2012)リスク・コミュニケーションのあり方,科学,82,48-55.
文部科学省(2011)科学技術白書平成23年版,文部科学省.
中谷内一也編(2012)リスクの社会心理学,有斐閣.
National Research Council (1989) *Improving risk communication*, Washington, D. C.: National Academy Press.
日本学術会議(2011)科学的根拠にもとづく事情聴取・取調べの高度化,日本学術会議.
http://www.scj.go.jp/ja/info/kohyo/pdf/kohyo-21-t133-9.pdf
最高裁判所(2013)裁判員制度ナビゲーション(改訂版),最高裁判所.
http://www.saibanin.courts.go.jp/news/navigation.html
Slovic, P. (1987) Perception of risk, *Science*, 236, 280-285.

第8章
心変わりの理論とスキル

Key words 認知的不協和　ABXモデル　確証バイアス
認知的快　AIDAの法則　アンカー効果
心理的リアクタンス　ブーメラン効果
恐怖換気アピール　情報の信憑性

8-1 心は動きやすいものなのか？

8-1-1 人はもともと心変わりしにくい

　人や物事に対する個人のある程度一貫性のある気持ちを心理学では態度という。

　例えば、食べ物の好み、TVに出てくるアイドルやタレント、服や音楽の好みも態度のひとつである。何らかの政策や制度、意見への賛否も態度である。そして、態度を変えてもらうことを態度変容、態度変容を目指したコミュニケーションを説得という。

　態度はある程度は一貫性がないと不便だ。

　自分の好みだと思って大量に買い込んだ食材が次の日には嫌いになっていたら、食べもしない大量の食材を抱え込んでしまう。静かな街に住みたいと郊外に引っ越した翌日に、「やっぱり都心が良かったなあ…」となってしまうと、がまんして郊外に住むか、高い引っ越し費用を再び払うことになってしまう。政策や制度への賛否がころころ変わると、「あの人はブレやすい」とまわりの人が思ってしまう。安易な心変わりは、あなたを信頼していた人からの信用を失う。このことで仲間や友人を失うかもしれない。

　恋愛や婚姻ではとくに深刻だ。この種の心変わりは、他の人と恋愛（婚姻

したほうが自分はより幸せだ、と状況への認知が変わることで起こる。もちろん、幸せの捉え方もいろいろなので人に理解されないことも、誤解を受けることもある。しかし、結婚など将来を約束し合った中での恋愛関係の解消や、現家族同士の付き合いや生まれてきた子どもも巻き込む離婚など、単なる誤解では済まずに、当人同士だけでなく周囲の人たちにも大きな禍根を永く残すことがある。

このように態度が簡単に変わると何かと困る。そこで、私たちはそう簡単には態度が変わらないようにできている。社会心理学ではこのことを、「確証バイアス」とか「認知的快」と呼んでいる。つまり、態度を変える必要がないことを確認してホッとする現象が日常的に起こっている。例えば、「あばたもエクボ（恋人や配偶者の欠点がチャームポイントに見えること）」と呼ばれる現象だ。自分の持っている態度と合致する情報を好み、できるだけ態度を変えないように情報を解釈する。

つまり、人は簡単には態度を変えないようにできているのだ。

8-1-2　態度が変わる条件がある

しかし、態度が全く変わらないことも不便だ。

もともと態度は自分が生きている環境ではどのようにふるまったほうがより生存に有利か、という経験則を蓄積して半ば自動化した感情と行動のセット（構え）である。その態度が有利か不利かは状況や環境次第である。環境が変わってしまうと、それまでの態度は逆に不利になることがある。つまり、環境が変わった、状況が変わった、という認知の変容を促す一定の条件を揃えれば、人は態度を容易に変える。

この条件を研究する分野を社会心理学では説得的コミュニケーションや態度変容と呼んでいる。研究の成果は広告や営業といったビジネスシーンから、私たちの日常まで幅広く応用されている。ビジネスマンとしてはビジネス展開の小道具として、消費者としてはより賢い選択のために、生活者としては自己啓発や身近な人間関係をより良くするために、とても重要な内容がこの分野には含まれている。

ただし、ビジネスでこの研究成果を活用しようと思ったら、ひとつ配慮が必要だ。それは、態度を変える必要がないと「認知的快」が発生するのだから、逆に態度が変わる過程では「認知的不快」が発生することだ。不快感を与える相手に私たちは悪い印象を持つ。態度を変えることには成功したが自分は嫌われてしまったらいい関係は築けない。「認知的不快」の発生をどのように抑えながら態度を変えていくか、が成否の分かれ目になるのだ。

8-2　心を動かす三角形の法則：ABX モデル

8-2-1　誰かに感謝と疑念を抱く時：認知的不協和

想像して欲しい。

あなたが一緒に仕事をする上でとてもお世話になった人がいるとしよう。あなたの兄弟というより親に近い年齢だ。初対面の時からあなたを評価してくれて、いろいろと良くしてくれた。とてもご恩を感じていた。

その人はあなたが仕事を覚え始めたら少しずつ面倒な仕事をあなたに回し始めた。はじめは、自分の経験値をあげて育てようとしてくれているのか、と納得して喜んで取り組んでいた。しかし、回される仕事量があなたの限界に近づいて、辛くなってきた。残業が続く毎日。そんな時、ふとその人の仕事ぶりに目をやると、面白そうな仕事や簡単な仕事だけを自分の手元に残しているようにみえてきて複雑な気分になった。

複雑な気持ちの中身は人それぞれだが、この状況で愉快な人はいないだろう。あなたならこんな時にどんな気持ちになるだろうか？　実はこの状況は認知的不協和と呼ばれる事態で、態度が変わりやすい条件を備えた状況のひとつだ。

8-2-2　ABX モデル

図表8-1 ①、②をみて欲しい。態度は図表のような三角形の構造になりやすい。この状況では、「あなた」、「恩人」、そして「恩人の行為」という三角形だ。①の「恩人の行為」はあなたにとってありがたいことなので、ポジティブな感情（＋の→）を抱く。

第 8 章　心変わりの理論とスキル

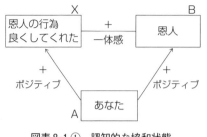
図表 8-1 ①　認知的な協和状態
三辺の積が「＋」で認知的快

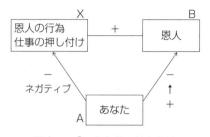
図表 8-1 ②　認知的不協和状態
三辺の積が「－」で認知的に不快
なので、＋から－に変わる

　三角形の各辺には「＋（ポジティブな感情、または一体感）」または「－（ネガティブな感情、または対立感）」が伴っているが、三辺の「積（掛け算）」の解が「＋」の状態なら不快感は発生しない。しかし、「－」だと不快感が発生する。この不快感は、今の状況にこれまでの態度が合わなくなってきた手がかりだ。三辺の何処かを修正して、態度を変えなければならない。

　どこが変えられるだろうか？　②の状況で修正可能性があるのは、恩人へのポジティブな感情だけだ。おそらく、②の「恩人の行為」に対しても「＋」を維持しようと、「確証バイアス」や「認知的快」に基づく努力は行ってきただろう。いい方向に解釈しよう、受け止めようとしてきたかもしれない。しかし、残業続きで辛くなってきたあなたは、努力の限界が来てしまった。恩人への感情を「－」にせざるをえない。あなたは恩人に感謝する態度を改めた（図表8-1②）。

8-2-3　不快感の解消へ

　「私の仕事が遅いのかもしれませんが、今のペースでは処理が追いつきません。いつか、（仕事に）穴を開けてご迷惑をお掛けしそうです」と遠回しに訴えたところ、相手は話し合いに応じてくれた。その結果、仕事の分担はあなたにギリギリ無理のない範囲に落ち着いた。まだ不公平感は残るが、こういう交渉は経験豊富なほうに分がある。一応納得したあなたは、感謝することも疑いを持つこともやめた。仕事上で相互に牽制するだけの関係、と考え始めた（図表

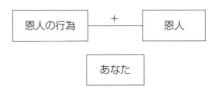

図表 8-1 ③　態度（関心）の撤退
「−」の事柄を考えても不快なだけなので関心を持つことすらやめた

8-1 ③)。

　図表 8-1 の三角形は ABX モデルと呼ばれる代表的な認知的不協和のモデルのひとつである。紹介したケースとは逆に、図表 8-1 ②から図表 8-1 ①に変化する場合もあるが、あなたの身のまわりにもこのような事態は起こっていないだろうか。確証バイアスを持つ人間にとって、何かへの態度を変えることにも不快感が伴うことが多い。積が「−」になることも、態度を変えることも辛い。態度を維持しようと努力しても、維持が困難な場合は思い切って変えることが必要なこともある。この過程は心理的な負担やショックが大きいこともあるので、利害関係のない誰かに相談しながら進めるのもいいかもしれない。

8-3　消費者の心を動かす法則

8-3-1　AIDA（アイダ）の法則

　広告は、売り込みたい何かに対する顧客の態度を変えてもらうプレゼンテーションである。顧客の心理的なプロセスに注目したものが AIDA の法則で (Strong, 1925)、顧客の注意を惹く（Attention）、興味・関心を引く（Interest）、"欲しい"という欲望を喚起する（Desire）、行動を起こさせる（Action）の 4 つのプロセスを表している。まずは、それぞれのプロセスを紹介しよう。

　Attention（注意）　顧客にその存在を知ってもらうことである。どんなに良い商品やサービスがあっても存在を知られなければ、ないのと同じである。売り込むためには注意を惹くチャンスを増やすために、露出を増やすことと注意を喚起することが必要である。

イメージキャラクターや「広告塔」と呼ばれる著名人の「顔」がよく用いられるのをみかけるだろう。これは、ヒトは人の顔や表情に反応性が良いことを利用した注意喚起のテクニックである。

また、ヒトは見慣れたものよりも「見慣れないもの」に注目しやすい。これは、見慣れないものは自分にとって良いものか悪いものかわからないので、とりあえず見極めるために注目しようとするメカニズムを持っているからである。しかし、見慣れないだけでは注意は一瞬で終わってしまう。注意が続かなければ、次の関心にはつながらない。万一、嫌悪感を感じたり、つまらないと感じれば、注意は持続しないのだ。

そこで、広告業界では、見慣れないものだが不快感より好感度のある刺激、すなわち「斬新」な広告を競っている。例えば、TVでよく顔を知られた好感度の高い俳優やタレントが奇抜な装いや動作をしているCMがあったとしよう。奇抜な装いや動作が私たちの注意を引く一方で、俳優やタレントの好感度に引っ張られる形で不快感が抑制されてCMへの注意が持続する。いわゆる「旬」の俳優やタレントがCMで引っ張りだこになるのはこのような心理学的背景によるものである。

口頭のコミュニケーションでは、抑揚のある話し方（感情的な抑揚だけでなく、方言独特の抑揚、日本語が下手な外国人の抑揚、なども該当する）やインパクトの有るキーワード（流行語や聞きなれない言葉…日本ではカタカナ言葉も該当する）を巧みに織り交ぜることで注意を換気することができる。

Interest（興味・関心）　注意を喚起できても「面白い」や「珍しい」で終わってしまっては顧客に行動を起こさせたことにはならない。商品やサービスに興味・関心を持ってもらうことが必要である。そのためには、何らかの価値や期待を商品やサービスにみいだしてもらうことが重要である。例えば、CMでは商品やサービスの対象者と同年代の俳優やタレントが、商品やサービスに感激の声をあげる（嬉しそう、または幸せそうにしている）タイプのものがある。これは、観察学習と呼ばれる効果を活用した価値や期待の喚起術で、自分自身を重ね合わせられるような誰かが、その商品やサービスを使うことで、同じような喜びが手に入ると感じさせる方法である。

また、「限定」、「希少」、「流行」、「最新」、「新常識」といったキーワードは「今、動かなければ、手に入らない」という価値を感じさせる。また、比較対象を提示してさり気なく優位性を示すことで、相対的なその商品やサービスの価値をアピールする方法もある。この方法は、比較対象をアンカー（碇：基準点）とすることからアンカー効果（**8-4-1** 参照）と呼ばれる。割引販売も定価というアンカーからのお得感をアピールするアンカリング効果である。

口頭でのコミュニケーションでもこのような方法を活用することで「お値打ち感」を感じさせることができれば顧客の購買行動につながるかもしれない。

Desire（欲望）　商品やサービスを一種の誘因（4章参照）と考えると、価値を感じるだけでは行動に結び付かない（動機づけの期待―価値理論。4章参照）。その誘引に近づくことで(1)何らかの欲求が満たされるという期待と、(2)誘引を手にすることができるという期待、この2つの期待があることで初めて行動に結び付く。欲望とは、(1)に該当する行動に結び付く衝動性のある欲求のことを指す。例えば、注意を引くような斬新なカバンがあって（例えば、斬新でカッコいいデザインが Attention を引き付ける）、素材的にも機能的にもお値打ち価格で提供されていた（100年使える高級素材で技工が信頼できるブランド。特別ルートで 50％ OFF、と Interest が高い）としよう。そのカバンのブランドにステイタス感（優越感）を感じ（ステイタス感への欲求）、実際に使うことで日常生活が便利になる人であれば（利便性への欲求）、2つの欲求が同時に満たされるので、購買への欲望（Desire）が喚起される。しかし、元々ステイタス感に関心がない、さらにそのカバンを実際に使う機会がない人は、そのカバンの価値にお値打ち感は認めたとしても購買への欲望にはつながらない。

ACTION（行動）　A.I.D. が揃ったとしたら、次は行動である。再び期待―価値理論を参照すると、行動が実際にできそうだという期待が必要である。50％ OFF でも月収の7割もする…となると購買へのハードルが高い。また、購入までの手続きが複雑で労力が必要となると、さらにハードルがあがる。生活に何ら支障のない価格で（例えば、月収の5％以内）、労力もほとんどいらない（例えば、電話一本で、またはワンクリックで）、という状況であれば購買行動へのハードルが極めて少ない。逆に欲望が大きくとも価格が高過ぎて手が出な

い…と諦めてしまう場合は、カタログが「いいなあ〜」と夢にリアリティを持たせる道具に変わってしまうだろう。叶わない欲望を持つことを嫌う人は、そもそもカタログを廃棄し、目をそらしてしまうだろう。このように、行動へのハードルを低く感じさせる仕掛けが必要なのである。

8-3-2 AIDMA（アイドマ）の法則

　AIDA の法則にはいくつかの派生モデルがある。そのひとつが、D. と A. の間に M.（Memory：記憶）を想定した AIDMA の法則である（Hall, 1924）。生活必需品や消耗品は「ないと困る」状況があるので、情報に触れてから購入までが比較的短期で行われるが、海外旅行や嗜好品の場合は、緊急性がないので「ちょっと考えよう」という「間」が生まれる。この間で忘れられると A.I.D. を促す努力がなかったことになる。とくに I. に記憶に残ってくりかえし想起されるようなインパクトが必要である。くりかえし想起するほどに、D. が喚起されるようなら、A. に結びつきやすくなる。

　AIDMA の法則では、I.D.M. の3つの過程には「すごい！」、「素敵！」、「いいなあ〜」といった感情が関わることから「感情段階」とも呼ぶ。その場合、Attention の A. は「認知段階」、Action の A. は「行動段階」と呼ばれる。

8-3-3 その他の派生モデル

　AIDMA の M. の過程で、記憶ではなく「やはり、必要だ！」、「購入すべきだ！」という確認的な認知過程に注目して、C.（Conviction：確信）としたものが AIDCA（アイダカ）の法則である。最近の消費者は、そのサービスや商品の価値をいくら「理解」しても、それだけでは動かないことが多い。それが本当に自分にとってよいものであると「確信」した上で初めて購買行動に移ることが多くなっている。例えば、都市部では車を持ちたい若年者の減少が 2010 年前後にいわれ始めた。このような若年層も「車はあるといい」、「車は価値がある」とは認めるものの、購入と維持のコストと利便性・必要性を比べると都市部ではコスト高が目立つ。このような場合は購入への確信を作るべき段階で不要とみなされているといえる。最近の消費者の購買行動への心理プロセスと

しては、供給者や販売業者がより優先的に売り込みたい付加価値が高い商品やサービスに関しては、AIDMA や AIDCA のほうが、AIDA より正確な場合が多いといえるだろう。

また、一回当たりの単価を月収の数％と低めに設定してくりかえし消費させる、言い換えればリピーターあるいは顧客に育てるというビジネスモデルでは、購買行動の後の満足感の重要性が指摘されている。この場合は、S.（Satisfaction：満足）を付け加えて、AIDAS（アイダス）の法則と呼ばれる。

なお、近年はネットでの購買行動が増えているので、AIDA を基本としたモデルでは捉えきれない場合が増えてきた。消費者が積極的に情報を集める手段が限られていた時代は AIDMA でいう感情段階の消費者は比較的受動的であったが、現代の消費者は関心を持てばネットを介して手軽に情報を検索（Search）できる。また、「口コミ」のようにその評価をネット上で共有（Share）することもできる。そこで、日本の大手広告代理店の電通は 2005 年に D.（欲望の喚起）を S.（関心に沿った情報検索）に置き換え、購買の後に S.（評価や満足度をネット上で共有）が行われるとする、AISAS（エーサスまたはアイサス）の法則というモデルを提案している。

8-4 その他の心変わりの理論

8-4-1 アンカー効果（係留・調整効果）

例えば、A 氏は知人が 60 万円で大満足の旅行をしたという話を聞いて、海外旅行を考え始めた。一方で B 氏は金額を聞かずに旅行に大満足の話を聞いて、ネットで最低料金を調べたら 15 万だった。結果的に、より高い旅行に行ったのはどっちだろうか。多くの場合、A 氏のほうがより高い旅行に行くことになるだろう。なぜなら、60 万円という金額が最初にインプットされているので、それが基準点（アンカー：碇）として作用するために、50 万円でも割安に感じて金額に満足してしまうからだ。逆に B 氏は最低料金の 15 万がアンカーになるので、40 万でも 30 万でも高く感じてしまう。結果的に慎重に旅行を選ぶか、割高感が不快感になると旅行そのものを考えなくなるかもしれない。

このように、最初に提示された情報が碇のように係留して、最終的な選択や意思決定に影響することをアンカー効果または係留・調整効果、あるいはアンカリング効果と呼ぶ。交渉事では、最初に相手に提示するアンカーをやや自分に有利に設定しておくと、相対的に有利なところに落ち着きやすいといわれている。しかし、相手に多少なりとも予備知識がある場合には、有利に設定していることがバレて信頼と交渉機会を失うことがあるので注意が必要である。

8-4-2 心理的リアクタンスとブーメラン効果

仮に、あなたが新入社員だったとしよう。入社時に上司から「自由にやっていいから、とにかく結果を出せ！」と激励された。真に受けたあなたは、大事な局面では深夜まで仕事に打ち込み、会社の始業時間に遅れることがあった。しかし、あなたの努力は結果にも結びついていたので、遅刻は気にしていなかった。しかし、ある時、上司に呼びつけられて遅刻を窘められた。入社時にいわれた通り、いやそれ以上に結果を出していたあなたは納得がいかず、「始業時間に縛られていたら、これまでのように成果は出せない」と上司に反論すべきか迷ってしまった。

この状況における納得がいかない感覚は心理的リアクタンスと呼ばれている。概ね、人は自分の意見や態度を自由に決定したいという動機を持っており、決定の自由が脅かされた時、人は自由の回復に動機づけられる。上記の例では、「結果以外のことがらは比較的自由」と感じさせられた状況で、始業時間という制約を加えられたことへの心理的リアクタンスといえる。リアクタンスの大きさは、自由への確信、自由の重要性、自由への脅威、が大きいほど、大きくなる。

ほかの例では、住宅を購入したいあなたに不動産のセールスマンが「この物件は値段の割には立派ですよ」と盛んに購入のメリットを強調したとしよう。確かに建物は立派だ。だが、不動産のような高額の売買は買い替えが効く物件（売りたい時に買主がすぐにみつかる人気物件）か否かも重要な要件だが、交通機関からのアクセスが悪く人気があるとはいいにくいのは明らかだ。セールスマンはリスクに触れることを避けているようにみえる。このような場合は、セー

ルスマンの説得意図が明らかになってしまう。他者からの説得意図を感じると、人は自由を脅かす存在と他者をみなすようになり、心理的リアクタンスが強くなる。結果的に、あなたは購入のすすめを断り、値引きや家具・家電といった特典の申し出があったにもかかわらず、頑なに拒んだ。このように、説得意図を認知すると勧められた態度を取らないことで自由を回復しようとする（Brehm, 1966）。このような説得的コミュニケーションの失敗はブーメラン効果と呼ばれている。

8-4-3 恐怖換気アピール

　恐怖を喚起する情報は人の注意を強力に引き付け、「安心したい」がために拙速な安全希求行動に人を駆り立てやすい情動である。AIDAのプロセスが一気に進むので、効果的に使えば心変わり、すなわち態度変容を強力に推し進める力がある。しかし、恐怖が過ぎるとその不快感から情報を無視させることもある。また、説得者に対する反発やそのメッセージ自体に対する拒絶などから説得の効果が減じてしまうことも確かめられている。4-2-1で紹介されていた「脅し系」と噂される高校教師はその典型だろう。

　Rogers（1983）は恐怖喚起アピールが有効な条件を図表8-2のように整理した。
　例えば、「顔ダニ」と呼ばれる人の顔の毛穴に寄生する生き物がいる。顕微鏡でなければみえないような極小サイズだが、見た目がグロテスクで大量に発生すると顔の赤みを促すなど美容上悪影響があるといわれている①。そして、ほとんどの人の顔に寄生している②。顔ダニを駆除する効果の高い美容品や洗顔商品があり③、一般的な商品よりやや割高だが、生活に影響するような価格差はない。

---

①メッセージに示される危険を不快と感じ、
②それが実際に自分に降りかかる可能性が高く、
③推奨される行動を取れば確実にそれを回避できると信じ、
④その行動を自分が実際に遂行できると思う。

図表8-2　恐怖喚起アピールが成功する条件

この話を聞いて悪影響を意識すると、やや割高な商品でもためらわずに購入しようという態度が形成されることだろう。しかし、顔ダニは皮脂を食べて皮膚表面のph値をコントロールする役割もあり、大量発生しなければ無害らしい…と聞くと①が低減して、割高な商品に対する態度が変わるかもしれない。

8-4-5 情報の信憑性

　初めて地名を聞く居住区を"都市部まで最寄り駅から最短20分"、"利便性も環境も良い人気の街"と高く評価するような広告記事をネットでみかけたとしよう。発信者はよく知らない不動産業者で、その地域の開発を進めているらしい。「最短20分ということは、普通は倍以上かかるんだろうなあ…歩く時間も含めたら1時間はかかるかなあ…」などと思いながら、あまり広告内容を信用していなかった。数年後、あなたは引っ越しをすることになって、不動産の仲介業者からいくつかの物件を勧められた。その中に、その居住区の物件も含まれていた。他の居住区は、あなたにとってはそれなりに利便性が良かったが全く聞き馴染みがない地名だ。どんなところかイメージがないので不安だ。結局のところ、あなたは数年前に初めて名前を聞いた居住区の物件で契約をした。

　一般的に送り手の信憑性が低いと、説得の効果は低い。売主が自分の商品を高くアピールするのは売りたい意図（説得意図）がみえみえなので、嘘はないにしても何らかの警戒心を持つので情報の信憑性は相対的に低い。しかし、時間が経過すると情報の発信者の信憑性に関する情報は忘れられやすく、情報だけが残ることがある。そうすると、時間がたつことで発信者の信憑性が低い情報でも説得効果があがることがある。この現象はスリーパー効果と呼ばれている。

参考文献

Brehm, J. W.（1966）*A theory of psychological reactance*, New York: Academic Press.
Hall, S. R.（1924）*Retail advertising and selling*, McGraw-Hill book Company.
三隅二不二編（1991）人間関係論，放送大学教育振興会．
Rogers, R. W.（1983）Cognitive and physiological processes in fear appeals and attitude change: A revised theory of protection motivation. In J. T. Cacioppo & R. E. Petty（Eds.）, *Social Psychophysiology*, New York: Guilford Press, pp. 153-176.
Strong, E. K.（1925）Theories of Selling, *Journal of Applied Psychology*, 9, 75-86.

第4部　ヒトは人をどうみているのか？

第9章　印象形成

Key words　初頭効果　自己成就予言
　　　　　　　印象形成の6ステップ　情報バイアス
　　　　　　　新近効果

9-1　人は人を選んでいる

9-1-1　誰を頼ればよいのだろう？

　あなたは自分の人生で最も大きな「買い物」といわれると何を思い浮かべるだろうか。

　学歴、結婚、資格…といったいわゆるキャリア形成に必要とされるものから、海外旅行、ブランド物の装飾品・調度類やカバン…といった生きるために不可欠とはいえないものまで、いろいろなものが浮かぶだろう。

　一般論だが、キャリア形成に必要な学費などを除けば、最も大きな買い物は「住宅」、次に大きな買い物は「医療保険・生命保険」だそうだ。住宅は都市部なら数千万の買い物である。保険は月々の掛け金は数千円から1、2万円程度だが、支払う年月が数十年に及び、さらに家族一人ひとりにかかるので、結果的には世帯合計で1000万円を超える買い物になることが多いという。住宅と保険は、まさに個人の生涯におけるビッグビジネスなのだ。

　その一方で、私たちの多くは住宅についても、医療についても素人である。ましてや住宅市場や保険市場についてはほとんどわからない。つまり、住宅売買や保険契約でどのようにふるまえば良いのか、どう判断をすれば良いのかよくわからない。すなわち自分自身の対処能力（コーピングスキル）が極めて小さい事態である。しかし、同時に人生に与える影響のとても大きい事態でもあ

る。「対処能力・低×影響・大」という事態は不安を喚起しやすいことが知られている。あなたもこのような事態に直面すると大きな不安を覚えることだろう。

しかし、世の中は良くできているもので、動くお金が大きければ、多くの業社がそこに関わってくる。すなわち不動産売買や保険契約には多くの仲介業社や販売促進業社が存在するのだ。わからなければ、プロに頼ればいい。つまり、住宅の売買や保険の加入を考える時には、専門の販売促進業社を頼るのも賢明な判断のひとつといえる。

この事態でみなさんの対処能力の低さを補う頼みの綱は、その業界のプロ、販売促進業社といっても過言ではない。大事なことは業社のスキルや経験をみなさんの対処能力の一部として取り入れることができるかどうかである。つまりは信用できるかどうか、である。

だが、販売促進業社はみなさんが日頃から親しくしている人でもなければ、人柄をよく知る人でもないことが多い。住宅の売買も保険の加入も複雑な手続きや契約を理解していなければ、その道のプロである販売促進業社に話をどんどん進められてしまうかもしれない。あなたの損が業社の得になるかもしれない…業社とあなたは利害関係が違うのだ。

つまり、頼って良い人なのかどうか、業者の人間性を判断しなければならない。しかも、できるだけ早く。こういう事態で人間が行う他者評価を心理学では「印象形成」と呼ぶ。

9-1-2　人は印象で付き合い方を変える

想像して欲しい。あなたが「会いたくない人」のことを。あなたはどんな気持ちになるだろうか。多くの場合、嫌な気持ちになることだろう。

さらに、考えてほしい。「その人はどんな人ですか？」と問われたらどう答えるだろうか。

「自慢話が多い」、「偉そうだ」、「本心がわからない」、「失礼な」、「強引だ」などなど、ネガティブな言葉がたくさんあがるのではないだろうか。

ここであがった答えが、あなたの「会いたくない人」への印象である。そし

て、あなたはその印象に従って、その人に「会いたくない」と感じ、できる限り会わないように心がけるのではないだろうか。印象は、このように、私たちの相手への感情や「付き合い方」に大きく影響する。仮に住宅の売買や保険の加入の関連業者にこのような印象を持ったとしたら、もうその業者にあなたの人生のビッグビジネスを任せようとは思わないだろう。

9-1-3 印象で「ご縁」も決まる

　企業の採用担当者の例で考えてみよう。書類選考に通った応募者の集団面接の場では、担当者はどの応募者が企業に貢献してくれそうか、全力で考えている。採用は企業にとっては大きな「投資」である。間違った投資をしたら、経営の足かせになりかねない。採用担当者も必死だ。

　応募者Aは物怖じせずにこやかに周囲に対応し、口調も柔らかい。その一方で、発言の内容は本質的な問題を鋭く突くところがあった。しかし、態度が柔らかいために気迫や迫力は今ひとつである。

　応募者Bも同じく物怖じしないが、周囲を圧倒しようとする態度にやる気が伝わる。発言内容はAとほぼ同じだったが、気迫がこもっている分、迫力が記憶に残った。

　応募者Cは物怖じしている様子で、なかなか発言できなかったが、最後に思い切って発言したのでそれなりに記憶に残った。

　採用担当者は内容にも態度にも迫力があったBは頭がよく仕事ができるだろうという印象を持ち、Aのにこやかな態度は周囲に迎合する態度にみえてしまった。さらに口調の柔らかさに鋭さを感じなかったので仕事ができないだろうという印象を持った。そして、Cについては仕事ができるかどうかは物怖じに隠されてわからない、という印象を持った。結果的に、BとCをもっとよく知りたいと考えて次の面接に呼び、Aは落選した。しかし、実はAが最も実務能力が高く、人を気遣える社交性のある性格のため、発言や口調は柔らかくなっていた、という可能性もある。つまり、Aは逸材であった可能性もある訳だが、Aはその採用担当者に評価して貰う機会はもう2度ともらえないだろう。

印象は、誰かとのご縁そのものをなかったことにしたり、逆にご縁を作ったりもする。私たちの行動だけでなく人生も大きく変えている。この章では、印象の正体を見抜いていこう。

9-2　印象は「影響力のある仮説」である

9-2-1　印象とは人に対する仮説に過ぎない

　印象とは、非常に限られた情報から、誰かの評価や行動を予測する仮説である。それが正しいという根拠は極めて断片的で、多くの場合、それを反証するような情報もたくさんあることが多い。

　例えば社会心理学者のS.アッシュ（1907-1966）は、以下の様に性格を表す形容詞のリストを用意した。

　Dさん：知的な―勤勉な―衝動的な―批判力のある―強情な―しっと深い
　Eさん：しっと深い―強情な―批判力のある―衝動的な―勤勉な―知的な

　みての通り、順番が違うだけで並べられている形容詞は同じである。しかし、被験者に好感度を評定させると、最初に「知的な」というポジティブな言葉が提示されたDさんの印象が良く、最初に「しっと深い」というネガティブな言葉が提示されたEさんの印象が悪い傾向があった。提示された形容詞そのものは全く同じであるから、合理的に形容詞について精査していれば印象は同じになるはずである。しかし、結果はDさんとEさんの好感度という印象に差がついた。どちらかが間違っているのか、あるいはどちらも間違っているのか、いずれにしても印象というものが人物を正確に評定していない可能性があることがわかるだろう。

　このように印象は合理的に情報を精査した結論や正解ではなく、正しいかどうかわからない仮説であることがわかる。私たちは、間違っているかもしれない仮説に従って、気持ちが動き、人との関わり方を決めているのだ。仮説に過ぎないが、その影響力は強い。

　この説では印象がどのように形成されるのか、またどのような性質を持つの

か考えてみよう。

9-2-2 初頭効果と自己成就予言

　アッシュの実験で明らかなように、情報の提示の順序で印象は変わる。このことは印象形成のメカニズムが情報の入力順序で影響を受けることを表している。

　上記の「Dさん、Eさん」の情報をみてみると、Dさんの場合は「知的な」という比較的ポジティブな言葉が冒頭にある。Eさんは「しっと深い」という比較的ネガティブな言葉が冒頭にある。Dさんの好感度が高くなっていたのは、最初の言葉の影響といえるだろう。Ashはこの現象を初頭効果（primacy effect）と呼んだ。ここで重要な事は、DさんもEさんも架空の人物で、回答した被験者は提示された情報以外は全く持ち合わせない、言い換えれば「初対面」の人物であるということである。

　初頭効果は、いわゆる「出会い」でとくに効果が高く、また影響の幅も広い。まず、8章で紹介されたABXモデルにあるように、誰かに何らかの印象を持つと、その印象に合うその人の行いやふるまいに注目していたほうが、認知的に心地よい。そのため、好印象ならポジティブな行いが、悪印象ならネガティブなふるまいが注目されやすくなる。

　関わり方も変わってくる。好印象なら好意的に関わるので、実際に好印象が残るコミュニケーションが行われやすい。そうして、「やっぱりいい人だった！」という印象を強めていく。逆に悪印象なら、ぎこちない態度で関わることだろう。そうすると、お互いにぎこちなくなって、結果的にストレスフルなコミュニケーションが展開されやすくなり、気分的な負担感が残るだろう。そして、「やっぱりあの人は苦手だ…」と悪い印象を深めることだろう。この現象は、「いい人だろう」、「苦手な人だろう」という一種の「予言」を自分自身でそれと知らずに実現させているので、自己成就予言と呼ばれている。

　お近づきになりたい誰かに対しては、とくに第一印象の演出を心がけたい。

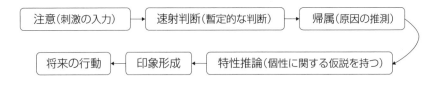

図表9-1　印象形成の6ステップ

9-3　印象形成の6ステップと情報バイアス

　ここでは、初頭効果から自己成就予言に至る心理学的なメカニズムを詳細に考えてみよう。

　Schneiderら（1979）は印象形成のプロセスを次の6つのステップで表した。
　将来の行動が予測されると、その予測に合致した行動が注目されやすくなり、記憶にも残りやすい。このことが新しい注意（情報の入力）になって、その人物に対する次の6ステップが始まる。こうして印象はどんどん偏ったものになることがある。

　私たちは出会いの度にこのような印象形成をくりかえしている。上記のように必ずしも合理的には行われてはいないが、逆にいえば人類は印象形成に関しては合理的になりにくいということを表してもいる。人と出会う時は、印象を持つ側としても、持たれる側としても注意が必要だといえるだろう。

　また、このプロセスは相手の自分にとっての重要度や相手についての理解のしやすさでくりかえし方が変わる。次からは、このことをステップごとに考えてみよう。

9-3-1　「注意」："他者" に気づくこと

　あなたは毎日何人の人とお互いの顔がみえる距離まで接近しているだろうか。外出しない日を除けば、道すがらすれ違っている人、商業施設などの警備員や係員など、実に多くの人と接近していることだろう。しかし、その中で何人の人があなたの記憶に残っているだろう。余裕があったら、一日の顔がみえる距離まで近づいた人数と記憶に残った人数を数えてみてほしい。接近した人数と

記憶に残った人数の差に驚くことだろう。

　このように私たちは印象を持つべき人を無意識的に選んでいる。他者への注意（注目）はあなたの無意識的な選択を反映したものである。魅力的、怪しい、など、何らかの基準で選択された人物に対して、あなたはその個性を特徴づけるような外見や行動など、目立つ特徴に注目し、目立たない情報には注目しないことだろう。このような情報は服装、体格、身長、髪型などのカテゴリーに分類される。

　この過程は瞬時に行われる。例えば、あなたが配偶者または性的パートナー（メイト）が欲しい状況で、魅力的な容姿の異性に出会い急速に関心が増して、さらなる容姿情報や表情が醸し出す人柄情報などを積極的に入力していた時に、左薬指に結婚指輪を発見した。メイト候補者としては急速に関心を失い、あなたの注意はほかの何かに向けられることだろう。記憶からも削除されるかもしれない。このように自分にとって意味がある他者かどうか、瞬時に判断して意味があると感じれば積極的に他者情報を入力する。

9-3-2　「速写判断」：直観的なステレオタイプ的判断

　このステップでは外見や行動などの「目に見える」情報から、評定者の持っているステレオタイプ（stereo type：根拠のない思い込み）で他者の特性を占う。例えば、「背が高くて筋肉質」だと「何かスポーツをしていて、体育会系の"ノリ"なんだろう」、「ふくよかな顔立ち」だから「温厚で気が良いのだろう」、「言葉遣いが乱暴（に聞こえる方便）」だから「怖い人かもしれない」、などと根拠もなく判断する。この判断も瞬時に行われ、「温厚だろう」とポジティブな印象を持てばその人物に接近し、「怖いだろう」とネガティブな印象を持てばその人物との関わりを回避する、といった印象に沿った行動に動機づけられる。

9-3-3　「帰属」：相手の言動の理由・原因を推測する

　出来事の要因を推論することを帰属という。このステップでは、まず他者の言動や服装がその人の意思によって行われたと推論することから始まる。言動や服装のその人の意思が反映されているならば、その情報からその人のパーソ

ナリティ（人格）や態度（好み・指向性）、能力など比較的変わりにくい個人の特性が推論できる。

　例えば、龍や虎が背中に大きく刺繍されたジャケットを着ていれば、猛々しさの象徴を好むから猛々しい性格にその服のセンスを帰属させるだろう。白シャツをさわやかに着こなして、さらに言葉遣いが上品であれば、品のよい穏やかな人柄に服装や言葉遣いを帰属させるだろう。

　なお、制服やユニホーム、または正装と呼ばれる定番の服装は必ずしも本人の個性を表さないので、帰属が行われにくい。しかし、例えば、結婚式の披露宴にＧパンで参加する、就活の面接にＴシャツで出向く、などのように個性が顕れないはずの場面で敢えて違う服装をすると個性の強いアピールになる。

9-3-4　「特性推論」：他の特性もその人が持っているのではないかと推測する

　これは、「決断力がない」→優柔不断、だらしない、能力が低い、などと特性のつながりが連想されることである。

　私たちは「暗黙のパーソナリティ理論（implicit personality theory）」と呼ばれるものを日常生活の中で作り上げている。これはＡのふるまいをする人はＢの特性を持つだろう、といったものである。Ｂをする人にＡが伴う場面を何度かみることで（時には一度みただけで）、形成される。普段は、そういう理論を持っているとは意識したりはしないので「暗黙」と呼ばれている。

　例えば、「口数が多く声が大きい人」をみて「強引で自分の意見を強く主張する」と想像したとする。確かに、口数の多さや声の大きさは意見を強く主張するために役立つ「道具」なので、意見を強引に通す人にこのようなふるまいが伴うことが多いかもしれない。しかし、「口数が多く声が大きい」は「意見を強引に通す」ことの結果として伴っているに過ぎない。口数が多くても、声が大きくても、自分の意見にはそれほどこだわらない人もいるはずだ。つまり、このふるまいは、必ずしもその特性を表すものではないが、伴うことがあるので、「その特性を有する」と思ってしまうのである。このような性格理論は、普段は意識されていないが、該当するふるまいをする人に遭遇すると働き始めて、私たちの印象形成に影響する。

9-3-5 「印象形成」と「将来の行動の予測」

ここまでのステップでいくつかの個性が認知および推定されてきた。実際に観察された情報と推定された情報は印象形成においては等しく扱われる。すなわち、印象は真実の情報もそうでないかもしれない情報も、総合して形成される。

印象を持つ目的は、その人物とどのように関わるか、あるいは関わらないか、を即座に判断するためである。自分にとって意味のない（用のない）相手と判断したら、その人物についてそれ以上は考えない。自分にとって危険な人物と判断したら、どのようにして接触を回避するか（関わらないか）考える。この場合、危険な何かをするという将来の行動の予測が行われている。同じく、自分にとってポジティブな意味のある人物だと感じた場合も何らかの行動を潜在的に予測しているといえる。このような予測は一般的には期待と呼ばれている。

次節以降で詳しく紹介するが、期待に沿った行動は注目されやすく、記憶にも残りやすい。結果的に、印象に沿った情報が蓄積されて印象は日増しに強化されやすくなる。

9-4 印象形成における情報バイアス

印象形成は必ずしも客観的で確実な情報に基づいて行われる訳ではないが、実は印象形成に活用する情報の収集そのものもかなり主観的で偏っている。この偏りをバイアス（bias）と呼ぶ。この節では5つのバイアスを紹介する。

9-4-1 情報取得のバイアス

キャッチボールをする時に、構えたグローブに向かってくるボールはキャッチしやすいが、グローブに向かってこないボールはキャッチしにくい。同じことが印象形成における情報のキャッチにも起こる。

人は、先入観を持つと、その先入観に沿った情報を集めようとする。先入観は認知的な構えである。その構えに沿った情報はキャッチしやすいが、構えに沿わない情報はキャッチしにくいのでスルーして、なかったコトにしてしまう。

キャッチボールではボールはひとつだし、また目にもみえるので取り損ねたことがわかりやすい。しかし、印象形成に関わる情報のキャッチボールは、複数の情報が飛び交う上に目にみえにくいことも多い。そのため、キャッチし損ねたことにすら気づかないことが多い。

例えば、企業の採用面接の担当者が事前に就活生Aのエントリーシートで「イベントサークルで代表を務めていた」という外向的な人物をイメージしやすい情報を目にし、就活生Bのエントリーシートでは「趣味は美術館めぐり」という内向的な人物をイメージしやすい情報を目にしていたとしよう。すると、「次の応募者は外向的(または内向的)な学生のようだ」と考えることだろう。

Snyder & Swann (1978) はこのような先入観が実際の面接における質問に与える影響を確かめる実験を行った。その実験によると、インタビューの対象が「外向的」または「内向的」という事前情報を与えると、外向的と聞けば外向を確認する質問を、内向的と聞けば内向を確認する質問を行う傾向が確認された。この実験では情報の確実性は何段階か用意されていたが、この傾向は確実性にかかわらず、あまり信用できない情報であっても、同じ傾向がみられたという。

このような面接では質問はキャッチボールのグローブの構えのようなものである。グローブに向かってこない情報はキャッチされないし、面接担当者はキャッチし損ねたことすら気づいていないだろう。

9-4-2 記憶のバイアス

先入観は情報の収集だけでなく、記憶に残る情報にも影響することが知られている。

Choen (1981) は先入観と記憶に残る情報の関連を検討する実験を行った。この実験では、参加者に女性とその夫が誕生日を祝うビデオをみせる。被験者には、女性の職業は図書館司書と伝える群と、同じくウエイトレスと伝える群に無作為に分けられた。予備調査で図書館司書は「おしとやかで真面目、知的に高い」、ウエイトレスは「明るく活発で、ちょっと性的な魅力に富む」というステレオタイプが一般的にあることが確認されている。ビデオにはそれぞ

れの職業からイメージするステレオタイプと一致する特徴、例えば図書館司書なら「メガネをかけている、本棚に本がたくさんある、部屋に芸術品が置いてある」、ウエイトレスなら「ポップミュージックを聞いていた、ハンバーガーを食べていた、プレゼントにネグリジェをもらっていた」などが9つずつ、都合18項目含まれていた。

参加者にビデオをみせた直後、4日後、7日後に、ビデオに出てきた特徴について再認テスト（覚えているかどうかを確認するテスト）を行ったところ、最初に告げられた女性の職業ステレオタイプに一致した特徴は不一致な特徴よりもよく記憶されていた。このことから、「特性推論」までのステップでどのような印象を与えるかで、相手が覚えてくれる自分の情報が偏る。逆に、私たち自身も推論に合致する方向に偏って相手の情報を覚えているのである。

なお、コーエンの実験ではステレオタイプには合致しないが、少なくとも矛盾するとまでは言い切れない。例えば、図書館司書がポップミュージックを聞くことは不自然なことではないし、ウエイトレスの本棚に本がたくさんあっても不思議なことではない。しかし、推論した特性と違和感のある情報、矛盾する情報は逆にインパクトが強くて記憶されやすいことを示唆する情報もある。おとなしいイメージの人がピンチの場面で勇敢になる、温厚なイメージの人が怒り狂っている、など違和感が強い場合は事態を理解するためにそのことに注意が集中するらしく、記憶に残りやすいとする実験もある。

9-4-3　解釈のバイアス

特性推論と矛盾するような違和感のある情報は印象に残りやすい一方で、そのことが他者への印象を覆すかというと、必ずしもそうではないらしい。矛盾する情報の取り扱いにおいては、解釈のバイアスが入ることが少なくない。人は一度印象を獲得すると、そのステレオタイプに沿って情報を解釈し、印象を壊さないように原因帰属しやすいのである。

例えば、"温厚だと思っていた人が怒り始めた"という場合には、"怒らなければならないような、よほどひどい扱いを受けたのだろう"と解釈する事が多い。また、"粗暴だと思っていた人の人当たりがよかった"という場合には、"何

かいい事があって、たまたまご機嫌が良かったのか？"、と解釈する。

このように相手に対して抱いている印象に一致することは相手の個人内要因、すなわち個性に帰属する。これを内的帰属という。一方で、一致しないことは相手の周辺での出来事などの個人外要因に帰属する。これを外的帰属と呼ぶ。

9-4-4　信念維持のバイアス

上記のような解釈のバイアスが起こるのはなぜだろうか。

実は、人は自分が持っている情報を確証したいという傾向を持っている。既知の情報を確証することで認知的な快感が得られるのである。

逆に、既知の情報を崩されるような事態には認知的な不快感を体験する。これは、一種の困惑とともに事態を理解しなおさなければならないという認知的な負担によるものでもある。事態を理解しなおすということは、期待していたことや予定していたことなど、想定していた全てが通用しなくなるということである。何をしていいのか、いけないのかわからなくなってくる。そのため、思い込んだことがらの中には譲れない、または変わってしまってはマズイ、と感じるものが現れてくる。このように、自分が自分でいるために必要な思い込みを、私たちは「信念」と呼んでいる。

信念は印象形成でも発生することがあり、他者に一度好意的な印象を持つと、好意的な行動を予測する。予測通りでなくても、外的帰属して印象を守ろうとする。

こうして私たちは"相手を理解できた！"、または"自分に影響力のある人ではない"と錯覚することになりやすい。

9-4-5　中心的特性

ところで、誰かの一面に注目するあまり、他の側面に気づかずにいたことはないだろうか。例えば、目標が高くて立派なので、根性があるだろうと思って付き合っていたら案外そうでもなかった、ということはないだろうか。また、穏やかで朗らかなので、初対面の人ともうまくやれるだろうと思っていたら、意外と知らない人には警戒心が強くて、気まずそうだった、ということもない

だろうか。

　実は、前述のアッシュらは次のような実験も行っている。先の実験のように以下のような形容詞リストを被験者に提示して好感度を評定させた。

Ｆさん：
　　知的な　　器用な　　勤勉な　　"温かい"　　決断力のある　　実際的な　　用心深い

Ｇさん：
　　知的な　　器用な　　勤勉な　　"冷たい"　　決断力のある　　実際的な　　用心深い

　結果は、ＦさんとＧさんで非常に大きな違いがみられ、Ｆさんはほとんどの人に好感を持たれ、Ｇさんはあまり好感を持たれなかった。もし、初頭効果が影響して"知的な"が印象形成の中心になっていれば、ＦさんとＧさんの好感がほぼ同じだったはずである。なぜ、このような結果になったのだろうか？

　２つの形容詞リストは"温かい"と"冷たい"以外は全く同じなので、実験参加者の両者への好感の違いは、これらの影響だと考えられる。つまり、"温かい"または"冷たい"が中心になって印象が形成されたので、大きな好意の違いが発生したものと考えられる。つまり、初頭効果よりもこれらの特性用語のインパクトが強かったので、印象形成で中心になったと考えられる。このように、印象を形成する時に中心的に働く特性を中心特性と呼んでいる。"温かい"・"冷たい"は初対面の人物とのつき合い方に影響が大きいので、印象形成では中心特性になりやすいことが知られている。しかし、どんな人を必要としているか、避けたいと思っているか、など、評定者のニーズでほかの特性が中心になる場合もある。中心特性は他の特性の印象を霞ませるような影響力があり、一種のバイアスとして機能しているともいえるだろう。

9-4-6　新近効果における直近の出来事の影響

　親しい間柄、とくに男女の間でこんな事はないだろうか。外食する際に入るお店の意見の違いで気まずくなった。仮に友人や知人に話したら、「どうでもいいことじゃない？」といわれる程度の些細なことであることはわかっている。しかし、何となく相手の人間性が許せない気持ちになって、自分が折れるのも

不愉快で、2人の間には気まずい空気が流れ続ける。

これは印象形成の新近効果と呼ばれる現象である。

第一印象では「この人と関係を持つべきかどうか」といった付き合い方の大きな方針を決める手がかりとして初頭効果が生じやすいが、「関わりを持つ」という大方針が決まってからは、相手の印象の更新が比較的頻繁に行われる。これは、相手が自分の期待通りの特性を持ったままなのか、あるいは何らかの心変わりをして期待を裏切りかねないかどうか確認するために起こる現象である。

人は印象形成で構成した他者の将来の行動の予測に応じて、自分自身の態度やふるまい方の方針を作っている（**9-3-5**参照）。そのため、印象や予測（期待）通りに行動してくれるかどうかは重要な問題である。とくに関わりが深い相手ほど些細な印象や予測とのズレであっても影響は大きいので、直近の情報が重視されるのである。

▍参考文献

我妻洋（1987）社会心理学入門（上下），講談社学術文庫.
Cohen, Claudia E. (1981) Person Categories and Social Perception: Testing Some Boundaries of the Processing Effects of Prior Knowledge, *Journal or Personality and Social Psychology*, 40, 441-452.
日本社会心理学会編著（2009）社会心理学事典，丸善.
沼崎誠・工藤恵理子・北村英哉編著（1997）誤りから探る心理学，北樹出版.
Schneider, D. J., Hastorf, A. H. & Ellsworth, P. C. (1979) *Person perception* (2nd ed.), Reading, MA:Addison-Wesley.
Snyder, M. & Swann, W. B. Jr. (1978) Hypothesistesting, processes in social interaction, *Journal of Personality and Social Psychology*, 36, 1202-1212.

第10章
ヒトは人をどうみているか？

Key words　近接性の法則　返報性の法則
　　　　　　　類似性と相補性　不安の軽減
　　　　　　　外見　ビッグ5セオリー

10-1　なぜ、合理的に印象が作られないのか？

　9章では人が「人」に抱く印象は必ずしも合理的な訳ではなく、主観や偏見、思い込みに満ちている可能性が紹介されてきた。このような現象はなぜ起こるのだろうか。その答えは主に次の2つの観点から考えることができる。

10-1-1　情報処理容量の限界

　ひとつは人間の情報処理容量の限界である。生物としての人間にはおよそ10万の感覚器官があり、それぞれの感覚器官は担当する刺激を受けると電気信号（感覚）に変えて脳に送り込み続けている。例えば、目（眼球）は光刺激を、耳は音声刺激（空気振動）を、皮膚は冷・温・痛・触・圧を、担当している。人類の場合は想像やイメージなどの「脳が作り出す刺激」もある。

　しかし、これらの感覚の全てが情報処理されている訳ではない。その感覚に「注意」が注がれて初めて電気信号は知覚と呼ばれる情報に変換されて処理の準備状態ができあがる。情報に変換される感覚はごく一部で、その限界は人間の処理容量の限界に依存している。処理容量の限界を示す心理学的知見として、短期記憶の容量が7±2チャンクという所見がよく引用される。しかし、これは実験室場面の結果であり、日常生活場面では5±2程度になるという所見もある。つまり、印象形成に活用できる処理容量も5±2チャンク以内であり、バイアスや偏りが生じる一因は処理できる情報量の限界であるということがで

きる（福田，2010）。

10-1-2　人にとっての人とは何か？

　そしてもうひとつの観点は人にとっての「人」の意味である。人にとって「人」は最大の味方になる可能性を持つ一方で、最大の敵・脅威になる可能性も持つ。

　人は社会を作ることで、他の種との生存競争に勝ち残ってきた。そして社会を温床として知恵や技能・技巧を世代間で受け継ぎ発展させることで「社会」として進化した。この進化は「文明の進歩」と呼ばれることもある。生物学的には非力な人類だが、知恵と道具を用いて協働することで生物的には圧倒されるしかないクマやトラに勝つこともできる。こうして、生物学的に競い合う関係にあった他の生物種を圧倒し、少なくとも都市化された環境では他の生物に脅かされることはあまりない。

　その代わり、より有利なポジション（生存・生殖の資源に恵まれやすい社会的地位や社会資源）を人同士で奪い合うという新しい争いに身を投じることになった。他人は味方であれば心強いが、敵になると非常に厄介である。とくに味方だと思って安心していた相手に裏切られて寝首をかかれるのは恐ろしい。そのため、よく知らない人は、少なくとも敵や裏切り者になる可能性は早々にみぬかなければならない。

10-1-3　乳児も印象形成を行っている

　この傾向は乳児でも視覚が機能し始める時期にはすでにみられるとされている。例えば、乳児に見知らぬ女性Aの顔を見飽きるまでみせた後に、見知らぬ女性AとBの顔をみせるとBにより注目する（Coulon, Guellai & Streri, 2011）。この現象は、次のように説明されている。Aは見飽きるまで危険な徴候を感じなかった経験をしているので、すでに見知っていてリスクが相対的に少ない相手である。一方でBは全く知らないので敵か味方かも、どの程度のリスクを持つ相手なのかもわからない。そのため、危険な相手ではないかどうか「気になる」らしい。

例えば、赤ちゃん慣れしていない人は、初対面の赤ちゃんがこちらを注目していると、興味を持っているのかと思ってしまうことがある。興味を持っているのならば…と、みつめ返したり、目を合わせたり、近づいたり、抱き上げたりすると、大泣きされて当惑することがある。中には誰かれ構わずに大喜びする大胆な赤ちゃんや奇跡的な相性の良さで喜ばれることもあるが、少なくとも日本ではこのように喜ばれることは例外的である。

実は、赤ちゃんが初対面の人をじっとみつめる行為は、興味で行っているのではなく、心配で気になるからみているサインだ。リスクを感じる相手に接近されれば怖がるのは当然である。夜道でみるからに反社会的勢力の構成員と思われる人物があなたをじっとみつめて接近してきたら、あなたはどう感じるだろうか。赤ちゃんには見知らぬ人がそのようにみえていることがあるのだ。

赤ちゃんがじっとみつめていたら、こちらは目も合わせず、何もせずに見飽きるまで観察してもらおう。見飽きてきたら少なくともリスクのある人物ではない…という印象形成が進んだサインだ。あとは、少しずつ接近してみよう。

10-1-4　なぜ、"温かい"・"冷たい"が中心的特性なのか？

これらのことから、9章で紹介されてきた印象形成の背景がみえてくる。

人はよく知らない人物に出会うと、その情報処理容量の限界の中で、まずは自分にとってリスクのある人物なのかどうか、できるだけ早く見極めようとする本能があることがわかるだろう。そして、リスクがないとわかったら、次にその人物は自分の味方なのか、または自分にとって付き合うメリットのある人物なのか、それとも関わる意味が無い相手なのか、見極めようというプロセスが展開している。

9-4-5では、未知の人物に対する印象を作る際に影響力の強い「中心的特性」と呼ばれるものが存在すること、そしてその一部としてアッシュらが実験で発見したものが"温かい"・"冷たい"であったことが紹介されていたが、なぜ"温かい"・"冷たい"だったのだろうか。この理由も、上記の文脈から考えることができる。

すなわち、"温かい"人物なら少なくとも関わっていて害はない。その温か

さが本物なら自分が困った時に力になってくれる可能性もある。すなわち、付き合うメリットがある。しかし、"冷たい"人物なら平時には害がなかったとしても、いざという時にあなたを見放してしまうかもしれない。もしかしたら、理にはかなっているがあなたが不利になるようなことを平然とするかもしれない。そんな人物を信用したり、仲間にすることにはリスクがいっぱいだ。すなわち、深い付き合いや利害の伴う関係は避けたほうがよい。

　すなわち、"温かい"・"冷たい"が他の特性よりも影響力が強かったのは、この情報が相手との付き合いにおけるメリット・デメリットを占う（将来の行動の予測：9-4-3参照）だろうと私たちが解釈しているからである。

　では、このように影響力の強い情報にはどのようなものがあるのだろうか。本章ではこの問題について対人魅力や好感度を規定する要因と、心理統計的に人が人をみる「次元」を集約したビッグ5理論（ビッグ5理論とは私たちは他人の好感度を誠実さ、情緒安定性、不平不満の少なさ、外向－内向、積極性と教養の5次元で見ているという説である。多くの社会、文化で共通すると考えられている。パーソナリティ心理学ではディメンションモデルとも呼ばれる）をもとに考え、最後に親しい間柄や恋愛関係などにおける対人認知を考えてみよう。

10-2　人を好きになる法則

10-2-1　親近性と「接近性の法則」

　単純に何度も見たり、聞いたりすると、次第によい感情が起こるようになってくる現象を単純接触効果またはこの効果を研究した心理学者（R, Zajonc, 1923-2008）にちなんでザイアンスの法則と呼ぶ。

　この現象は人に対しても生じるが、聞き慣れた音楽、景色、道具、図形や、漢字、衣服、味やにおいなど、いろいろなものに対して起こる。広告の効果も、単純接触効果によるところが大きい。例えば、CMでの露出が多いほど単純接触効果が起きてよい商品だと思ったり欲しくなったりするのである。これは、くりかえし接触することでその対象が存在することが当たり前のように記憶され、その対象について見聞きする準備状態が作られるようになり、準備状態に

合致することが親近性につながって印象形成に影響するという知覚的流暢性の誤帰属説で説明されている。

　なお、似たような着眼点として、社会心理学者 Festinger らは、身近にいる人とはコミュニケーションが増え、人間関係も円滑になりやすいので親しみが増すことを「接近性の法則」と呼んでいる。ただし、単純接触効果も接近性の法則も本当に相性が悪い、または嫌悪感を覚える相手に対しては逆に悪い印象を募らせる。こういう相手に印象を良くしてもらおうと接近したり頻繁にコミュニケーションを試みることが逆効果になることがあるので、注意が必要である。

　また、相手についてよく知っているという熟知性も好感度を高めることが知られている。とくに、ほかの人は知らないような個人的な秘密（悩み事など）を自己開示されることで、その相手への好感度や親密感が高まることが知られている（11-2-1 参照）。

10-2-2　自分と共通点があると好きになる：類似性

　容姿・外見、態度や好み、スキルや性格、などの特性が似ている度合いを類似性という。私たちは他者が自分とどの程度の類似性があるかも気にしながら人をみているらしく、類似性が好感度を増加させることがわかってきている。

　Newcomb（1961）の大学生の入寮後の人間関係の成立を追跡した調査によると、入寮直後は接近性の法則（10-2-1）の影響が強いが、時間が経つと価値観や考え方、態度や好みの類似性が関係性の深まりに影響していることが示された。態度の類似性は好感度への影響力が高いことを示唆する研究が多いが、Byrne（1961）によるとこの背景には自分の態度の妥当性を確証したいという動機（イフェクタンス動機：effectance motive）があるという。つまり、ある人物の態度が自分の態度と類似していると、その態度がより妥当（正当）だと保証されたように感じるので、この保証による安心感や高揚感が好感度に結びつくとされている。そのため、自尊心のより高い人は自尊心を護るために態度の類似性がより高い人を好むという現象も起こりえるといわれている。

　なお容姿・外見の類似性は、ダンスパーティのような場で異性のパートナー

第 10 章　ヒトは人をどうみているか？

を選ぶ場合に好感度への影響力が高いとされている（Walsterら，1966）。この現象は、釣り合い（matching）仮説、すなわち容姿・外見が著しく違わないパートナーを求めようとする傾向で説明されている。

また、類似性は内集団・外集団の基準が文脈で変わるように（1章参照）、類似性の基準も相対的なものであるとされている。例えば旅行者や留学生の場合は同じ国の出身というだけで類似性による好感度（内集団びいき、1章参照）が発生するといわれている。

10-2-3 自分と違うほど好きになる：相補性

人は類似性のある他者に魅力を感じる一方で、カップルやパートナーシップを作る場合には自分とは違う特性を持つ他者に惹かれる場合もある。このような場合は相補性が作用するといわれている。

例えば、自分には素晴らしい長所や才能、社会的価値があるとアピールしたい顕示欲求が類似している人同士は、お互いに「自分はすごい」とアピールし合うことになって会話の収集がつかないだろう。また、誰かを賞賛し、付いていくような恭順欲求が類似している人同士は、お互いに相手から何か発信したりアピールしたりすることを期待し合ったまま会話も関係も展開しないという気まずい時間が流れることになるだろう。

よって、顕示欲求が強い人には恭順欲求が強い人のほうが、人間関係を成立させやすい事が多い。つまり、相補性が高い人は相性がよく、その結果として好感度も高くなる場合がある。このような相補性をもたらす組み合わせとしては、顕示欲求と恭順欲求のほかには、支配欲求と依存欲求、養護欲求と救護欲求、攻撃欲求と服従欲求、などがあるとされている（Wagner, 1975）。

10-2-4 相補性は本当に「相補性」なのか？

このように、人は他者への好感度において類似性を大事にする側面と相補性を大事にする側面の2面性があるようにみえるが、果たしてそのようにいって良いのだろうか。

実は相補性を類似性のひとつとみなそうとする考え方もある。例えば、顕示

欲求が高い人と恭順欲求が高い人との間に成立する人間関係を考えてみよう。この人間関係は、誰かに対する自己顕示を積極的に行うという行為と、その顕示を恭順的に受け入れ賞賛するという行為の応報によって成り立っているといえる。つまり、恭順欲求者は自己顕示という行為を受容し、顕示欲求者は恭順という行為を受容し、双方に欲求が満たされるという形で関係が成立し、維持されている。

これは、「顕示⇄恭順」の応報というコミュニケーションのスタイルが類似しているともいえる。このように、相補性を単に「自分とは違うものに惹かれる」とは解釈せずに、求めるコミュニケーションのスタイルが「類似している人に惹かれる好感度の一環」と捉える考え方もできるのである（Seyfreid, 1977）。

10-2-5　類似か相補か、は関係の深さと目的次第

類似性と相補性の要因を併せて考えると、要は自分と似たような考え方や好みを持っていて、コミュニケーションのスタイルも合っているものの、そのスタイルの範囲内で違う役割やキャラクターを取ってくれる相手を好むようである。

では、類似性と相補性という一見すると真逆にみえるような好感度に関わる要因があるのはなぜなのだろうか？　類似性の中でとくに重要といわれている態度の類似性は、意見や立場の対立などの社会的な敵になるリスクが少なく、むしろ態度や意見・利害が対立する集団とのやりとりでは味方として動いてくれる期待が持てる（将来の行動の予測、**9-3-5** 参照）。すなわち、自分にとってメリットのある相手である可能性が高い。つまり、「敵か味方かといえば、相対的に味方」として類似性が高い相手の好感度が高まると考えられる。

一方で、相補性の研究はカップルなどパートナーシップを持つ相手への好感度の研究が多く、同じ目的を持つ仲間、すなわち相対的に味方であることを前提にしているといえる。味方の中で人を選ぶのであれば、居心地よい相手のほうがよい。お互いに顕示し合っても、支配し合っても、張り合って疲れるだけだ。このような場合は自分とは違う役割を二者関係で取ってくれる相手が好まれるのである。

なお、カップルなど、心地よいコミュニケーションそのものが関係の目的になるような場合は、心地よいコミュニケーションを相手に期待している。期待通りに心地よくなれないと、相手に裏切られたかのような気持ちになり、この裏切られた感は相手への悪意に変わりえる。例えば、恭順的だと思っていたパートナーがいきなり顕示的になって張り合ってきたら、戸惑うことだろう。人には意外性を好む新奇性追求という性質もあるので、「意外性が気持ちいい」という場合もあるが、張り合って来られて「ムカつく！」という場合もある。相補的な相手は、このような不快になるリスクが相対的に少ないのでパートナーとしては好まれやすいのである。

10-2-6　返報性の法則

人はポジティブな行為をしてもらうと、ポジティブな行為を返したくなることを返報性の法則と呼ぶ。社会心理学者 Regan(1971) によると、人は何か（ものに限らず、笑顔などの心理的なものも含む）を受け取った時に、それが義務によるものや見返りを期待してのものではない、つまり厚意に基づいていると感じた時に、何らかのお返しがしたくなるという。

これは相手への興味や好意にも当てはまることが多い。つまり、自分に興味を持ってくれる相手にはこちらも興味を持つし、好意を向けられると、その好意に支配欲や妙な期待が伴っていなければ、同じように相手に好意を持ちやすいのである。

10-2-7　不安の軽減

人は社会的な存在なので、自分の社会的な立場や地位が安定していないと不安になる。この不安の大きさには個人差があるが、不安が軽くなるということは、喜びが大きい（学習心理学の用語では報酬価が高いという）ことが知られている。

このことは人に対する魅力にも当てはまり、不安定な立場にいる人にとっては自分の社会的な地位や価値を保証してくれる、または支えてくれる人はとても魅力的に映る。また、人は仲間と思える人の存在で安心するように作られて

いるので、必ずしも保証や支えにならなくても、「苦しい時にそばにいてくれる」だけで好意を持つこともある。生物的な安全が脅かされるような物理的な危険に曝されている状況でも、このような安心感から好意に発展することがある（杉山，2015）。

10-2-8 外見

好意には外見的な要素も少なからず影響している。外見の好みはさまざまで評定者の趣味や嗜好、背景となる社会・文化などに大きな影響を受けるが、配偶者の選択に関わる外見は比較的よく研究されている。ここでは一定の根拠のある説を紹介しよう（天野，2012）。

対称性　人間の顔は左右でかなり違うが、左右で違いが少ない顔、すなわち対称顔のほうが好まれる傾向にあるようだ。これは対称性が高いほうが、病気への抵抗力が強く遺伝的に身体的に恵まれていることを示している可能性が高いことに由来するらしい。

平均性　顔や体型は遺伝や習慣、環境の影響を受けるので、社会・文化ごとの差が大きいが、概ねその社会・文化で平均的と呼ばれる外見は好まれる傾向にあるようだ。これは、その社会文化の中で一般的な遺伝的傾向を持っていることを示すので、奇形・突然変異のリスクが小さいことと関連するといわれている。

ウエストのくびれ　主に女性の場合はウエストのくびれが影響する。ウエストとヒップのくびれの比が 0.7 の女性が多くの男性には最も魅力的にみえるらしい。これは、最も妊娠・出産に適した比率らしく、健康な子どもを産める可能性を示していることに由来するといわれている。

10-3　万人に好まれる人柄はあるのだろうか？　ビッグ5セオリー

いろんな人から愛されている、少なくとも嫌っている人はほとんどいない…誰でもそんな人のひとりや2人は思い浮かべることができるだろう。いろんな人に好かれる秘密や秘訣があるなら、知りたいとは思わないだろうか。

実は、この秘密はパーソナリティ心理学のビッグ5セオリー（ビッグファイ

ブ理論）と呼ばれる研究領域にヒントがあった。ビッグ５セオリーとは人間の性格を表す形容詞的な表現を集めて、因子分析と呼ばれる心理統計法で分類すると、社会・文化に関係なく５つに分類できるらしい…という理論である（福田, 2010）。

　この理論は長くパーソナリティの５次元構造を表すものと考えられてきたが、近年では構造ではなく「記述モデル」として評価されている。言い換えれば人が人を記述（評定）する時の５次元、すなわち自分にとって好ましい人物かどうか評価する５つの基準を示すものがビッグ５セオリーである。人間の日常生活における情報処理容量の限界は５チャンク程度といわれており（10-1-1参照）、５次元による記述（評定）はこの範囲内にも収まっている。

　この５次元は好感度との関係が深く、言い換えればこの５次元を意識して自分のふるまいを操作できれば、他者の自分への好感度を自由自在に操れる可能性もある。ここでは各次元を紹介しよう。

　調和性・協調性・温厚性　　人の負担や苦労、不快感を気遣い、人を罵ったり侮辱したりせず、ましてや攻撃的に批判することもないという次元である。思いやりや温かさにあふれているので人に好まれやすい。真逆にあるのが不平不満の多い自己中心的な人物で、こういう人物はすぐに不機嫌な態度を取ったり、人を傷つけることをするような行為や態度を取りやすいので嫌がられることが多い。

　情緒安定性―神経質傾向　　感情にムラがなく、いつも一定のややポジティブな情緒を保っていることを情緒安定性という。些細なことでは動揺したり、慌てたり、取り乱したりしないので、付き合うほうは安心である。真逆にあるのが神経質傾向で、些細なことに落ち込んだり、不安になったり、腹を立てたりするのでストレスを感じやすい。実は日本人の66％は不安になりやすい遺伝子の保有者なので、この傾向に比較的陥りやすい。発言や態度に神経質傾向が反映されると、周囲の人も不快にさせるので注意が必要である。発言や態度は心がけで変えられるので、意識しておきたいところでもある。

　誠実性・勤勉性・良心性　　この次元は信用・信頼に関わる次元である。計画的に役割や責任を果たせるように準備している、整理整頓ができている、

などが該当する。その逆が手を抜いたり、相談もせずに予定や約束を変えてしまうような人物で、このような人物はどんなに優秀であっても信頼できないので、好まれにくい。

興味関心の開放性・文化的洗練性　芸術など文化的な志向性が高く、興味関心の幅が広くて、付き合っている時の面白みに関わる次元である。話が退屈な人物よりも話題が豊富で話のネタが尽きない人物のほうが好まれやすい。経験や知識を興味深い話として整理できているかどうかにも関わるが、前提としてさまざまなことに興味を持つ傾向が重要である。いろいろなことに興味を持つだけでもこの次元の高さを連想させる。

外向―内向　社会的な活動性や積極性といった社交性に関わる次元である。現代の未開拓分野や未開拓市場を探し求める米国中心に築かれたビジネス界では、未知の領域に積極的に関わろうとする外向的な人物が望ましいとされてきた。また、外向的なほうがコミュニケーションが取りやすいようにみえるので、市場経済の一翼を担う企業などでは外向的な人材が好まれやすい傾向がある。とくに米国社会ではこの傾向が強いとされ、内向的な人物も外向的な人物であるかのようにふるまう社会的な風潮が形成されているといわれている。日本のビジネス界も類似した傾向がみられるが、近年では外向的な人物にはない内向的な人物の「静かな力（無駄に主張しない、感性豊か、内面の調和を大事にする、など）」が見直されてきている（Cain, 2013）。この次元に関しては、どちらが好まれるかは時と場合で分かれるようである。ただし、内向が態度やふるまいに反映し過ぎてコミュニケーションが取りにくい、逆に外向が反映し過ぎて無秩序に人に絡むのは、どちらの場合も好まれないだろう。外向または内向が極端な傾向がある人は、ふるまい方を多少意識するとよいだろう。

参考文献

天野洋一（2012）誰を選ぶのか？なぜ惹かれるのか？．首都大学東京人文学報，455，29-48．
Byrne, D. (1961) Interpersonal attraction and attitude similarity, *The Journal of Abnormal and Social Psychology*, Vol 62(3), 713-715.
Cain, S. (2013) Quiet: *The Power of Introverts in a World That Can't Stop Talking*, Broadway Books.
Coulon, M., Guellai, B. & Streri, A. (2011) Recognition of unfamiliar talking faces at birth,

International Journal of Behavioral Development, 35, 282-287.
福田由紀編著（2010）心理学要論，培風館．
Newcomb, T. M. (1961) *The aquaintanceship process*, New York: Holt, Rinehart & Winston.
Regan, D. T. (1971) Effects of Favor and Liking on Compliance, *Journal of Experimental Social Psychology*, 7, 627-639.
Seyfreid, B. A. (1977) Complementarity in interpersonal attraction. In S. Duck (Ed.), *Theory and practice in interpersonal attraction*, Academic Press, pp.165-184.
杉山崇（2015）臨床心理学における自己，心理学評論，57(3), 434-448.
Wagner, R. V. (1975) Complementary needs role expectations, interpersonal attraction, and the stability of working relationships, *Journal of Personality and Social Psychology*, 32, 116-124.
Walster, E., Aronson, V., Abrahams, D. & Rottman, L. (1966) Importance of physical attractiveness in dating behavior, *Journal of Personality and Social Psychology*, 4, 508-516.

> **コラム6**　　元気な人のポジティブ幻想

　9章、10章によると、人は合理的、客観的に人をみていないかもしれない。実はこのことは自分自身についてみることにも当てはまるらしい。このことを示唆するのがポジティブ幻想（イリュージョン）と抑うつのリアリズムの研究である（Taylor & Brown, 1994）。

　ポジティブ幻想とは物事をよりポジティブに都合よく歪めて捉える現象で、次の3種類が知られている。ひとつは自分に対するポジティブ幻想で大部分の人が自分のことを平均より「良い人間」だと思っているという。すなわち、「自分は平均より良い」という回答が平均値ということになり幻想が存在する根拠とされている。2つ目は自分の影響力に関する幻想で、偶然の出来事でも自分がそれをもたらしたと思い込みやすい。例えばサッカーの監督がある試合でたまたま選手交代が当たって逆転勝利を収めたことで「試合を読む力が他の監督より高い」と思い込むことである。最後に楽観主義があげられる。将来起こることについて、実際に起こる可能性があることより「起こってほしこと」を予測しているという。

　日本人に関しては、対人関係に関する領域では概ね「平均より良い人」というポジティブ幻想がみいだされるものの、アンケート式の調査を行うと自己卑下と呼ばれるネガティブ幻想ともいえるような自分に対する悪い評価を回答することがある。しかし、潜在的意識（言語化・明文化されにくい意識）を測定する研究によると、質問紙で自分についてネガティブに答える人ほど潜在的な自己認知がポジティブである可能性が示唆されている。日本には謙遜という文化がある。つまり、「自分をネガティブに提示する（謙遜する）私は素敵だ」、という自己観がみえてくる。すなわち、潜在的には日本人にもポジティブイリュージョンが作用している可能性が示唆されている（小林，2003）。

　日本人に限っては表面的には「自分なんて…」といっているほど、案外、自信家で尊大な品性の持ち主であるのかもしれない。

小林知博（2003）自己高揚的自己・他者評価に関する比較文化心理学的研究，大阪大学博士論文．
Taylor, S. E. & Brown, J. D. (1994) Positive illusions and well-being revisited: Separating fact from fiction, *Psychological Bulletin*, 116, 21-27.

第11章
対人関係における錯覚と感情

Key words 対人魅力　社会的浸透理論　視点取り　自己中心性バイアス　CMC

11-1 人は人の何に惹かれるのだろうか？

11-1-1 他者に魅力を感じるきっかけはさまざま

あなたがこれまでに好意を抱いた人はどのような人だろうか。好意を抱いたきっかけはどんなことで、その人に対してあなたはどう働きかけて、その人との関係はどうなっただろうか。異性に対する一目惚れのようにはっきり自覚できるものだけでなく、気が合いそう、何となく気になって目で追ってしまうなどほのかな感覚も含め、他者に魅力を感じる場面は多くある。

ある対象人物に魅力を感じるかどうかは何によって決まるのだろうか。おそらく当たり前のように思い浮かぶのは、対象人物が魅力的であるという要因だろう。しかしそれだけではない。対象人物の人柄などとは関係ない、ある意味でいえば「勘違い」で始まる対人関係もある。以下、どういった要因が対人魅力を生じさせるのか、それらの要因がなぜ対人魅力を生じさせるのかをみていこう。

11-1-2 相手の性質やふるまい

魅力的な他者に魅力を感じるというとトートロジーになってしまうが、どういった他者が魅力的かについては、いくつかの捉え方がある。ひとつは多くの人が共通して好ましいと判断する性質を持つ人である。おしゃれな人、いつも笑顔の人、思いやりのある人など、外見であれ内面であれ、社会的に好ましい

とされる性質がある。ただしこうした好ましさの基準は、文化や時代により多少違いがある。もうひとつは自分と似ている人である。例えば世間では概して外向的な人のほうが内向的な人よりも好ましいと思われているが、内向的な人物にとっては、自分と同じように内向的で、みんなとわいわい遊ぶのはあまり得意でなく静かに本を読んで過ごすのが好きという人のほうが、魅力的でありうる。自分と態度や境遇が似ている人は、自分の考えに賛同してくれるだろうし、相互作用もスムーズに行いやすいだろう。また、相手の性質とは別に、人は自分に好意的な態度を示してくれる他者にも魅力を感じる。自分をほめてくれたり誕生日を覚えていて祝ってくれたりする人を悪く思うことはそうそうないだろう。

11-1-3 自分の状態

相手ではなく自分のほうに原因がある場合もある。例えば自分が非常に落ち込んでいる時にはそうでない時に比べて、他者のほんのちょっとした親切によってその他者に魅力を感じやすい。また、走ったり緊張したりして心拍数や体温があがり生理的に覚醒した、いわゆる「ドキドキする」状態にある時に、その覚醒の原因を、その場にいる他者が魅力的であるからだと誤って認識することもある。Dutton & Aron (1974) による吊り橋実験はよく知られている。彼らの実験では、吊り橋（かなり高くて揺れるので不安になる）、または揺れない普通の橋の途中に、男性または女性の実験者がおり、通りがかったハイキング中の男性に簡単な調査への回答を頼んだ。調査に協力してくれた場合にはこの実験者が「この結果に興味がおありでしたらこちらにご連絡ください」と電話番号を書いたメモを渡した。その結果、吊り橋で女性実験者が調査を頼む条件において、調査協力率、メモを受け取った率、後日実際に電話してきた率がほかの3条件よりも高かった。ドキドキした原因を、吊り橋に対する不安ではなく実験者の女性に魅力を感じたからだと誤帰属し、もう一度"魅力的な"実験者の女性とやりとりをするために電話をかけてきたと解釈できる。夏の海辺や冬のスキー場で「恋に落ちる」本当の理由は、その相手が魅力的だからでなく、海や山での遊びが楽しくて興奮しているからかもしれない。

11-1-4　2人をとりまく状況

　さらに、2人をとりまく状況や環境も原因となりうる。例えば近くに住んでいる、席が近いなど、物理的に近くにいる他者には魅力を感じやすい。入学したばかりの学校で、ほかに知り合いが誰もいないとしたら、まず話しかけるのは隣近所の席に座っている人ではないだろうか。接点が多いために話しかけやすいということもあるだろうが、ただその他者の姿を何度もみかけているというだけで好意を持ちやすくなる。これは単純接触効果と呼ばれ（Zajonc, 1968）、人に限らず、音楽、無意味な模様、手触り等、さまざまな刺激において、何度も接していると好意を持ちやすくなることが知られている。また、その刺激に何度も接したという自覚がないほうがこの効果がみられやすい。ただし、単純接触効果はどんな人でもどんな刺激でも生じる訳ではない。新奇で中性的な刺激であること、つまりこれまで知らなかった新奇な刺激であり、最初に触れた時点で非常に好き、非常に嫌いなどの強い感覚を持たないものという条件がある。

11-1-5　自分にとって「報酬」になるものが魅力的

　他者に魅力を感じる原因はこのようにたくさんあるが、他者に魅力を感じるメカニズムとして、概ね次の2つが考えられる。ひとつは報酬性の作用である。好ましい性格や態度を持つ他者と一緒にいることで心地よさを覚える、類似した他者に自分の態度を妥当化してもらって自尊心が高まる、他者から好意という社会的報酬を与えられるなど、何らかの「報酬」をもたらしてくれる他者に魅力を感じる。近くにいる人は、それだけ会うためのコストが低く、報酬の効率がよいといえるし、単純接触効果は、なじみがある、よく知っているという感覚がある種の快感情という報酬をもたらすと考えられる。もうひとつは認知的一貫性の作用である。自分が好意を持つ相手が、自分が好ましく思っているものを嫌っているとしたら、どこかすっきりしない感じを抱くだろう。この場合、自分が好ましく思っているものを相手が嫌わないよう仕向けるか、相手との関係を疎遠にすることなどで対処しうる。つまり、一緒に行動している他者

や、自分に好意を向けてくれる他者、よく会う他者を嫌うことは「よく一緒にいる」という事象と相容れず、認知的にまとまりが悪いため、こうした人たちに魅力を感じやすいと考えることができる。

11-2 親密な関係とは何か？

11-2-1 自己開示と親密化

　自己開示とは、他者にわかるように自分自身のことをさらけ出す行為である（Jourard, 1971）。この行為は主に言語によって行われる。いわゆる打ち明け話のように深刻な内容に限らず、万人の目に触れるブログやSNSに今日の昼ご飯の献立を書き込むようなことも含む。ただし、どんな内容でも誰にでも開示する訳ではない。当然ながら、自分自身について語る内容は、誰にでも話せるレベルのものから誰にも話せないものまでさまざまである。Altman & Taylor (1973) の社会的浸透理論によれば、パーソナリティは身体のこと、趣味のこと、宗教のことなど複数の領域を持ち、各領域が表面的なものから中心的なものまでの層をなした構造を持っている。親密になっていくということは、自己開示によって相手にみせるパーソナリティ構造の領域が広く深くなっていくということである（図表11-1）。

片方が自己開示をし、他方がその開示を自分に対する好意や信頼の現れと解釈し、自分も相手に開示をするということをくりかえしながら、双方の自己開示の広さと深さが次第に増していく。関係の初期にいきなり広く深い自己開示をしてしまうと、相手を戸惑わせるばかりか、それほど親密でない

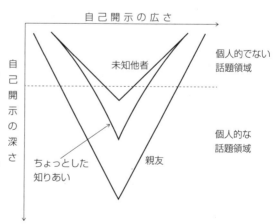

図表11-1　対人関係と自己開示の広さ・深さの関係
（Altman & Taylor, 1973 を改変）

第11章　対人関係における錯覚と感情

うちから他人の深いところも覗き込もうとする人、または相手との関係を考えずに自分の話したいことを話す人なのだと思われてしまい、親密にはなりにくい。

11-2-2 友情と愛情はどう違うのか

親密な関係というと、家族、友人、恋人や夫婦があげられる。親子やきょうだいは基本的に血縁で決まるものであり選べないが、友人関係や恋愛関係は、上記の通り出会い方によって魅力を感じ、双方が親密さを感じることによって成立する。では、友情と恋愛感情の違いはどこにあるのだろうか。さまざまなモデルや理論が提案されているが、全く同じものではないが、全く違うものでもないというのが、概ね共通する見解といえる。他者に対する好意的な感情は、友人と恋人（片思いも含め、恋愛の対象）のどちらにも感じる好意と、恋人にのみ感じる愛情の2つに分けられる。好意とは尊敬や信頼などで構成されるものであり、愛情とは依存したい、2人だけでいたい、最大の援助や擁護をしたいなど独特の欲求を含むものである。Sternberg（1986）は好意も含む広い意味での「愛」を3つの要素の有無によって8つに分類する、愛の三角理論を提唱した。3つの要素とは、親密性（相手とのつながり感や愛する人を賞賛し大切にしようとする感情的側面）、情熱（相手と一緒になりたいと強く切望する動機的側面）、コミットメント（相手を愛そう、その愛を維持していこうとする認知的側面）である。親密性のみ、親密性とコミットメントの要素を持つ愛は、友人や家族などにも持ちうるものである。

11-2-3 親密な関係における行動・感情・認知

見知らぬ他者2人の様子をみていたり、他者がその場にいない知人について話すのを聞いていたりすると、その2人の親密さが何となく想像できるのではないだろうか。関係の親密さはさまざまな側面に表れる。

まず行動面では、親密さを表すしぐさ（目をみつめる、微笑みを向ける、距離が近づく、体に触るなど）、広く深い自己開示や、親密な関係の中だけで通じる独特の言い回しやスラングの使用などの特徴がみられる。

図表 11-2　親密化による自己と他者の表象の融合

　感情面では、親密でない関係に比べてポジティブな感情を強く持つ一方、ネガティブな感情も強く持つ可能性がある。例えば恋愛関係においては、先に述べたような親密さや情熱などポジティブな感情も持つが、寂しさ、嫉妬や面倒臭さなどのネガティブな感情も持つ。ただしそこで喧嘩などにはなったとしてもそう簡単に関係解消には至らず、仲直りすれば元通り、あるいはそれ以上に親密になることもあるだろう。

　認知面では、親密な相手との一体感が増し、相手についての表象と自己表象の融合が生じる（図表 11-2）。すると利益や資源の分配に関する認知が変わり、「相手のため」が「自分のため」でもあるようになる。相手の視点（立場）を自分のもののように感じやすくなるのである。さらに、お互いの特徴を共有するようになり、例えばパーソナリティ特性語が自分を表すものか相手を表すものかの区別がしにくくなる。また、相手を実際以上に理想化する傾向や、そうしたすばらしい相手と自分の関係をほかの関係よりも良いと評価したりする。それはある種の錯覚かもしれないが、相手や相手との関係を理想化してみることによって、関係への満足度が実際に増すこともある。

　親密になり、自己開示を続けていけば、相手の好ましくない面や自分と似ていない点も知るようになるだろう。しかし、だからといって相手との関係が後退するとは限らない。親密になるということは、そのような点も含めて相手のパーソナリティを認めていくことといえる。

11-3　人の心は理解できるものなのか？

11-3-1　人はどのように他者の心を理解し（ようとし）ているのか？

　たとえどれほど親密になっても、他者と自己は別の人間であり、一寸も違わ

ず完璧に他者を理解することなどはできない。それどころか他者との間には誤解や非理解が多く存在する。

他者の心を理解するためには、他者の視点から物事がどうみえているかを推測すること、すなわち「視点取り」が必要である。ここでいう「視点」とは、実際の物体の見え方だけでなく、物事の捉え方、感じ方という認知的、感情的な側面も含む。子どもの頃から「自分が相手と同じことをされたらどう思う？」と他者の視点を取ることを促されてはこなかっただろうか。

視点取りは大まかにいって2つのやり方がある。ひとつは上にあるように「自分が相手の立場だったら…」とシミュレーションしてみて、自分だったらどう反応するかを元に他者の心を推測する方法である。もうひとつは「このような場合、たいてい人はこういった反応をする」のように、心に関する一般的なセオリーから他者の心を推測する方法である。

11-3-2　視点取りの失敗

自分の身体から精神だけ抜け出て他者の身体に入ることなどできないので、他者の心を推測しようとしても自分の視点から完全に抜け出すことはできない。したがって、他者の心の状態を推測する際、自分の心を基準に考えてしまいやすい。また自分と他者の心は違うとわかっていても、その違いを十分に推測に反映させることができない。そのため、他者の心を実際以上に自分と似たものと推測してしまう自己中心性バイアスがみられる。自己中心性とは利己的という意味ではなく、人間の認知機能上の制約のようなものである。

自己中心性バイアスは日常生活のさまざまなところでみられ、対人関係にも影響を及ぼしうる。スポットライト効果（Gilovich, Medvec & Savitsky, 2000）は、社会的なスポットライトが当たっている、すなわち自分の外見や挙動が注目されていると過剰評価する傾向のことである（4章に出てくる「スポットライト効果」とは異なるので注意）。例えばいつもと違うフレームの眼鏡をかけて出かけたのにまわりの人が全く気づいてくれなかったり、休んだ次の日に「ごめん、昨日は休んじゃって」と謝ったら「あれ、昨日いなかったっけ？」と休んでいたことに気づかれていなかったりしてがっかりしたことがあるかもしれない。いつ

もと違う眼鏡やその場にいなかったという事実は自分自身にとっては明確だが、他者にとってはたくさんいる知り合いのうちのひとりのちょっとした変化に過ぎず、それほど注意は払っていないものである。他者からみれば自分自身ほど明確にはみえないはずだと割り引いて考えはするのだが、まだまだ割り引きが足りないのである。

これに似たものとして透明性錯覚（Gilovich, Savitsky & Medvec, 1998）がある。これは、感情や思考など、通常他者からはみえない自分の内的状態が他者に知られている程度を過大視する傾向のことである。実際にはうまく嘘をつけているにもかかわらず、嘘をついていることが見抜かれていると思ったり、好意を持っているのに照れ隠しでたたく憎まれ口や皮肉など、ストレートにはいわなくても本来の意図が正しく伝わっていると過信したりしていると、せっかくうまくつけていた嘘を自ら白状してしまって相手との関係が悪化したり、こちらの発言を言葉通りの意味に解釈した相手から誤解されたりという問題が生じる。

11-3-3　視点取りやその失敗が対人関係にもたらすもの

必ずしも、視点取りは望ましいものでその失敗が対人関係の危機を招くものという訳ではない。場合によっては視点取りが対人関係にネガティブな影響を及ぼすこともあるし、視点取りの失敗は、それが失敗であると明らかにならない限りはむしろ対人関係にとってポジティブな方向に働くこともある。

競争相手や利害の対立がある他者の視点取りをすると、ますますその相手との関係が悪化する可能性がある。視点取りの結果「相手はきっと利己的にふるまうだろう」「相手はこちらに損害を負わせようとしているだろう」など、人は自分に都合のよいようにふるまうというセオリーを適用し、そうしたふるまいに対抗するために自分も利己的になってしまう。

スポットライト効果や透明性錯覚は自分の視点から十分に離れられず他者の視点取りに「失敗」しているが、それが錯覚であることが発覚しない限り、「自分は注目されている」「自分は理解されている」という感覚を持つことになり、相手や相手との関係に対する満足感を高める可能性がある。

11-4 通信技術を使ったコミュニケーション

11-4-1 オンラインのコミュニケーション

　出会いとはある場所で一緒になること、出て合わせることであり、つまり対面するものであった。もちろんこれまでにも手紙や電話など対面しないコミュニケーション手段はあったが、未知の他者と一度も対面しないまま対人関係を続けることはまれであった。しかし1990年代以降、インターネットが普及して、全く対面したことのない他者と対人関係を続ける機会が格段に増えてきた。新しいメディアが普及することによって、個人の生活や精神的健康、対人関係にも影響がみられている。こうしている間にもインターネットを介したコミュニケーションの様相は変化しており、研究がその流れに追いつくことは困難だが、例えば2000年代前後の研究知見は三浦・森尾・川浦（2009）にまとめられている。

　コンピュータ（携帯電話やスマートフォンを含む）を介したオンラインのコミュニケーションをCMC（Computer Mediated Communication）と呼ぶ。FtF（対面：Face to Face Communication）をはじめとするこれまでのコミュニケーションとは異なる、CMC最大の特徴は、視覚的匿名性である。web会議やUstream中継など公的な場面の一部を除き、メール、チャットやSNSへの書き込みなどをする際にお互いの姿がみえる状態にすることはほとんどない。つまり、画面の向こうの相手の様子がわからない。オンラインでしかやりとりをしていない相手であれば、その人物の性別、年齢などさまざまな属性はわからない。場合によっては先日やりとりをした人と今やりとりをしている人が同一人物かどうかさえわからないこともある。もともとオフラインで知っている相手であっても、オンラインでコミュニケーションをしているその瞬間にどのような格好でどのような表情をしているかはわからない。

　視覚的に匿名であるため、コミュニケーションの手がかりは画面に表示された（つまり手書きではない）文字が中心となる。外見、身振りや声などの情報はなく、手書き文字に表れる個性のようなものもなく、書かれた内容およびそ

コラム7　顔文字・絵文字の効果

　電子メールやSNSへの書き込みなどオンラインのやりとりでは、顔文字や絵文字をよく目にする。2つの用語に厳密な区別はないが、ほとんどのコンピュータで表示できる文字や記号のみを使ったものを「顔文字」と呼び、携帯電話など表示できるメディアが限られている画像を「絵文字」と呼ぶことが多いようである（荒川，2007）。顔文字は欧文でも使われており、emoticon（emotion（感情）＋示す（icon）の造語）と呼ばれている。ただし日本と英語圏では顔文字表記のしかたに違いがみられる。日本の顔文字は顔の上下方向が文字と同じであるが、英語圏では90度左に回転した形で表記されるものが多い（図）。

　CMCはその特性上非言語的手がかりが使えないため、顔文字や絵文字は非言語手がかりに代わるものとして使われている。Lo（2008）は文章だけ、文章の内容と一致する顔文字つき、文章の内容と矛盾する顔文字つきのメッセージのいずれかを受け手に読ませてメッセージの印象を尋ね、顔文字がメッセージの印象に影響を与えることをみいだしている。Gansterら（2012）は顔文字と絵文字の違いを検討し、同じ「笑顔」を表すものでも、顔文字より絵文字をつけた場合のほうが、受け手が送り手に対して「自分に自信がある」「信頼できる」などの印象を抱きやすく、また受け手の気分がポジティブになりやすいことを示した（ただしメッセージ自体の印象には顔文字と絵文字で違いがみられなかった）。

　顔文字や絵文字がメッセージの装飾として使われることもある（荒川，2004）。とくに絵文字は表情以外の絵のバリエーションが豊富であり、カラフルなものや動くものも多いため、そうした傾向はいっそう強いであろう。しかしそうした装飾をすることも、メッセージの印象に何らかの影響を及ぼす。北村・佐藤（2009）は表情でない絵文字をくだけた文体または丁寧な文体のメールにつけた場合に受け手が抱くメッセージの印象を検討し、丁寧な文体の場合は絵文字がある場合のほうがない場合に比べて親近感が高く評定され、くだけた文体の場合には絵文字がある場合のほうが丁寧さや誠実さが高く評定されることを示した。

　顔文字の中には、表されている感情が曖昧なものも多い。例えば「笑顔」を表す顔文字は何種類もあるが、その笑顔の意味するところは嬉しさなのか、面白おかしい気分なのか、あざけりなのかなどの解釈が顔文字使用者の間で共有されているとは限らない。送り手は自分が伝えたい感情に沿った顔文字を選び相手にきちんと伝わったつもりでも、実際にはそれほど明確に伝わっていない可能性がある。Krugerら（2005）は顔文字を使おうと使うまいと、電子メールの送り手が自分の意図はきちんと受け手に伝わっていると過大評価する傾向があることを指摘している。

第11章　対人関係における錯覚と感情

顔文字や絵文字をうまく使うことで、CMC においても豊かな表現ができるといえるかもしれない。しかし、FtF の非言語手がかりと同じで、受け手の解釈は多様であることは注意しておく必要があるだろう。

```
顔文字（和文）  (^_^)  (^_^;)  (T_T)  m(_ _)m  ...φ(. .)

絵文字  [icons]
       ©2014 NTT DOCOMO, INC & KDDI Corporation.

エモティコン（欧文）  :)  :(  :D  ;)  :-)  :p
```

図　顔文字、絵文字の例

荒川歩（2004）顔文字をいつ使用するかについての語りとその質的分析．同志社心理，51，17-26．

荒川歩（2007）顔文字研究の現状と展望：非言語コミュニケーション研究の視点から．心理学評論，50，361-370．

au（2014）絵文字変換表 http://www.au.kddi.com/mobile/service/featurephone/communication/emoji/

Ganster, T., Eimler, S. C. & Krämer, N. C. (2012) Same same but different!? The differential influence of smiles and emoticons on person perception, *CyberPsychology, Behavior, and Social Networking*, 15, 226-230.

北村英哉・佐藤重隆（2009）携帯メールへの絵文字付与が女子大学生の印象形成に与える効果．感情心理学研究，17，148-156．

Kruger, J., Epley, N., Parker, J. & Ng, Z. (2005) Egocentrism over e-mail: Can we communicate as well as we think? *Journal of Personality and Social Psychology*, 89, 925-936.

Lo, S. (2008) The nonverbal communication functions of emoticons in Computer-Mediated Communication, *CyberPsychology & Behavior*, 11, 595-597.

の内容が書かれた文脈から導かれる解釈が重要な役割を果たす。ただし、これらの情報に代わりうるものとして、顔文字や絵文字が使われることもある（詳細はコラム 7 参照）。

11-4-2　CMC が対人関係に及ぼす影響

CMC が対人関係やコミュニケーションの質に及ぼす影響には、ポジティブな側面もあればネガティブな側面もある。ネガティブな影響として、視覚的に匿名であるため、嘘をつくことが容易で、逆に嘘を見抜くことが難しいという問題がある。例えば詐欺など悪意を持った嘘を見破れず、犯罪やトラブルに巻き込まれる危険がある。また、脱個人化も生じやすい。通常、FtF ならば良識

を持って控える行動も、CMC では実行してしまいやすくなる。例えばほとんど面識のない他者に向かって罵詈雑言を投げつけることは、面と向かってはまずしないだろうが、こちらが誰であるか相手にはわからない状況では、仕返しや責任の追及をされる心配もないため実行してしまう。悪くすればエスカレートしていく。いわゆる"炎上"や、中傷、ネットいじめが生じる原因のひとつはここにある。

しかし見方を変えれば、犯罪や倫理的に許されないことではないが現実社会では通常行われないようなやり方での自己表現が、CMC においては可能になるともいえる。現実の自分を知る人からの期待や制限がかかる FtF では、TPO や他者からの期待に合わない自己表現はなかなかしにくい。また、FtF では面識のない人とはまず当たりさわりのない話題で話すことがふさわしいとされ、深い内容の自己開示をすることが適切な関係になるまでには時間がかかる。しかし CMC では自己表現が促進されることにより、自分にとって重要な側面(趣味や信念など)を共有できる他者をみつける機会が得られる。また、女性だから、日本人だからなど外見によるステレオタイプで判断されにくく、「真の自己」を表現できるため、自分の深い部分を早い段階で開示できると、関係の進展も早い。McKenna, Green & Gleason (2002) は、面識のない学生を2人組にして前半の約 20 分は CMC または FtF のいずれかでお互いについて自由に会話をしてもらった。そして相手の印象を尋ねた後、今度は全員 FtF で再度 20 分ほど会話をしてもらい、最後に相手の印象を尋ねた。その結果、前

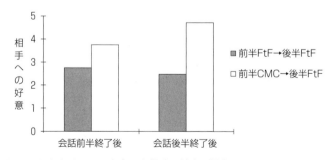

図表 11-3　CMC または FtF で出会った相手に対する好意（McKenna et al. 2002, Study 3 より）
　値が大きいほど相手に好意を抱いていることを意味する。実験では − 7 点〜 7 点で評定させた。

半が終わった時点で CMC 条件のほうが FtF 条件よりも相手に好意的な印象を持っており、後半の対面が終わった後では、前半に CMC で相互作用をした条件において相手への好意的な印象はさらに高まっていた (図表 11-3)。

　どのような道具にもいえることだが、CMC は使い方によって毒にも薬にもなるのである。

参考文献

Altman, I. & Taylor, D. A. (1973) *Social penetration*, New York: Holt, Rinehart and Winston.
Dutton, D. G. & Aron, A. P. (1974) Some evidence for heightened sexual attraction under conditions of high anxiety, *Journal of Personality and Social Psychology*, 30, 510-517.
Gilovich, T., Medvec, V. H. & Savitsky, K. (2000) The spotlight effect in social judgment: An egocentric bias in estimates of the salience of one's own actions and appearance, *Journal of Personality and Social Psychology*, 78, 211-222.
Gilovich, T., Savitsky, K. & Medvec, V. H. (1998) The illusion of transparency: Biased assessments of others' ability to read one's emotional states, *Journal of Personality and Social Psychology*, 75, 332-346.
Jourard, S. M. (1971) *The transparent self* (rev. ed.), Princeton, NJ: VanNostrand.
McKenna, K. Y. A., Green, A. S. & Gleason, M. E. J. (2002) Relationship formation on the internet: What's the big attraction? *Journal of Social Issues*, 58, 9-31.
三浦麻子・森尾博昭・川浦康至 (2009) インターネット心理学のフロンティア，誠信書房.
Sternberg, R. J. (1986) A triangular theory of love, *Psychological Review*, 93, 119-135.
Zajonc, R. B. (1968) Attidudinal effects of mere exposure, *Journal of Personality and Social Psychology Monograph Supplement*, 9, Part 2, 1-27.

第5部　社会と生きるヒト

第12章
援助の要請とソーシャルサポート

Key words　要請コスト　援助要請行動　援助要請要因
　　　　　　　ソーシャルサポート　サポートの不足

12-1　人生には助けがいることもある

12-1-1　人生にはいろんな困難がある

　毎日が順調で心配事もなく、それなりに楽しく穏やかに日々が送れる…そんな暮らしがいつまでも続けば幸せだ。しかし、人生は困難がたくさんある。とくに現代社会では生物学的に不安定な思春期から青年期にかけて、その後の人生に大きな影響を与えるライフイベントが数年ごとに続く。日本では受験や就活という形でライフイベントが用意されている。青年期から成人期にかけては、社会の中で一定のポジションを得るための競争に身を投じることになるが、その道のりも決して楽ではない。ここで競争社会に馴染めずに違う道に向かう人もいれば、メンタルヘルスの問題が高じて精神疾患の世界を体験する人もいる。仮に順当に希望から大きく外れないポジションを得たとしても、ポジションを維持すること、年を重ねるほどに増していく社会的責任を果たすこと、など、中年期以降にもたくさんの困難がある。

　もちろん、困難の大きさに比例して喜びも大きいので人生を悲観する必要はない。しかし、その中で心が疲弊してしまうこともあるだろう。あなたが本当に困ったり、悩み込んでしまったり、文字通り苦悩している時に誰かに助けを求めることができるだろうか。助けを求めるとしたら、誰にどのように求めるだろうか。

12-1-2 助けを求めることは時に難しい

　助けが必要な時には、まずは誰に助けを求めるべきかを考えるだろう。そして、その相手にどのようにアクセス（連絡）するか、自分の今の苦悩をどのように表現すればよいのか考えるだろう。さらに気遣いのある人は相手の負担にならない範囲で、どの程度まで頼れるかと考えるかもしれない。そしてその過程で、やっぱり助けを求めるのは難しい、相手にされなかったら傷ついてしまう、など、援助を求めることを阻むようないろんな迷いも生じるのではないだろうか。

　このように、援助を求めることは、意外と難しいことでもある。援助を求めることに慣れ過ぎてしまって、際限なしに援助を要求することも問題だが、必要な人が必要な援助を求められないことで起こる悲劇やトラブル〈自殺や心中、児童・乳児の虐待、およびその未遂〉に関するニュースも連日報道されている。適切な時に、必要に応じて援助を求めることができたなら、道を踏み外す人、悲劇的な出来事、そして精神疾患に苦しむ人の何割かには違った展開があったかもしれない。ここでは、援助を求めることについて社会心理学的に考えてみよう。

12-2　人が援助を求めるまで

12-2-1　援助要請行動と要請コスト

　援助要請行動とは、自分の力だけでは解決できない問題に直面した人が、問題を解決または軽減することを目指して、ほかの人に助けを求めることである。

　問題に直面したら直接的に援助を求めることは稀で、通常はいくつかの意思決定が先だって行われ、その後に援助の要請が行われる。意思決定は、図表12-1のような「要請コスト」の評価に基づいて行われる。

　要請コストとは援助の要請に伴う犠牲や損失の総称である。

　援助を受けることで得るメリットよりも要請コストが小さく査定された時に援助要請が起こる。しかし、要請コストが大きく評価されると、問題解決の可

能性が増すにもかかわらず、援助要請が起こりにくい。

例えば、ひとりではどうしてもうまくいかない仕事があって、あなたは誰かにやり方やコツを教えてほしいと思っているとする。ただ、あなたはまわりから優秀だと思わ

```
■物理的なコストの例
    援助者へのコンタクトの手間、時間、経費
    （電話、郵便物の作成、メールの送信、など）
■心理―社会的なコスト
    きまり悪さ
    拒絶や無視の恐れ
    自分の不適切さや無能の露呈
    援助者に負う借り
    自力達成の放棄、など
```

図表 12-1　主な援助要請のコスト

れていて、その評価を壊したくない。その中で気安く尋ねることができるだろうか。尋ねられた人から「え、わからないの？」というような反応をされたら気まずいし、もしかしたら自分の評価を落とすかもしれない。このような場合は、尋ねるという時間や手間というコストだけでなく、きまりの悪さ、拒絶の恐れ、無能の露呈、借りを負う、などの心理・社会的な要請コストが関わって、援助要請行動へのためらいが生じるということができるだろう。

12-2-2　援助要請行動の段階

援助行動が実際に取られるまでに、要請コストの評価のほかに次の段階を経ることが知られている（図表 12-2）。

問題を認識すること、すなわち問題の自覚がスタートになっており、次にその問題について考えて何とかしよう、何かを変えようという意思決定（変化への動機づけ）が行動に先立っていることがわかるだろう。

先ほどの例では、援助要請コストを気にするところまで進んでいるので、第 1 段階には達しているといえる。まわりの人にやり方を教えてもらうと、「自分の仕事が改善する」という良い変化が起こる一方で、「周りの自分への態度や評価が悪くなる」というコストを意識して、意思決定が滞っている状態である。

ここで、「教えてもらうのは一時的に評価を下げるだけ」、「仕事が改善でき

【第1段階】援助が必要だと認識するようになる 　例：自分が問題（スキル不足、認識不足、経験不足、など）を持っていることに気づく
【第2段階】何かを変えよう意思決定し、周囲に助けを求める 　例：気軽に相談できる人（家族、友達、同僚など）に意見や援助をもらおうとする、または専門家の援助を受けることを考える
【第3段階】専門家や援助スキル（経験や知識、など援助の役立つ能力）を持つ人から必要な援助を受ける 　例：専門家や援助スキルを持つ人へのアクセスの方法を考えて実行する

図表 12-2：援助要請の段階

ないのは長期的に評価を落とすかもしれない」…と援助要請コストよりもメリットのほうが大きいと考え始めたら第2段階に入ったといえるだろう。さらにここで、「見栄を張るより尋ねるべきだ」と意思決定できれば第2段階は完成である。そのプロセスは、自問自答であっても、家族や身近な友人に相談してでも構わない。

　この事例では援助スキルを持つのはまわりの人であって、アクセスのハードルが高い専門家という訳ではない。まわりの人の中から一番尋ねやすいのは誰か、どのように尋ねるのが一番良いか、と具体的に考え始めたら第3段階に入ったといえる。タイミングや相手の様子を見計らって実行に移せたら第3段階は完成である。

12-2-3　援助要請行動の関連要因

　援助要請行動の段階がスムーズに進むかどうかは、援助要請コストと援助を受けるメリットの大きさの比較で決まる。とくにメンタルヘルスの問題や個人的な気持ち（身近な人間関係など）の問題については、図表12-3のような要因が関わっていることが知られている。研究者の間ではこれ以外の要因も検討されているが、ここでは影響がほぼ確実な図表12-3のそれぞれについて説明しよう。

①問題の深刻さ、重要度、援助の必要性をどのくらい認識しているか

　メンタルヘルスの問題については、本人の苦悩の程度が援助要請行動に直接的に関わることが知られている。これまでのコミュニティサンプルの研究では、症状が重症なほど、さらに複数のメンタルヘルスの問題を抱えるほど、健康関連サービスや専門的な援助を受けた経験や予約をとった経験が多いことが知られている。

①問題の深刻さ、重要度、援助の必要性
②性別
③年齢
④利用履歴
⑤ソーシャルネットワーク
⑥強制的な援助要請
⑦スティグマ

図表12-3　主な援助要請行動の関連要因

　また、学生を対象にした調査でも、高い心理的苦痛を感じている学生ほど、援助要請をしようとする意思が強い。苦悩が強ければ本人は問題を無視する訳にはいかず、問題の自覚、すなわち援助要請行動の第1段階、第2段階に進みやすい。

　これらのことから、少なくともメンタルヘルスの問題については、強い苦悩を自覚すると、援助や治療の必要を感じて援助要請行動の段階が進みやすいといえるだろう。

　援助要請行動をとらないケースには、苦悩が比較的耐えられる範囲で治療の必要性を感じていない可能性が考えられる。しかし、上述の要請コストの問題や後述するほかの要因のために症状が辛くても、すぐに援助要請行動には至らないこともある。

②性別

　一般的に女性のほうが人とのコミュニケーションを円滑に行いやすい傾向があるが、援助の要請にも男女差があることが知られている。男性は女性に比べてメンタルヘルスのケアもその他の医療的なケアも、さらに予防的なヘルスサービスも受けにくい傾向がある。すなわち、男性というだけで、必要なケアを求めずに慢性化させるリスクがあるといえるだろう。

　男性がなぜ援助を求めにくいのかはさまざまに論じられているが、とくに仕

事をしている男性で自分の立場や社会的評価を意識すると、図表12-1の心理
―社会的な要請コストによる不利益を大きく見積もってしまう可能性がある。
日本ではメンバーシップ型の社会を構成する企業が多い。そのため、ジョブス
キルの評価だけでなく、メンバーとして、人としての資質も問われる機会が多
い。後述するスティグマの問題も影響して、援助を求めにくいのかもしれない。
③年齢

　年齢と援助要請の関連はまだはっきりわかっていないが、現在（2000年代）
の資料ではメンタルヘルスの問題については、中高年ほどケアを受けないこと
が知られている。一般的に、若年者のほうがメンタルヘルス関連のケアのサー
ビスを受けており、一度でもサービスを受けたことのある人は65歳以上の約
2倍に上るといわれている。

④以前に利用したことがあるか（利用履歴）

　メンタルヘルスのケアを過去に利用した履歴は援助に対する肯定的な態度を
作るらしい。結果的に、利用履歴のある人は必要に応じて再び利用することが
多い。一方で利用履歴のない人は、利用への何らかの抵抗があって、必要に応
じた援助要請が行われないことがある。

⑤ソーシャルネットワーク

　本人がどのような社会資源（social capital）を持っているかも影響力の高い
要因であることが知られている。社会資源とは、個人を援助することが可能な
知識や経験、マンパワーなどを持つ社会的なつながりで、行政や民間のサービ
スだけでなく、家族、親類、友人・知人などの個人的なネットワークも含まれ
る。

　このような社会資源に恵まれている人は援助要請について概ねポジティブな
態度を持っている。問題や支障が小さい時には周囲のネットワークが比較的迅
速に援助してくれるので、問題が拡大する前に収束することが多い。大きい問
題や問題が拡大したら周囲の社会資源が専門家への援助要請をすすめることも
多く、本人もそのすすめに応じやすい。

⑥強制的な援助要請

　自由を奪われたと感じると人は心理的リアクタンスという反応を示し、反発

するようになる（8章参照）。たとえ理屈としては援助を求めたほうがよいことを本人が自覚していても、強制的に、本人の自由意思を奪って援助を求めさせたとしたら、援助要請行動はスムーズに行われない。

例えば、あなたが何かに思い悩んで元気が無い一方で、自分の不調を人に知られたくない気持ちも強くて、誰にも援助を求めずにひとりでがんばっていたとしよう。家族や知人があなたを心配してしまうと、ひとりでがんばってきたこれまでの苦悩が無駄になるので、心配されることを望んではいなかった。しかし、あなたの意思に反して、家族や知人が病院や相談機関などを予約してしまい、別件で呼び出して半ばだますかのようにあなたを連れて行った。家族や知人の意思に反して強引に帰るのも気まずく感じ、とりあえずは受診・または相談した。このような状況であなたは援助を受け入れようと思うだろうか？このように援助の強制は、援助へのアクセスを増やすことはあるが、援助を受けることには必ずしもつながらないことが知られている。

⑦スティグマ

スティグマとは、他者や社会集団によって個人に押し付けられた負のイメージやネガティブなレッテルのことである。援助を受けることへのスティグマが社会または援助を必要とする本人の心の中に存在する場合、援助の必要性を自覚することで自尊心が脅かされる。そのため、図表12-2の第1段階の援助の必要性の認識そのものが妨げられることがある。

例えば、日本ではメンタルヘルスの問題や精神科を受診することについてのスティグマが比較的根強い。そのため、意識が高くて一所懸命な人ほど心理的な疲労によるうつ病を自覚することを拒み、自分自身のメンタルヘルスの問題を否認しがちである。また、仮に必要性を認識して何かを変えようと意思決定しても、周囲の人に援助の必要性を訴えてネガティブな反応をされることを恐れて、第2段階の援助を求める行動に結び付かないこともある。仮に第2段階で身近な他者に苦悩を打ち明けて助けを求めることができたとしても、専門家の支援をうけるために精神科や心療内科、あるいはカウンセリングルームなどの相談機関を訪れることに心理的な抵抗を覚えて第3段階が阻害されることもある。このように、スティグマは援助要請の各段階で強力な阻害要因になりえ

るのである。

なお、メンタルヘルスにおけるスティグマは、社会や文化を通じて存在する一般的なスティグマ、自分自身に対するセルフスティグマの2つに分類されている。一般的なスティグマは精神疾患に対する軽蔑や偏見、ステレオタイプ、差別につながることがある。多くのメンタルヘルスの問題に対する一般的なスティグマは、患者や心理療法の対象者などに対する誤った考え（怖い、無能だ、恥ずべきものだといった考え）を含んでおり、このことが苦悩する人に援助の要請コストを高く見積もらせる要因になる。治療などの援助を受けるメリットよりも、問題を人に知らせるコストが上回れば、援助要請は阻害されてしまう。

12-3　ソーシャルサポート

ソーシャルサポートとは社会的関係の中でやりとりされる支援である。90年代まではソーシャルサポートによる健康の維持やストレッサーの悪影響を緩和する働きが注目されていたが、近年ではソーシャルサポートが欠けていることそのものが大きなストレスであることも指摘されている。

12-3-2　ソーシャルサポートの分類

ソーシャルサポートは、その内容によって図表12-4のように分けられる。以下、それぞれについて説明しよう。
①情緒的サポート：共感や愛情の提供
　勇気づけたり、同情したり、あるいは、ただそばにいてあげるというような情緒面への働きかけ。
②道具的サポート：形のある物やサービスや物質など直接的な援助
　問題を解決するために必要な資源の提供や、その人が資源を手に入れることができるような情報を提供すること。

①情緒的サポート	②道具的サポート
③情報的サポート	④評価的サポート

図表 12-4　ソーシャルサポートの分類 (House, 1981)

③情報的サポート：問題の解決に必要なアドバイスや情報の提供
　生活に関するアドバイスの提供。
④評価的サポート：肯定的な評価の提供
　自信を失っているような時に、自尊心の回復につながるような本人のポジティブな側面や、うまくいかないことへの外的な帰属を伝えることで本人の自己価値観や自尊心を高めるようなコミュニケーション。

12-3-3　ソーシャルサポートの効果

　ソーシャルサポートはストレスとの関連で研究されることが多く、ストレスの健康への悪影響を和らげるとされている。また、**12-1**でも紹介したように、人生にはいくつかの山（危機）がありえるが、危機を乗り越えることにソーシャルサポートは大きな役割を果たしている。

　例えば、青年期から成人期にかけて「大人」として社会で通用する自分になるために試行錯誤をくりかえすことが知られているが（臨床心理学でいう"自我アイデンティティの混乱"）、この中で自尊心を喪失したり、自分を嫌うあまり社会や世の中に対してネガティブになることがある（精神医学でいう"正常なうつ病"）。そんな時に、情緒的なサポートを受けることで気が楽になると落ち着いて自分のあり方を立てなおすこともできる。このようなストレスの悪影響を緩和する効果をソーシャルサポートのストレス・バッファー効果（ストレス緩衝効果）と呼ぶ場合もある。

　また上記のようにソーシャルサポートの不足そのものがストレスであることが指摘されており、さらにソーシャルサポートに恵まれて情緒的に安定していると、ストレスフルな状況に対してうろたえたり、困惑したりするといった情緒的に混乱した反応が減る。ストレスプロセスではストレス状況に対するネガティブな認知が、プロセスを促進させることが知られており（19章参照）、ソーシャルサポートの豊かさによってストレスを高めるような認知が変化すると、主観的にはストレスそのものが軽減したことになる。このように、ソーシャルサポートが直接的にストレスを減少させる効果も指摘されている。

　なお、ソーシャルサポートは図表12-5のようにさまざまなメンタルヘルス

主な障害・兆候
大うつ病性障害　心的外傷後ストレス障害 統合失調症　非特異的な心理的苦痛 ネガティブ感情の高さ、ポジティブ感情の低さ 自尊心の低さ　悲観性、薬物乱用

図表 12-5　ソーシャルサポート不足と関わるメンタルヘルスの問題

の問題との関連が指摘されている。関連する問題の多さからも「ソーシャルサポートがあったらより良い」というものではなく、「ソーシャルサポートがないことでメンタルヘルスに重大なリスクを抱える」と考えるべきものであることがわかるだろう。

12-3-4　ソーシャルサポートをより有効にするために

　これまでに、健康に暮らすためにはソーシャルサポートが必要であると述べてきたが、どんなソーシャルサポートでも同じように効果があるのだろうか。この問題を考えるために、ソーシャルサポートの3つの構成要素（Barrera, 1986）という概念が提案されている（図表12-6）。3要素はほぼ独立しており、ソーシャルサポートに単一の要素しか含んでいない場合と、複数の要素が含まれている場合でその効果が異なることが知られている。

　3要素の中でも、単独でも一貫してメンタルヘルスを良い状態に保ち、またメンタルヘルスの問題を起こりにくくする効果が示唆されているのは知覚されたサポートである。知覚されたサポートの効果は、ストレスが高い場合に限られる訳ではなく、ストレスの有無にかかわらずメンタルヘルスに影響を及ぼすことが知られている。つまり、「何かあったら、それなりの支援や援助を得られる」と感じている人は、少なくとも精神的には健全に生きやすいといえるだろう。

　一方で実行されたサポートの量は、それ単独ではメンタルヘルスとの一貫した関係が示唆されていない。言い換えれば、メンタルヘルスに良い効果をもたらす場合もあれば、悪影響を及ぼす場合もある。ソーシャルサポートの重要性

> ①知覚されたサポート（Perceived support）
> 「友人や家族が、ストレス時によい支援を提供するだろう」という受け手の主観的判断。受け手の認知レベルに依拠する。
> ②実行されたサポート（Enacted support）
> ストレス時に友人や家族が提供する特定の援助行動。
> 　例）アドバイス、再保証、目に見える支援
> ③社会的統合（Social integration）
> 受け手が関与している社会的関係性のタイプの数。
> 　例）配偶者、兄弟姉妹、子ども、友人・知人

図表12-6　ソーシャルサポートの3要素

が示唆されている中で、なぜこのような事が起こるのだろうか？　これはソーシャルサポートが必ずしも本人が望んでいる形で行われる訳ではなく、いわゆる「ありがた迷惑」に終わることがしばしば起こるからである。また、ソーシャルサポートを受けることでさまざまな面で助かる反面、サポートされることで自尊心を損ねるという人間的な矛盾もある。つまり、量が多くあればよいものではなく、量が多いだけだと逆にサポートを受けることがストレスになってメンタルヘルスに悪い影響を与えるのである。ソーシャルサポートは本人が望んでいるかどうか、サポートによって自尊心を傷つけないかどうか、といった質が重要であるといえる。

最後に社会的統合は単独ではメンタルヘルスの問題との関係はとくに示唆されていない。しかし、社会的統合の充実は死亡率を下げることがくりかえし指摘されている。メカニズムの詳細はわかっていないが、さまざまな人間関係が豊かであることで私たちはより長く生きられることが示唆されているといえるだろう。

参考文献

Barrera, M.（1986）Distinctions between social support concepts, measures, and models, *American Journal of Community Psychology*, 14(4), 413-445.

House, J. S.（1981）Work Stress and social support, Addison-Wesley, Maddux, J. E. & Trangney, J. P.（ed.）（2010）*Social Psychological Foundations of Clinical Psychology*, Guilford.

第13章
社会的行動と攻撃行動

Key words 人見知り 排斥リスク スケープゴート
関係性評価 感情 居場所
扁桃体 攻撃性

13-1 仲良くすべきか、警戒すべきか？

13-1-1 人は本当に仲良しなんだろうか？

　赤ちゃんは大人が思っているより周囲の状況を敏感にキャッチしていることが、新生児研究ではよく知られている。中でも、人の顔をかなり精密に見分けている現象は興味深い。一説では大人には全く同じにしかみえないサルの個体間の微妙な顔の違いを見分けるともいわれている。

　さて、赤ちゃんはなぜこのような能力を持っているのだろうか。それは、身のまわりに居る人たちが自分の「味方」なのか、そうでないのか見分けるためである。赤ちゃんは母親が一緒だと見慣れた人にはほとんど反応しない一方で、見知らぬ人には非常に敏感に反応する。この敏感な反応の中でも警戒を表すものがいわゆる「人見知り」である。

　赤ちゃんが平穏無事でいられるかどうかは、周囲の人たちが自分に好意的かどうかにかかっている。万が一でも危害を加えられるようなことがあれば、自力で動けない赤ちゃんはひとたまりもない。見知った人は少なくとも過去に安全だった実績があるので、ひとまずは安心だ。しかし、よく知らない人は敵か味方か見極めないといけないので、しっかりと注目するのである。

　一方で感情を共有できる相手、すなわち味方の可能性が高い人物とは積極的に繋がろうともする。Legerstee（2005）は、人は誕生の時から感情共有装置

（AFS：Affect Sharing device）を備えており、生後5週間の新生児がすでに、そばにいる他者が自分に対して情緒的な反応を示さないと、不快を感じてむずかると主張している。赤ちゃんは、相互のアイコンタクト、模倣、情動共有によって味方と思える他者とは関係を作ろうとするのである。

　一見、天真爛漫にみえる赤ちゃんだが、こんなにも敵味方を区別しようと努力している。実は人は本質的に「敵」「味方」を区別する生物なのである。

13-1-2　人は仲良しメリットと危害・排斥リスクの狭間を生きている

　自力で動ける成人は赤ちゃんのように警戒する必要はない。しかし、全く無警戒という訳にもいかない。赤ちゃんよりは自由に動けるものの、よく知らない人（安全実績のない人）は何をするかわからない。もしかしたら自分に危害を加えるかもしれない。リスクはゼロではないのだ。

　危害を避けるためには、よく知らない人（不審者、見慣れない人物、文化・習慣が異なる人）は自分の生活空間から排除したほうが安心だ。このような心理が異人種や異民族、異教徒への排斥意識につながり差別や攻撃につながることもある。攻撃の対象が本当に敵対するべき人物や集団である場合、この攻撃は身を守る行為であり、敵の攻撃にさらされるリスクを減らしてくれる。しかし、敵かどうか定かでない場合は無用な攻撃とその応報で互いに傷つき、損失を被るかもしれない。人は排斥するべきでない他者や他集団を「よく知らないから」という合理的とはいいがたい理由で排斥し、相互に損失を与え合うリスクも持っているのだ。

　このことを逆にいえば、人は不合理な理由で「自分自身が社会から排斥されてしまうリスク」も持っている。「よく知らない」のほかには、偏見を持たれるような社会的マイノリティ属性（性同一性障害、出身地区、など）、グループダイナミズムの中でスケープゴート（生贄の羊：集団がまとまるために集団内で攻撃対象を作ること）、他の人たちとは違う特異な特徴がある、など個人が統制できない理由で排斥されることもある。

　また、日本では「空気が読めない」発言や言動で孤立することがあるが、孤立の背景には秩序を乱す者に対する集団的な（場の雰囲気なので誰も責任を持た

コラム8　アドラーの共同体感覚

　共同体感覚とは、個人心理学の創始者アルフレッド・アドラーが提唱した概念で、共同体に対する所属感・信頼感・共感・貢献感を指す。加えて、アドラーの高弟であるドライカースは、「共同体感覚というのは、単にある集団や階級への所属感や奉仕を意味するのではなく、人生への態度を創り出すこと、何らかの方法で他の人々と協力したいと望むこと、人生の諸状況に精通することであるといったほうがより真実に近い」と述べ、共同体感覚を「相互協力に対する私たちの受容力の表現方法である」としている。

　さて、わかったようなわからないような…というのが、読者の皆さんの率直な感想ではないだろうか。こういう時は、共同体感覚という日本語ではなく、アドラーが記したドイツ語の Gemeinschaftsgefühl の語源をたどるのがよいと思う。ちなみに、英語で共同体感覚は "social interest" と訳されており、社会に対する関心や興味といった外向的なニュアンスを帯びる。

　では、ドイツ語ではどうだろう。Gemeinschafts は、地縁や血縁、友情で深く結びついた自然発生的で人間関係を重視する共同体のことを指す。似たような言葉に Gesellschaft というドイツ語があるが、こちらは血や情でのつながりよりも、いわゆるビジネスライクな利益や機能上のつながりを意味する。Gesellschaft と対比させることにより、アドラーが示したかった Gemeinschaftsgefühl のニュアンスがより明確になるかもしれない。さらに、もうひとつの単語 gefühl はさまざまな意味を持つが、感情や気持ちといった訳が当てられることが多い。つまり、共同体感覚を平たくいってしまえば、切っても切れないつながりで結びついているという気持ち、というふうにも表現できそうである。

　つながり。これはとても不思議な感覚だ。赤ちゃんと犬がみつめ合っている様子をみて会話をしているように感じられるのも、亡き人の写真に何かを語りかけたくなるのも、20歳になった時に3歳の自分の写真をみて自分だと感じられることも、全て "つながり" のなせる技である。時間や空間、種などといったものを超えて感じられる唯一のもの。それがつながりである。切っても切れないつながりで、何かと、誰かと結びついている。そんなふうに感じられている時、私たちは無敵である。身体のずっと奥のほうから力が湧いてきて、自分の人生にも、他者の人生にも、そしてそれらが織りなす社会にも、積極的に働きかける勇気がみなぎる。

　アドラーは、こうした感覚を共同体感覚と名付け、勇気の概念と合わせて自身の理論と実践においてくりかえし主張した。永遠で普遍とも思えるつながりの感覚に言及したのは、アドラーが初めてという訳ではない。しかし、どこか過去志向的で、現在

> や未来に存在する"つながり"は、過去の焼きなおしやかつての幻想として語られることが多い中で、アドラーの視線は常に現在と未来を志向している。共同体感覚という概念を通して、アドラーは私たちに、人は生きている限りつながりを求めてやまない生き物であり、つながりへの渇望が人を人生へと駆り立てるのだと示そうとしたのかもしれない。

ない）排斥志向があることが多い。学校や職場ではこのような排斥志向が「いじめ」という形になることもある。

このように自分自身が排斥の対象になってしまうと社会や集団は恐ろしい。しかし、有力で影響力があると思われる社会や集団が自分の味方になってくれて、自分を大切にしてくれるのであればどうだろうか。これほど心強く、安心なことはないのではないだろうか。実際、これまでの研究では自分を承認し、再保証（reassurance：自信や元気を与えてくれること）してくれる他者の存在は私たちの自尊心ややる気とも関連することが示唆されている（杉山，2015）。これは他者や集団と仲良くすることの心理的なメリットである。さらに12章で紹介されているように、仲良くしている他者はソーシャルサポートの資源でもある。ソーシャルサポートは心理的なサポートのほかに道具的、情報的サポートもあり、心理的なメリットだけでなく、実利的なメリットも大きい。

つまり、私たちが社会に参加し、人と関わるということは、仲良しメリットもあるが、私たち自身が誰かに排斥されるリスクや危害を与えるリスクを同時に持っている。社会心理学では人間関係の変化に敏感に反応し、繊細に査定していること、そして、リスクを感じた場合のいくつかの反応が研究されている。リスクに対する自己調整的な反応は18章で紹介されているので、他者自身または他者と自分との関係を調整する反応である攻撃行動について考えてみよう。

13-2　Learyの関係的評価理論

あなたは、今、いくつの社会的ネットワークに属しているだろう。現代社会では、結婚式（披露宴、二次会も含めて）の招待客を考える時に、自分自身の社会的ネットワークを再確認することが多いようだ。親戚・親類筋、学生時代の

同級生やサークルなどの先輩後輩、趣味の仲間、地域社会の知人、などリストアップしてみると、あなたを中心に複数のネットワークがあることに気づき、誰を呼ぶか、どこまでの範囲で呼ぶか迷うことだろう。

　心理療法（とくに認知行動療法）ではこのような気づきそのものが治療的である可能性も示唆されているが（杉山ら，2007）、人にとって社会的ネットワークを持ち、その中で自分の位置（ポジション、居場所）を確保することはとても大事なことなのである。このことを「人間の至上課題（Braumeister & Leary, 1995）」と表現する研究者もいる。

　さて、重要な課題を達成するためには、それ相応に自分自身の資源（気にかけるといった認知資源や実現のための努力や労力）を注ぐことになるだろう。これまでのところ、この資源の投入は半ば自動的・無意識的に行われていることも示唆されている。まず、Learyが関係的評価と呼ぶ現象から紹介しよう。

13-2-1　人の人間関係への敏感さ

　社会に参加する人間は、実は常に排斥されるリスクを持ちながら参加している。このことは、社会心理学では同調（3章参照）にみられる現象からも明らかで、人間は人間関係に敏感であることが必要なのである。そこで自動的に人間関係の良し悪しを評価している。これが無意識的で自動的な心のメカニズムで進められていることが近年の脳の研究からも明らかになっている（杉山, 2015）。

　社会心理学では人間関係が良い状態を「肯定的な関係評価」と呼ぶ。主に、こちらが大事に思っている相手またはコミュニティが、自分との関係を大切だと思っている状態がこれに当たる。大切だと思ってもらうのは、自分の全てである必要はない。あなたの一面でもいい。ほんの少しでも、あなたが居ないことが相手にとって損失でありさえすればよい。わずかでも、相手があなたを必要としてさえいれば「肯定的な関係評価」は成り立つのである。

　しかし、自分が思っているほどに相手が自分を大事に感じていない状態もある。これが「否定的な関係評価」である。そして、これまでの研究で、人間の一般的な傾向として、肯定的な関係評価よりも否定的な関係評価に著しく敏感

に反応することがわかっている。

　人間にはポジティブ幻想という自分を実際よりもよりポジティブに評価しようとする傾向がある（コラム6参照）。にもかかわらず、なぜ否定的な関係評価に敏感になるのだろうか。これは、肯定的な関係評価が過小評価されているというより、否定的な関係評価に過敏と考えたほうが理解しやすいといわれている。ここでは「居場所」という言葉から考えてみよう。

13-2-2　なぜ否定的な関係評価に敏感なのか？

　まず、人間は社会的存在で社会という環境に適応した生物である。社会という環境で生存と生殖（進化論ではこれを生物の至上命題と考えている）を行っている。高度に社会に適応してきた人類は、社会から離れることは生存にも生殖にも不利だ。そのため、社会の一員として自分自身が容認されることをほぼ本能的に求めている。

　今現在、あなたが生きている社会的な関係性がいくつかあるとしよう。そして、この本を読んで学べているということは、その関係性は少なくともあなたの存在を容認してくれている。なぜなら、社会的に存在を容認されていなければ、学ぶ余裕もないからだ。存在を容認されている場所、それが私たちの居場所である。すでに子育てをしていれば、その関係性はあなたの生殖も支えてくれている。まだ子どもがいなくても、今存在を容認されている関係性は将来的に生殖も支えてくれる関係性になりえるだろう。つまり、あなたが「居場所」としての関係性を持っているということは、あなたの生存と生殖を支えるだけの十分な社会的関係性（これを社会的資源という）を持っているということである。その居心地がいいか悪いかは関係なく、今のあなたの「居場所」はあなたの生物としての本能的な命題を支えてくれる大切な資源なのだ。

　つまり、ほとんどの人にとって今現在の「居場所」は本能的に維持しなければならないものなのである。関係性はお互いにお互いを必要とするという「互恵性」で成り立っているので、自分が「居場所」を構成する人々から必要とされなくなっている可能性は非常に危険な兆候である。なぜなら、気づかずに放置しておくと、人々からの自分への排斥（exclusion）や拒絶（rejection）に発

展しかねない。少なくとも、「居なくても特に影響ない」という状況は重大な社会的損失を招くリスクが高まるので好ましくない。そのため、リスク管理と危機への迅速な対応のために危険信号としての排斥・拒絶のサインに敏感になっているのである（Braumeister ら，2002）。

13-2-3　関係性の幅を広げる「リスクの分散」が逆にリスクを生む理由

　あなたの今現在の関係性が仮に破綻したとしたら、例えば何らかの理由で友人、同僚や家族に裏切られたとしたら、あなたは生き残ることも、子どもを残すことも難しくなってしまう。特定の関係性に深く依存すると、その関係性の破綻による損失が大きくなる。リスクを小さくする手立てはないのだろうか？

　経済の世界では、財産を分割し複数の投資先で運用してリスクの分散を図ることを「分散投資」という。経済学者には金融資産だけでなく人生の時間や労力、心理的な注意力も含めて、人が活用できるあらゆるものを「資産（資源）」と考え、その投資活動として人のあらゆる行動を理解しようとする研究者もいる（例えば G. Becker, 1930-2014）。この考え方を援用すれば関係性は「運用先」であり、私たちは「分散投資」をするべきである。例えば、配偶者との関係が破綻した時の保険として、すぐにでも配偶者に取って代われるくらい親密な異性がいれば万が一のリスクに備えられるはずだ。

　だが、実際はどうだろうか？　異性への親密性を分散する行為は「浮気」や「不倫」と呼ばれるが、このことが逆に関係性を破壊するリスクになっている事例はここであげるまでもないだろう。関係性の「分散投資」はリスク軽減には全く役に立たないのだ。

　この問題は人の社会性の進化を扱う心理学で詳しく扱われているが（例えば、北村・大坪，2012）、人は親しい人が自分も所属している関係性に資源を投資することは歓迎する一方で、自分が所属していない関係性に資源を向けることは激しく嫌がるようだ。これは、自分が所属しない関係性は外集団であり、敵対するリスクを持っているからだと考えられている。例えば、女性からみれば夫が他所で女と子どもを囲っていれば自分たちに回る資産が減る。すなわち資産獲得の敵である。男性からみれば、女性がほかの男の子どもを産めば自分の子

どもの生存競争のライバルが増えることになる。

 つまり、親密な維持には、関係性のメンバーが納得するだけの資産を投入せねばならない。関係性の維持は高コストなのだ。「分散投資」ができるほどの資産に恵まれていることは稀で、親密な関係性を増やすと、本当に必要な関係を維持する資源が割かれてしまう。結果的に、人間は生存や生殖に関わるくらい重要な関係性を複数持つという「分散投資」は困難なのである。

 このように親密で重要な関係性を追加的に獲得しても、生存と生殖にそれほど大きな効用をもたらさない。となれば、特定の関係性を維持し、親密さを発展させることを考えたほうが良い。人が否定的な関係評価を大きく受け止めるのは、その維持のために大きな資産が必要であること、無駄に増やすと本当に必要不可欠な関係の維持に必要な資源が割愛されてしまい、結局のところ、生存と生殖に失敗する可能性が高まることを本能的に知っているからかもしれない。

13-2-4　否定的な関係評価の検出システム

 次にどのように否定的な関係評価を検出しているのか考えてみよう。近年注目されているのは「感情」である。

 そもそも感情は物理的環境、および生態系環境に存在するものを知らしめるシステムである。例えば、不安や恐怖は自分の生きる環境における敵の存在や災難が起こる可能性を知らしめる信号である。社会で生きる人間の場合、社会という環境の中にある、自分に影響を与える何かを感知するために感情が使われるように進化してきた。このような感情は社会的情動（social emotion）や自己感情（self emotion）と呼ばれ、関係性評価の検出システムだと考えられている。中でも自尊心（self-esteem：自分の社会的価値についての認識や感情）は社会心理学だけでなく臨床心理学でもくりかえし考察されているが、Learyら（1995）の自尊心のソシオメーター理論（socio-meter theory）から考えてみよう。

 まず、自尊心が安定している状態の特徴は「自分には少なくとも人並みの価値はある」と感じることとされている。また、同じ人であれば比較的変化が少ない特性的自尊心と、同じ人でも状況の変化で刻々と変化する状態的自尊心が

あるといわれている。ただし、特性的自尊心も生活環境の安定性や変化の無さを示している可能性もあるので、両者の区別が議論の的になったこともある。

しかし、いずれにしても他者から拒まれて孤立すると自尊心が下がることは心理学ではよく知られた現象である。例えばSugiyama（2004）では他者から疎まれているという被拒絶感が自分についてくよくよ考え続ける自己没入（自己注目の持続）という現象を促し、結果的に自尊心の低下を招くという調査結果が報告されている。

また、自尊心の低下はうつ病の症状のひとつといわれているが、社会学では子育てのために家庭にこもりがちになる女性のうつ病リスクが指摘されている。それによると、自尊心の維持には一定の居場所感のある豊かな関係性が必要だが、子育て期の女性は関係性が自尊心を維持できないほどに狭くなり、このことで女性のうつ病リスクが男性よりも高くなるとされている（杉山，2005）。

このように自尊心は自分が生存と生殖を依存している関係性の評価システムとして機能している。このほかにも、嫉妬や妬み、劣等感、疎外感も自分が良い社会的環境に居ないことを示唆する感情である。このような感情を駆使して私たちは自分の「居場所感」を査定し、否定的な関係評価の検出を日々行っているのである。

13-3 扁桃体の3Fと人の攻撃性

否定的な関係性を検出した時に、私たちは何ができるだろうか？ 実は、コラム2で紹介した人類の非社会的脳のひとつである扁桃体の働き、中でも扁桃体の3Fと密接な関係にある。

関係性が悪化してどうにもならないと感じた時、逃げ場があれば恐怖や不安に基づいてその関係性から抜け出す「Flight」が行われる。例えば、理不尽な同級生（いじめっ子）、担任、先輩、あるいは上司を恐れて学校や職場に行けなくなる登校拒否や出社拒否の一部がこれに該当する。

また、どうにもならないが逃げようもない時には、下手に動き出して事態を余計に悪くするより、事態が変わる可能性にかけてじっとして動かない「Freeze」が行われる。例えば、親に虐待を受けている子どもは、生存を親に

依存しているので逃げ場がない。虐待にじっと耐え「平気」、「大丈夫」とうそぶきながら（これは、こういわないことで事態がもっと悪くなることを回避しているともいえる）、まるで凍りついたかのようにその環境から逃げようともしない。部活の「しごき」、ブラック企業の過重労働、ハラスメント上司の部下への人格否定に黙って耐えているのも「Freeze」のひとつである。なお、この状態を学習性無力感（learned helplessness）ともいう。

最後に、自分にとって都合の悪い関係性を変えられる可能性を感じている時は、事態を変えるために奮闘する「Fight」が行われる。例えば、幼児は自分の欲求や願望が叶うという幻想（魔術的万能感）が成人より高く、養育者に無理な要求をすることがある。泣き叫ぶ、すねる、叩くは幼児なりの事態を変えようとする行動である。幼児なりに事態を変えようと「闘って」いるのである。人が人に対して「闘い」を企てること、および行うことを心理学では「攻撃性」と呼ぶ。

さて、これらの行動や心理学的現象は感情や適応・不適応と深く関わるため、とくに臨床心理学の文脈で議論されてきた。しかし、「Fight」すなわち「攻撃性」は幼児であれば容認されるように、文脈や状況によっては必ずしも不適応ではなく、社会生活とより関係が深い。そのため、社会心理学でもさまざまに論考されているので以下に紹介していこう。

13-3-1 攻撃性の分類

Buss & Durkee（1957）は攻撃を図表13-1のように7つの側面に分類している。以下、図表に基づいて解説しよう。

攻撃性とは必ずしも、①の身体的攻撃や②の悪意を持って噂を流すなど、明らかに行動化されて、みなが知るところになったものばかりではない。④の反抗的な態度、⑤の恨みや嫉妬、⑥の疑惑や不信などの行動化されていない心理的な攻撃性もあることがわかるだろう。これは、行動に移しているかどうかという違いはあるが、心理的に対象を攻撃しているという意味では変わりがないからである。

また、行動に移していなくとも、何らかのきっかけがあれば容易に行動化さ

①身体への暴力	直接的に他者の身体を暴力する。
②間接攻撃	わざと聞こえるようなため息、悪意のある噂、いたずら、かんしゃく、物への八つ当たり、など。
③いらだち	不愉快な表情、怒りっぽい、不機嫌、憤慨、など態度による攻撃。
④反抗	規則や決まり、慣例や指示に従わないなど非協力的な行動で権威に向けられる。
⑤恨み	不当な扱いや不服に対する憎しみや嫉妬で感情的な攻撃。
⑥疑念	不信感や警戒感を持って他者を観ること。自分の敵意を投影していることもある。
⑦言葉の暴力	他者に対する拒絶感の言語的、情緒的な表現で言い合い、怒鳴る、脅す、悪態、酷評など。

図表 13-1　攻撃の分類

れうる。例えば、同級生の乳幼児の遊びや就園を通した母親同士の人間関係（通称、ママ友関係）で誰かが反感を買っていたとしよう。本人には自覚はないが嫌味が多く、自己中心的な要求や主張が目立つ。ママ友たちは不満を抱えていたが「安易に人を悪く言ってはいけない」と、しばらくは誰も何も口にしなかった。しかし、誰かが「またあの人は…」と口火を切ると、一斉にみんなの中にたまっていた不満や怒りが噴き出すことだろう。そして、普通ならしてあげるようなちょっとした親切をしない、狙った訳ではないが誰もコンタクトを取りたがらないので大事な情報が直前まで伝わらない…など攻撃性の「常識ギリギリの行動化」が驚くほど短期間で繰り広げられることだろう。このように、心理学的な攻撃性は、たとえ行動化されていなくても、きっかけがあればいとも簡単に行動化されて対象者を排斥する動きを作り出す。行動化されていない攻撃性も行動化されたものと同じか、それ以上に配慮が必要なのである。

　また、攻撃性は概ね特定の対象に向けられたものだが、②のかんしゃくや③のいらだちのように攻撃性の方向が定まりにくいこともある。これは何らかの理由で、本来的には攻撃性を向けるべき相手に向けられないことが背景にある場合もある。精神分析では防衛機制における「置き換え」といわれているメカニズムである。例えば、政権の政策に納得いかなくても庶民は政権に実効性のある進言はできない。そこで、そのいらだちを身近な人やたまたま近くにいた

人に向ける、などである。

13-3-2　攻撃性の理論

攻撃性の発生を予測したりコントロールするために心理学では図表13-2のようにさまざまな理論が提案されてきた。表に沿って解説しよう。

①は欲求が抑制されるフラストレーションの量と攻撃性の大きさが比例するという理論である。Dollardら（1939）は、実験室実験を通して以下の法則をみいだした。

(1)攻撃性の行動化の強さはフラストレーションの量に比例する。
(2)攻撃性の抑制は、他者に攻撃的になったことで受ける罰や損失の大きさの予期に比例する。
(3)攻撃の方向は、主に欲求を阻害した対象に向けられるが、関係ない対象に向かうこともありえる。
(4)欲求を阻害した対象への攻撃が阻害されると、そのフラストレーションが加算されて攻撃性はより高まる。
(5)自分への攻撃は、他者への攻撃が阻害されると起こりうる。
(6)攻撃性の行動化でフラストレーションが減少すると攻撃性が低下する（カタルシス作用）。

①フラストレーション—攻撃説	フラストレーション（欲求不満）が攻撃動因を高める（Dollard, J. et al., 1939）。
②攻撃手掛かり説	攻撃を連想させるツールが身近にあると攻撃的になる（Berkowitz, L., 1965）。
③攻撃の社会的学習理論	観察によって攻撃を学習する。
④攻撃の本能理論	ヒトは死の本能（Thanatos：タナトス、Freud, S., 1933）により、自身の死を避けるため本能的に攻撃的になる。
⑤攻撃の生物学的理論	脅威刺激に対する扁桃体の興奮で説明するモデル→神経—生理心理学。

図表13-2　主な攻撃の理論

コラム9　防衛機制

　風が冷たく寒い日にはコートを着る。日差しが強い日には帽子をかぶる。刺激が強い出来事には心のコートが必要なことがある。それが、防衛機制と呼ばれる働きである。防衛機制とは出来事と向き合うのを避けさせ、また出来事で引き起こされる不安やゆううつ、恥、罪悪感といった不快な感情を弱めて心の安定を保つ自動装置である。
　1894年にS.フロイトにより初めて記述されてから、今日までさまざまな防衛機制が検討されてきた。主な防衛機制には次のようなものがある。

抑圧	自尊心や社会的目標を脅かす欲求や葛藤に蓋をして感じないようにする
退行	乳幼児期の心性に戻り、不安や葛藤から目をそらそうとする
隔離	感覚や感情を切り離し、機械的に味気なく扱ったり表現したりする
反動形成	本当に望むこととは反対の行動や態度を取る
打ち消し	本来の欲求を最初からなかったものとする
昇華	本来の欲求を芸術やスポーツなど別の適応的な形で表現・発散する
置き換え	欲求や感情を本来向けるべき相手とは違う別の対象に向ける
投影	自分の中の堪え難い認知や感情を相手に投げかけ、相手のものとみなす
否認	満たされなかった欲求を閉め出し、なかったことにする
合理化	満たされない欲求に合理的な理由をつけて自尊心を守ろうとする
知性化	感情や感覚を伴う体験に、あえて知的な言葉を与えて距離を取る

　防衛機制という自動装置がなければ、私たちは内側に湧き起こる強く不快な感情をコントロールできないし、あらゆる刺激をありのままに受け取ることによってひどく消耗し、日常生活を送ることが困難になってしまうかもしれない。私たちの心は実は防衛機制に守られていると精神分析では考えている。ただし、現実を歪めて認識させることがあるので、特定の防衛機制に偏り固定化してしまうと社会で生きにくくなる。円滑な人間関係を妨げ、パーソナリティ障害（18-6参照）といわれる状態に私たちを導いてしまう。
　例えば、『酸っぱいブドウ』という童話がある。あるキツネが高い木になっているブドウが欲しいのだが、背が届かなくて取れない。その惨めさと辛さを紛らわすために「あんなブドウ、美味しくないに決まってる」というのである。これは合理化という防衛機制の例だ。このパターンをくりかえすと、周囲の人からひねくれ者だと思われて、煙たがられてしまうだろう。
　寒い時にはコートを着ても、暖かくなればそれを脱ぐ。そんなふうに防衛機制にも柔軟に働いてもらう必要がある。しかし、ひとりぼっちで孤立していると、さらに防衛的になりやすい。助けとなるのは心に寄り添ってくれる他者の存在かもしれない。

> キツネも母親が彼の気持ちを察して手を握ってくれたり、手伝ってくれたら「本当はブドウ食べたかった…」と素直にいえるかもしれない。安全装置も必要だが、装置をオフにして素直になれる break time も素敵な人生の一時だろう。

　ただし、フラストレーションは攻撃性だけでなく精神分析でいう防衛機制（コラム9参照）（defense mechanisms）を引き起こすこともあるので、必ずしも「フラストレーション→攻撃性」という関係性が成り立つ訳ではない。精神分析では防衛機制の使われ方は一種の人格（性格）と考えられているので、個性と状況の交互作用（いわゆる相乗作用）として攻撃性を捉える理論といえる。
　②は、攻撃性の前提として誰かに攻撃を受けそうな状況や環境が、攻撃のレディネス（readiness：準備状態）を作るとしている。例えば、上司に日常的にガミガミ怒鳴りつけられていると上司に対する攻撃のレディネスが作られ、顧客に理不尽なクレームを付けられて謝罪を強要されると顧客への攻撃のレディネスが作られる。このようなレディネスがある状態で、相手を攻撃できるツール（手がかり）があると行動が促されやすい。例えば、米国の研究ではテニスラケットがおいてある場面より、拳銃がおいてある場面でより攻撃が行動化しやすいことが指摘されている。
　攻撃を受けそうな状況、攻撃ツールがある状況、いずれも個人の個性ではなく、状況で攻撃性を説明しようとする理論である。
　③は一種の観察学習（誰かが何かをして報酬や褒美を得ていると自分もしてみようと動機づけられること）である。A. バンデューラ（1925-）らは幼児に攻撃行動のビデオをみせる実験では、攻撃行動が正当化される、または罰を受けないビデオをみた子どもは攻撃的になることを示唆した。また、暴力行為を見慣れると脱感作という暴力行為への情緒的な慣れが生じてより暴力的になりやすいことも示唆されている。つまり、攻撃行動を見慣れていて、それが戒められない体験をすることで攻撃性が行動化されやすくなる。この理論は経験や体験で攻撃の行動化を説明するものである。
　④と⑤はともに攻撃性を生得的なものとする考え方で、攻撃性の生物としての必然性に言及した理論であるといえる。

これらの理論に基づくと攻撃行動はどのようにコントロールできるといえるだろうか。
　①では欲求が阻害されないこと、すなわちフラストレーションを経験しないことがひとつの方略であることが示唆される。私たちはさまざまな制約のある社会で生きているので実質的には難しいが、近年の心理療法で注目されているマインドフルネス（mindfulness：「忙しい」の逆概念で、心があらゆる瞬間の体験に開かれているオープンな状態）は過剰に目的（欲求）を持たないことで、心を忙しさから開放して心の柔軟性を高めようとするものである。欲求不満というストレスから解放されることを目指している。
　また、カタルシスの提案では、頭の中で欲求を阻害した対象の攻撃を空想するだけでも効果があることが示唆されている（Feshbach, 1955）。
　②では攻撃のツールになるものをおかないこと、③では攻撃行動を見慣れるような環境にいないことと、または幼児期に攻撃行動を戒められる体験があることで攻撃性が抑制されることが示唆される。なお、複数名が同盟して攻撃行動をとることを拒否しているのを観察すると、攻撃行動の要請に応じにくくなるという実験結果も報告されている（Baron & Kepner, 1970）。さらに、脅すような方法で攻撃行動を抑制すると、脅しが機能しなくなった時の攻撃性がより強くなるという指摘もある（Walters & Thomas, 1963）。攻撃行動を自発的に抑制する風土の中で育つことの重要性が示唆されている。
　④と⑤では攻撃性の生物学的必然性を強調するので、教育や人としての成熟の重要性を示唆する。精神分析では教育によって価値観を内在化させた「超自我」が攻撃への禁忌となることで、攻撃性がコントロールされると考えられている。また人格の成熟のひとつに協調性があげられているが、他者の感情を思いやる共感性はその重要な一側面である（杉山, 2006）。攻撃を受けた他者の苦痛（victim pain）を感じることで攻撃性が抑制されることも指摘されている（Feshbach & Feshbach, 1969）。

参考文献

Baron, R. A. & Kepner, C. R. (1970) Model's behavior and attraction toward the model as determinants of adult aggressive behavior, *Journal of Personality and Social Psychology*,

14, 335-344.
Berkowitz, L. (1965) Some aspects of observed aggression, *Journal of Personality and Social Psychology*, 2(3), 359-369.
Braumeister, R. F. & Leary, M. R. (1995) The Need to Belong: Desire for Interpersonal Attachments as a Fundamental Human Motivation, *Psychological Bulletin*, 117(3), 497-529.
Braumeister, R. F., Twenge, J. M. & Nuss, C. K. (2002) Effects of social exclusion on cognitive processes: Anticipated aloneness reduces intelligent thought, *Journal of Personality and Social Psychology*, 83, 817-827.
Buss, A. H. & Durkee, A. (1957) An inventory for assessing different kinds of hostility, *Journal of Consulting Psychology*, 21, 343-348.
Dollard, J. et al. (1939) *Frustration and Aggression*, New Haven, CT: Yale University Press.
Endo, Y., Heine, S. J. & Lehman, D. R. (2000) Culture and positive illusions in relationships: How my relationships are better than yours, *Personality and Social Psychology Bulletin*, 26, 1571-1586.
Feshbach, N. D. & Feshbach, S. (1969) The relationship between empathy and aggression in two age groups, *Developmental Psychology*, 1, 102-107.
Feshbach, S. (1955) The drive-reducing function of fantasy behavior, *Journal of Abnormal and Soda I Psychology*, 50, 3-11.
Freud, S. (1933) New introductory lectures on psychoanalysis, *Lecture 33* : Femininity. Standard Edition, v. 22, 136-157.
福田由紀編（2010）心理学要論，培風館．
北山英哉・大坪庸介（2012）進化と感情から解き明かす社会心理学，有斐閣．
Leary, M. R., Tambor, E. S., Terdal, S. K. & Downs, D. L. (1995) Self-esteem as an interpersonal monitor: The sociometer hypothesis, *Journal of Personality & Social Psychology*, 68(3), 518-530.
Legerstee, M. (2005) *Infants' sense of people: Precursors to a Theory of Mind*, Cambridge University Press.
Sugiyama,T. (2004) A testing depressive process of perceived acceptance and refusal from others.: daily-mood process and depressive self-focus process of depression, World Congress of Behavioral and Cognitive Therapies 2004 Abstracts, 189.
杉山崇（2005）抑うつと対人関係，坂本真士・丹野義彦・大野裕編，抑うつの臨床心理学，東京大学出版会，pp. 117-135.
杉山崇（2006）若年者のキャリア・コンサルティングとクローニンジャーのパーソナリティー理論，山梨英和大学紀要，5，1-16.
杉山崇（2015）臨床心理学における自己，心理学評論，57，3.
杉山崇・前田康宏・坂本真士（2007）これからの心理臨床，ナカニシヤ出版．
Walters, R. H. & Thomas, E. L. (1963) Enhancement of punitiveness by visual and audiovisual displays, *Canadian Journal of Psychology*, 17(2), 244-255.

第6部 "自分"創り、"自分"探しの理論とスキル

第14章 キャリア形成と賢い生き方

Key words　計画された偶発性　アドラー心理学
キャリア・アンカー　生態学的システム論
パーソナリティスタイル
キャリア・クラスター　役割　人生課題

14-1　社会心理学とキャリア心理学

　社会心理学では「○○効果」や「○○現象」という形で特定の状況で人の心理や行動がどうなるかを検討するものが多い。これは状況という一時的な条件下における人を理解し、統制することはできるが、人は成長や成熟に応じて変化し、生活環境も変わっていく。つまり、影響を受ける状況、条件が変わっていく。年齢に応じて関わる社会やコミュニティも変わり、負うべき責任や興味・関心も変わってくる。人生の来たるべき展開を見据えて自分の人生を設計し主体的に日々を積み重ねた人と、何も考えずに周囲に流されるままに人生を送ってきた人では人生が進むほどに大きな差が出てくることだろう。

　さて、キャリアは「人生」や「生涯」と訳される。いわゆる社会心理学を状況による人の違いを説明する「横軸の心理学」であるのと比べると、キャリア学は生き方の違いを説明する「縦軸の学問」といえる。この章ではキャリア学に関連する心理学的アプローチを紹介しよう。

14-2　人生をうまく渡る理論とスキル

14-2-1　人生は計画的に進むのか？

　さて、質問です。人生は計画通りに展開するものか、偶然や運に左右される

ものか、あなたはどう思っているだろうか？　正解は人それぞれだが、少なくとも、あなたに適性があって時代性にもマッチしている計画であれば偶然や運がそれを後押ししてくれることがあるが、無謀な計画であったら偶然や運は後押ししてくれない事が多い、といえる。

では、無謀な計画は無駄なのだろうか？　ここでは無謀な計画であっても全くの無駄という訳ではないことについて考えてみよう。

14-2-2　偶然や運が後押ししてくれる場合

適性や時代性の考え方は後述のE.シャイン、J.ホランド、S.ハンセンらの理論を参考にして欲しいが、まずは適性や時代性がマッチしている場合を考えてみよう。

例えば、あなたが仮に心理職の業界に進もうと思っているとする。その第一歩として、あなたはその希望を身近な人たちに相談した。ポジティブな意見をいう人もネガティブな意見をいう人もいるだろうが、少なくともあなたの希望は周知された。希望は広く知られれば知られるほど良い。なぜなら、世の中には親切な人がいることもある。また、あなたに役立つ情報や人脈を持っている人もいる。広く知られることで、あなたの力になってくれるかもしれない人と出会える可能性も広がる。

こうして計画と大きく変わらない形で偶然や運が後押ししてくれて、人生が展開する。

14-2-3　人生は運やご縁の影響が強いが計画は無駄ではない

残念ながら、上記のように人生が展開しない場合もある。主な問題は適性と時代性である。職業には必ず適性がある。向いていない仕事をするとあなた自身も辛いし、あなたのサービスを受ける人も不幸だ。また職業にはタイミングや時代性もある。ポスト（地位・役職）の数が限られた仕事はそのポストが空かなければ仕事に就けない。仮に1920年代だったら日本には心理職という職業そのものがない。時代性も職業選択には重要なのだ。

では、適性や時代性が合わない人生の計画は無駄なのだろうか？　いや、合

わない計画であっても必ずしも無駄にはならない。それは、適性や時代性が合わないことを実感する過程で、自分にできる事を考えるきっかけになるからだ。合うか合わないか、確認するためにもまずは何らかの計画や目標を持って動いてみることが重要である。考えるきっかけになる体験をキャリア学では「啓発的体験」と呼び、キャリア開発の重要なステップのひとつとされている。

さて、動いていれば何が起こるだろうか。誰かが有用な助言や情報をくれることもあるだろうが、自分により向いている職業や職種を考えるきっかけになることが実は重要である。学生であればインターンやバイトなどでその業界の一端に直に触れてみるのもいいだろう。実感としてできそうか、やっていて幸せか、考えるヒントが満載だろう。仮に適性や時代性が合わなかったとしたら気分が悪い体験になるかもしれない。しかし「この職業は違う」ということがわかることは、「この職業が最適だ」とみつけるのと同じくらい、キャリアの展開では意味があるのである。

14-2-4　当初の計画通りではない「隠れた計画」もある

仮にあなたの計画した人生が適性や時代性の問題で無謀だったとしよう。それでも計画をして動いたことで「職業としては違う」と確認できれば大きな前進である。なぜなら、違うことに気づけることで、より適したものに目を向けるチャンスが増えるからだ。

ここで、あなたが当初は計画していたこととは違う仕事が与えられたとしよう。当初の計画は「違う」と確認できていたので、あなたもこの仕事に関心が持てた。「他にやることもないし…」と、積極的だった訳ではない。しかし、望まれてやった仕事は必ず喜んでくれる人がいる。もし適性があるなら、やがて「頼まれてやり始めただけだったけど、これはこれで自分がやる意味があるのかもしれない…」と思えるようになってくるだろう。

つまり、あなた自身は自覚していなかったかもしれないが、当初の計画が自分の人生としては不適切だったことに気づくことで、より適した生き方と自分自身を発見するプロセスが計画されていたのかもしれない。

14-2-5　計画された偶発性理論

　ここまでを整理してみよう。人生は運や偶然に左右される。あなたの人生の計画が適性や時代性からみて正しいものであれば、あなたが動くことで運や偶然を呼び込める。この運や偶然はあなたの計画に沿っているので嬉しいものである。

　しかし、計画が適性や時代性から間違っていれば、それを自覚する体験や情報に触れることになり、違った生き方や仕事を薦められたり振られたりもする。大事なことは、こういった考えていなかった運や偶然も、あたかも計画していたかのように自分の人生にしてしまう…そういった柔軟さである。これが行動主義の心理学者としてキャリア開発を論じた Krumboltz ら（1976）が提案する「計画された偶発性理論」である。

　それによると、キャリアは自分自身がコントロールできない出来事や偶然の影響を強く受けるが、その予期せぬ偶発的出来事を上手に活用することでキャリアが形成されていく。そして、偶然の出来事がめぐってきたら、それはほんとうの意味では偶然ではない。あなたの適性とここまでの活動に偶然を装ってチャンスがついてきたという側面もあるからだ。そのチャンスを活かせるかどうかは、チャンスを自分の人生と喜んで受け入れられるかどうかにかかっている。このことを、読者が具体的にイメージしやすいように、芸能業界で実際にあった事例をもとに考えてみよう。

14-2-6　事務所に押し掛けるファンからマネージャーに

　これは、ほぼ押しかけで有名ミュージシャンのマネージャーになった事例である。

　青年期に自分のあり方に悩んでいた彼は、ある有名ミュージシャンの楽曲と存在感に命を救われた気持ちになった。そして、そのミュージシャンのために人生をささげたいと真剣になった。そこで所属事務所に「何でもいいからそのミュージシャンを手伝わせてください」と完全にアポなしで押しかけた。当然、事務所のスタッフは困惑して「何も（手伝ってもらうことは）ないから」と追

い返された。

　しかし、彼は毎日のように「(今日は) 何か (手伝うことは) ありませんか？」と尋ね、「今日はないです。お疲れ様」と返されることを重ねた。事務所のスタッフは「彼、また来てるんだね」という感じでとくに気にも留めていなかった。ここまでで考えれば、いわゆる「"痛い"ファン」または「"(マナー違反を) やらかし"たファン」といわれる迷惑なファンでしかない。

　一方、事務所の視点で彼の行動をみてみよう。もともとは「押しかけて事務所の手間を取る迷惑なファン」でしかなかったが、「用がない」といわれればすぐに帰る比較的手間のかからない迷惑だ。こちらの都合や状況に対する聞き分けも悪いほうではない。むしろ、印象形成における親近効果で顔見知りのような感じになる。そして、動きが早い業界なので毎日通っていれば急に人手が必要になって困っていることもある。たまたま、事務所でバイトの手配が間に合わない…とみなが困惑している時に彼がやってきた。「(そのミュージシャンとは全く関係ないけど) この仕事でよければ手伝ってもらいたいんだけど」と持ち掛けられると、彼は大喜びで懸命に仕事をする。その誠実な働きぶりは重宝がられ、バイトになり、社員になり、みなが嫌がる仕事も懸命にこなして評価を高めた。そして、ついに憧れのミュージシャンのマネージャーになった。ミュージシャンが所属事務所を移籍する時は一緒に移って欲しいと望まれて、移籍後もマネージャーを続けた。

　この事例では彼の連日の「押しかけ」は一見すると無駄で、迷惑で、さらに「痛い」。しかし、連日顔を出すもののとくに困らせることもなく潔く帰ることで悪印象が親近効果による好印象に変わり、「たまたま人手が足りなかった」という偶然から憧れのミュージシャンを支えるスタッフのひとりになったのである。この偶然は彼の行動がなければありえなかった偶然である。

14-2-7　アドラー心理学

　近年、アドラー心理学 (コラム4参照) と呼ばれる思想家 A. アドラー (1870-1937) の人生の教訓が自己啓発の領域で注目されている。アドラーは心理学者ではなく思想家なので「アドラー心理学」には科学的には間違いも多い。主な

間違いは認知神経科学（脳認知科学）で存在が確認されているトラウマ（深くショックを受ける体験）に由来する心理学的障害の存在を否定したことだが、心理学的障害を持たず前向きに生きたい人には役立つ教訓が多い。

実は計画された偶発性理論はアドラー心理学の「トラウマ否定主義」と近いところがある。思ってもみなかった職業を薦められたりする出来事は、狭い視野で考えていた人生の計画にこだわっていると挫折になり、トラウマとして体験されかねない。アドラーは過去を生きるべきではなく、今と将来を生きるべきと主張しているが、これは計画された偶発性と同じことをいっている。つまり、自分の狭い視野で構成した「過去の計画」や望み通りにいかなかった「一秒前の過去」にこだわらずに、目の前の現実が自分の計画で自分の人生と受け止めて生きることを推奨している。

心理的な問題を起こすほどのトラウマは確かに存在するので、それに悩まされている場合は心理学的なケアを優先して欲しいが、そうでない場合はアドラーの主張にも意味があるといえる。キャリア心理学もアドラー心理学のように人生の教訓で構成されている側面があるので、併せて人生を考える参考にしてもらうと良いだろう。キャリアは過去ばかりみている人には決して微笑まない。予期せぬ幸運はこの世に確かにあるが、幸運に行き当たるためには心と行動を前に向けておいたほうがよいのだ。

14-3　適性の考え方①：生態学的システム論

適性とはどう考えればよいのだろうか。持って生まれたものなのか、経験や学習で変わるのか…。まずは、関わっている社会の違いで人が変わるという理論から紹介しよう。

14-3-1　業界が違えば性格も違う

みなさんはいわゆる「ギョーカイ人（マスコミ・芸能業界で働く人）」というとどのようなイメージを持つだろうか。広告業全盛の現代社会では私たちの毎日にはその影響があふれている。人々の興味関心を引き付けることが彼らのビジネスなので、流行や話題に敏感だ。何が人を惹きつけるかに敏感で、話術が

うまくて人と容易にコミュニケーションを成立させる。しかし、流行や話題さらには人間関係の賞味期限にも敏感で、口約束が宛てにならないことも多く、ちょっと落ち着きがない人たち…というイメージもないだろうか。

一方で銀行員にはどういうイメージを持っているだろうか。個人が直接的に関わることがない融資・投資部門はともかく、一般的には穏やかで人当たりが良く、お金の管理や計算にはきっちりして何でも証書にするので信頼できる…そんなイメージではないだろうか。

彼らはもともとそういう性格だからその業界に入ったのだろうか？　それとも業界に染まる中でそういう性格になったのだろうか。

14-3-2　社会システムと性格

ブロンフェンブレンナー（1917-2005）は心理学的な発達は人が関わる社会システムで変わることを理論化した心理学者である。彼は米軍勤務の臨床心理学者として活躍し、米国と旧ソ連の子どもたちの比較研究をする中で、個人が何を考え、どうふるまうかはどのような社会システムに組み込まれて生きているかで変わるという生態学的システム論を体系化した。

ブロンフェンブレンナーはシステムを4つに分類しているが、個人が直に接しているものをマイクロシステムと呼んだ。例えば、家庭内での親子関係、学校での教師・生徒間の人間関係、職場での役割構造などがあげられる。この理論で考えれば、進学や就職、結婚は新しいマイクロシステムに組み込まれることを意味する。マイクロシステムにはそれぞれに独自の行動パターンや価値観があって、その様式や価値観に沿って個人がふるまえばシステムのメンバーから喜ばれる。こうして、個人の行動パターンや価値観は徐々に所属するシステムに同化してくる。

なお、マイクロシステム同士の相互作用やつながりをメゾシステム、行政やマスメディア、子どもであれば親の職業など個人がその変更に直接的に関われないが影響を受けるものをエクソシステム、その社会や文化で共有されている信念やイデオロギーをマクロシステムという。

そして、人生の時間経過によってほとんどの人が経験するライフイベントを

クロノシステムと呼んでいる。これは、入学、思春期、就職、結婚、退職、といった同年代であれば比較的同時期に経験しやすいものと、家族の死や自分の病気、離婚、転居、など同時期に経験しないものがある。これらのライフイベントの経験によって、個人の価値観や行動パターンは影響を受ける。

人はどの世界に身をおくかでみえる世界も興味・関心も変わりえる。向き不向きは狭く考えるのではなく、その世界に身をおけば自ずとその世界の価値観や興味・関心に馴染んでいくこともあるので広く考えたほうが良いかもしれない。

14-4　適性の考え方②：人生の「碇（いかり）」

一方で比較的変えがたい適性の存在を指摘した心理学者もいる。2人の女性の事例から考えてみよう。

14-4-1　A子とB子

A子は40歳手前の大学教授。大学を出て3年はOLを経験したが企業文化と激務に限界を感じ、ボーナスを貯め込んだ貯蓄を学費に大学院に進学。お弟子の就職に熱心な指導教員と人材が少ない研究領域を選んだ幸運も重なって小さい地方大学の教員に招かれ、順調に今の地位まで昇格した。OL時代は付き合っていた男性もいたが、研究者になってますます弁が立ち理屈っぽくなってからは彼氏もいない状況が続く。結婚を考えていなかった訳ではないが、指導教員や勤務先に喜ばれるに任せて研究や仕事に没頭している間に友人たちの結婚ラッシュも過ぎて今日に至っている。

B子はA子の大学の同級生だったが本人同士の面識はない。2児の母。大学から現役で大学院に進学しA子と同じ指導教員の研究室に入った。研究者を目指してのことだったが、分野が近い研究室の3学年年上の男性と交際。B子の修了（大学院の卒業）間際に妊娠。交際男性も研究者を目指していたが、B子と子どもとの生活を優先して大学院の学歴が評価される情報集約系産業の企業に就職。2人ともその後は生活を大事に生きる中で研究の世界から離れてしまった。B子は、時々ふと第一子ができるのがもう数年遅ければ2人とも研究

者や大学教員になっていたかもしれないと思うことがある。しかし、そうして生まれた子どもは第一子とは違う子どもだったと思うと、これで良かったのかもしれない…いや、私の人生はこれでなければならなかったと、しみじみするのだった。

14-4-2　無自覚的な価値観の違い

　対照的な2人の女性をみてみると、あなたは何を思うだろうか？　組織心理学者のE.シャイン（1928-）であればA子とB子の違いを人生の碇となる価値観の違いと説明するだろう。A子は漠然と結婚を意識はしていたが、男性と交際を続けるための努力はそこまでしていない。むしろ男性よりも研究者として教員として研究室および職場でみんなに喜ばれる存在であることを無自覚に優先していた。B子とその夫は研究者を目指しつつも子どもができたら生活を優先して違う道へと進んだ。研究者として生計を立てるには数少ない研究者のポスト争いに勝たないといけないので、より確実に生計を立てる道を選んだともいえるが、生活が苦しくても夫だけは研究者を目指すこともできなかった訳ではない。しかし、2人は生活の安定を優先したのだ。

14-4-3　キャリア・アンカー

　このように人にはそれぞれに人生を方向づける価値観がある。この価値観は日々の何気ない選択や行動に影響して、まるで船の碇のように私たちが人生を見失うことを防ぐ役割をしている。シャインはこのような価値観を人生の碇という意味でキャリア・アンカーと呼んだ。

　シャインは多くの人生を観察する中で現代社会に生きる私たちには大きく分けて8つの価値観があることをみいだした（図表14-1）。

　再び事例に戻ると、A子は専門・職能コンピタンスを大事にし、B子らは生活様式を大事にしていることがわかるだろう。あなたはどの価値観が大事に思えるだろうか。とくに大事なものから、魅力を感じないものまであなたなりのランキングをつけてみると人生を考える手がかりになるだろう。

　なお、価値観に貴賤はなく、どの価値観を優先してもそれはそれでひとつの

大切にしたい領域	あきらめたくない優先事項	低収入でも幸せな仕事	高収入でも避けたい仕事
専門・職能コンピタンス Technical/Functional Competence	専門分野を持ち自分の技能をより高め、活用するチャンス	専門領域で挑戦を課せられる仕事	管理や統括する仕事
全般管理コンピタンス General Managerial Competence	組織の階段を上り詰めるチャンスや組織のトップに立つこと	ゼネラリストにつながる仕事	職能分野が限られる仕事
自律・独立 Autonomy/Independence	仕事を自分で決め、自分のやり方で仕切っていくこと	仕事のやり方や時間を自分の裁量で決められる仕事	規則や規制に縛りつけられる仕事
保障・安定 Security/Stability	組織や職種における雇用保障および退職金・年金など経済的な保障	職務での終身雇用が保証され退職後も厚遇される仕事	雇用が不安定で将来の保障がない仕事
起業家的独創性 Entrepreneurial Creativity	リスクを取って障害を乗り越えて、新しい事業を起こすチャンス	新規事業を創造する仕事（創業者としての仕事）	起業時に役に立つ経験が積めない仕事
奉仕・社会貢献 Service/Dedication to a Cause	環境保護、世界平和、新薬開発など人類と社会に貢献するチャンス	貢献が実感できる仕事	環境汚染や武器開発につながるなど世界の破壊につながる仕事
純粋な挑戦 Pure Challenge	難しい課題や障害を乗り越えるチャンス	目新しく、変化に富む、難しい仕事	簡単で結果がわかっている仕事
生活様式　Lifestyle	自分の個人的な欲求や家族の要望と職業のバランスが取れた状態	プライベートを充実させられる仕事	生き方を変えなければならない仕事

図表 14-1　シャインの提案する 8 つのキャリア・アンカー

生き方である。往々にして他者の価値観はつまらなくみえてしまうこともあるが、自分が全く魅力を感じない価値観でものを考えて行動する人を参考にすることをおススメする。なぜなら、自分と真逆の人を理解することで自分自身の特徴がよくみえてくるからである。そして、近い価値観の人たちと語り合おう。価値観が近い人の発想や情報は参考になることが多い。あなたの人生へのヒントがそこにみえてくるかもしれない。

14-5　適性の考え方③：職業とパーソナリティ

人は組み込まれる社会システムに染まることもできるが、結局は価値観にそ

った方向に重要な選択を行っていくようである。さらに、価値観だけでなく何に喜びをみいだせるか、違和感なく務められるかといった性格も重要であるという。

14-5-1　職業の 6 分類

自分にはどんな職業が向いているのか、考えたことはないだろうか。学生なら今まさに考えているところだろうし、社会人でも今の仕事が本当に向いているのか気になってしまうこともあるだろう。

職業心理学者の J. ホランド（1919-2008）は、まず職業を 6 つに分類した（図表 14-2）。この分類は 4 つの次元（データ、アイディア、対人、対物）

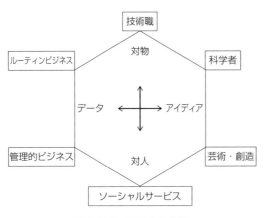

図表 14-2　職業の 6 分類

キャリア・クラスター	パーソナリティタイプ	特徴
技術職	現実的（Realistic）	道具、物、機械、動物を好み実践的
科学者	研究的（Investigative）	生物学・物理学・医学・科学を好み好奇心が強く自律的
芸術・創造	芸術的（Artistic）	慣例にとらわれず創造的で発想が自由
ソーシャル・サービス	社会的（Social）	教育・保育・相談など人の力になることを好む
管理的ビジネス	企業的（Enterprising）	リーダーシップ・説得力・社会的影響力を好み野心的で外向的
ルーティン的ビジネス	慣習的（Conventional）	情報の整理を好み組織的で事務的な活動に責任を持つ

図表 14-3　キャリア・クラスターとパーソナリティタイプ

に基づいていることが後に指摘されるが、この分類をキャリア・クラスターと呼ぶ。次に職業の6分類ごとに適した6つの性格をみいだした（図表14-3）。この性格をパーソナリティタイプと呼ぶ。つまり、パーソナリティタイプがわかれば、職業の適性を考えるヒントになる。

14-5-2　パーソナリティタイプとホランドの六角形

　また、ホランドはパーソナリティタイプの近さと相互の抑制関係も考察している（図表14-4）。例えば、人と関わることに関心が強い「社会的パーソナリティタイプ」と人よりも物や機械などに関心が強い「現実的パーソナリティタイプ」は真逆の関係にある。また、決まりきった仕事をこなす「慣習的パーソナリティタイプ」と創造的で発想が自由な「芸術的パーソナリティタイプ」も真逆の関係にある。しかし、「社会的パーソナリティタイプ」は「企業的パーソナリティタイプ」と社会への関心という面で似ており、「企業的パーソナリティタイプ」は「慣習的パーソナリティタイプ」と組織的という点で近いといった関連がある。ホランドはこの関係性を六角形で表した。

　あなたのパーソナリティタイプはどのタイプが最も近いだろうか。まずは全く自分と違うパーソナリティタイプをひとつみつけて、その真逆と両サイドの自分への当てはまり具合から考えてみるとみつけやすいだろう。

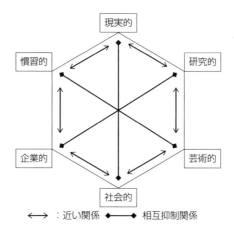

図表14-4　ホランドの六角形（本書向けに筆者が修正）

第14章　キャリア形成と賢い生き方

14-6　キャリアアップと転機

職業を考えるには適性と時代性を考えなければならないが、適性以上に捉えどころが難しいのが時代性である。資本主義経済では必要とされていないもの、すなわち需要がない仕事は職業にはなりにくい。何が求められているのか、何が必要とされているのか…経済学者や社会学者といった社会科学者も全力で検討しているが、なかなか簡単には見通せない。

しかし、14-2で紹介した偶然のようにみえる運やご縁（計画された偶発性）も、広い視野でみれば純粋な運ではなく時代の必然性ともいえる。出会いや出来事から時代性の一端に触れることもできるのだ。

また、少なくとも自分一個人と生計を共にしうる家族をマネジメントするだけであれば、個人のライフサイクル、家族のライフサイクルを参考に考えることもできる。14-3で紹介したクロノシステムは個人のライフサイクルのひとつだが、類似する多くの人や家族が経過するサイクルは数多く提案されている。参考にすると少なくとも自分と家族が直面するであろう変化は見通すことができる。キャリア学では変化のタイミングを「転機」と呼ぶが、転機についての心理学的な考察をいくつか紹介しよう。

14-6-1　組織内におけるキャリアアップの3次元モデル

現代社会では多くの人が何らかの企業や団体に属し、そこの事業に従事して生計を立てている。組織の中で重要がられて昇進や昇格すると待遇が良くなることもあるので、組織内でのキャリアアップに関心を持つ人も少なくない。前出のシャインは組織内での重要なキャリア展開を垂直異動、円周異動、放物線の異動と表しているので以下に紹介しよう。

垂直異動　職階級があがること、すなわち昇格や昇任である。会社員であれば平社員から主任、係長、課長…と昇進することをいう。降格の場合も垂直異動である。

円周異動　階級はそのままに部署や部門が変わることである。大きな組織であれば部署や部門が変わるとみえることがらが違う。人材を育てるために

コラム10　　キャリアの危機と問題解決療法

　昨今では、企業でも大学でも従業員や学生にキャリア・カウンセリングを提供するところが増えた。かつての終身雇用のように、定年まで従業員と家族の生活を面倒みよう…という企業が少なくなった現在、私たちは自分の人生を自分でデザインする必要に迫られている。そうした流れのひとつが、キャリア・カウンセリングに対する関心の高まりであろう。

　14-6-2ではスーパーのキャリアの発達段階が紹介されているが、キャリアの危機とは段階が移り変わる時と段階が展開する時に起こりえる。例えば、探索期に自分のやりたいことをみつけられない、確立期に就いた職業と自分が抱いていたイメージのギャップを埋められない、維持期で自分の地位・専門性を確立したい時期に結婚・出産によるキャリアの停滞を感じて焦りを覚える、若手の指導を行う立場にあるが部下のほうが自分よりも優秀に感じて立つ瀬がない、衰退期には仕事一筋で生きてきたために退職後どんなふうに一日を送ればいいのか見当がつかない、など、キャリア発達の道のりは、危機に遭遇しないほうがおかしいといってもよいプロセスである。さらに世界経済の成長圧力が鈍化して成熟に向かいつつある今日は、標準や基準がどんどん変わっていく。あなたも想定外の危機に直面する可能性は高い。

　さて、私たちは危機に直面しない生き方や失敗のない人生を、つい目指そうとする。問題に直面しないほうが良いとついつい考えてしまう。しかし、本当にそうだろうか。人生には"必要な失敗"や"必要な問題"というものがあり、人はその失敗を通して自分と社会への理解を深め成熟するのだ。人格（人間性）は乗り越えた危機の数だけ深みを増し、人としての魅力を醸し出す。

　危機を避けたがる理由の多くは乗り越えられる自信の無さから来るものだろう。実は心理学は危機を乗り越えるのが上手い人のやり方をすでに解明していて、問題解決療法という心理療法にもなっている。ポイントは上手な「問題の理解」と「解決法の探索」である。(1)問題の存在を認め、(2)解決プロセスにゲームのようにチャレンジでき、(3)変えられないこと（例えば原因）は考え過ぎず、(4)解決の可否に悩むより「できることは何か」に集中する、これが上手な問題の理解だ。そして、①問題の本質を見極め、②解決策を思いつく限り書き出し（ブレーンストーミング）、③その中から現実的で効果的な方法を選び出し、④実際に行って結果を検証する、これが上手な解決法の探索である。

　この手続きを面倒臭がらずに丁寧に行えば、少なくとも問題解決が上手い人と同レベルで危機を乗り越えられる。逆にいえばこの方法でダメなら、同じ危機に直面したら誰がやってもどうしようもない絶望的な問題ということだ。解決できなくても恥じ

第14章　キャリア形成と賢い生き方

> ることはない。この手続きが身につけば、どんな危機でも成熟のチャンスにできるだろう。最初は専門家に助言をもらいながら行うほうがより安全だが、ぜひ試してもらいたい。

意図的に円周異動を行うジョブローテーションといわれる制度もこれに当たる。

放物線の異動　組織内での重要度の変化を指している。必要とされる代えのきかない人材になるか、いわゆる窓際族で辞職するのを期待される人材になるかといった変化を表している。

14-6-2　スーパーのキャリアレインボー

今現在のあなたが果たしている役割はいくつあるだろうか。学生なら大学では学生であり、級友たちの中にいれば友人であり、家庭に帰れば子どもという役割になる。バイト先では顧客に対しては従業員で、雇用主からみれば労働者である。社会人で子どもがいれば勤務先の従業員・労働者であるだけでなく、家庭に帰れば配偶者にとっては夫または妻、子どもにとっては親、実家に帰れば子ども…ひとりの人間が実に複数の役割を同時に行っているのである。あたかも、虹が7色で織りなされているように、人の存在も沢山の役割で織りなされている。

キャリア心理学者のE.スーパー（1910-1994）は、キャリアレインボーという概念で、複数の役割を同時にこなしている人を表現した。それによると、人はその生涯で成長期（子どもから成人へ）、探索期（社会的な役割の模索）、成立期（承認された社会的役割を持つ）、維持期（その役割で機能し続ける）、衰退期（役割から離れ第二の人生または余生を送る）のライフサイクルをたどる（コラム10参照）。そして、その中で主に演じる役割（ライフロール）は9つあるという。子ども、学ぶ人、レジャーを楽しむ人、市民、労働者、配偶者、家庭保持者、親、年金受給者の9つの役割を年齢に応じてこなす。そして、その主な舞台となるのが家庭、地域社会、職場、教育機関であるが、役割や舞台を移り変わる中で自分自身を見失わないしっかりした「自己概念」を持つことの重要性を説いている。

	テーマ	考えるべきポイント
課題1	グローバルな視点で職業を考える	社会や世界の問題解決やニーズへの対応
課題2	全体として「有意義な人生」を目指す	役割と職業の関係への自覚、精神的な統合
課題3	家族と仕事を結びつける	男性も家族のライフサイクルに参加して役割を担う
課題4	人生の多様性と包括性を大事にする	自分の価値観も自分とは違う価値観も大事にして必要なら取り入れる
課題5	人生の目的や内面的意義を大事にする	自分の職業が何の役に立ち、自分がどのように喜べるかの自覚
課題6	個人的な転機と組織的な変革に向き合う	個人にも組織にも転機が訪れることを受け入れ、転機でできる事を考える

図表 14-5　人生課題

スーパーにキャリア形成を語らせたら、キャリアは役割を通して形成されると主張することだろう。

14-6-3　S.ハンセンの人生課題

役割を強調したスーパーに対して、カウンセリング心理学者のS.ハンセン（1929-）はまず人生を虹ではなくパッチワークにたとえた。パッチワークのパーツの一つひとつが役割だが、それぞれのパーツがバラバラで統一感がないとパッチワークはいいものにはならない。人生もそれと同じで各パーツの配置や組み合わせが全体としてひとつのまとまりを作り出す統合が大事であるという。また、充実した人生の統合のために大切にするべきものとして、愛、職業、余暇、そして学習に配慮した人生設計の重要性を説いている。そして、図表14-5のように教訓ともいえるような人生課題を指摘した。

時間的にも社会的にも広い視野で自分と世界を考え続けることの重要性を説いているといえるだろう。

14-6-4　転機とリソース

統合を強調したハンセンに対して、N.シュロスバーグ（1929-）は転機により良く対応することの重要性を説いている。シュロスバーグが考える転機とは

「何か出来事が起こった事態（これをイベントと呼ぶ）」だけではなく、「期待していたことが起こらなかった事態（これをノンイベントと呼ぶ）」も含まれている。例えば、**14-4** のＡ子は「男性と交際する・結婚する」という出来事が起こらないという転機を経験しているが、ほぼ自覚なく転機を過ごしている。また転機は役割、人間関係、日常生活、そして考え方の変化のほぼ全てが転機であり、人は生涯で何度も経験することになるという。

シュロスバーグによると何度も訪れる転機に気づき、転機で何ができるのか探る態度がキャリア形成には重要である。転機で利用できるものをシュロスバーグは「リソース（資源）」と呼んだ。リソースは英語における頭文字を取って「４つのＳ」と呼ばれている。

まず、「状況 (situation)」は転機という状況のポジティブな側面を捉えられる力を表している。次に「自分自身 (self)」は自分に向いていること向いていないことを見極めて、向いていること得意なことを活かすことである。そして「支援 (support)」は身近な人や専門家など助言や援助を与えてくれる存在のことである。最後に「戦略 (strategies)」はこれまでの３つを把握した上でとりえるアクションを整理することである。アクションには「転機を作り変える戦略」も含まれており、例えば勤務先から納得できない処遇を受けたら処遇の変更を求めることも含まれている。

参考文献

Krumboltz, J. D., Mitchell, A. M. & Jones, G. B. (1976) A Social Learning Theory of Career Selection in *The Counselling Psychologist*, 6, 1, 71-81.
渡邉三枝子編著（2003）新版　キャリアの心理学，ナカニシヤ出版.

第15章
自己意識と他者

Key words　Self-discrepancy 理論　社会的比較理論
　　　　　　　自己評定維持モデル

15-1　人は人の中で自分を考えている

「今日は家で一日中ずっとひとりで過ごしていて、誰とも会わず、人と関わらなかった」という日でも、他人のことが頭に思い浮かんだり、あるいは他人のふるまいを目の当たりにしたりして、自分の感情やふるまいにも何かの形で関わってくるということがしばしば起きる。

例えば、テレビで就職活動のニュースを目にして、「自分はぜんぜん就活をしてないなあ。そろそろ始めないといけないな」と思ったり、就職が決まったと友達にうれしそうにいわれたことを思い出して、「友達にくらべて自分はまだぜんぜん就活が進んでいない。どうして友達だけ就職が決まったのだろう」と友達と自分をくらべてうらやましく思ったり、落ち込んだ気持ちになったり、などである。

また、就職活動について考えている時に、両親が「社会人としてのあるべき姿」について話しているのを思い出し、そこから社会人として生き生きと働いている自分のイメージを思い描き、そうなりたいと感じ、実際にそうなれるようにがんばる、ということもあるかもしれない。

さらに、就職活動が終わって何かの仕事に就いてからも、社会人としての自分について考えたり、仕事ぶりや上司からの評価、給与などについて同僚と自分をくらべたり、職業人としてなりたい自分についてのイメージを作ったりするであろう。

この章では、自分に意識をむけて自分の姿を思い描いたり、他人と自分をく

らべたり、自分がどうであるか評価をする、という日常生活でわれわれがよく行っている現象について考える。

具体的には、ヒギンズのSelf-discrepancy理論、フェスティンガーの社会的比較理論、テッサーの自己評定維持モデルという3つの理論やモデルについてみていく。

15-2　セルフディスクレパンシー理論と感情

「理想と現実のギャップ」といういい方を日常生活で耳にしたことがある人がいるのではないだろうか。理想として思い描いていた自分と実際の自分のイメージがかけ離れているということであるが、セルフディスクレパンシー理論とは、こうした問題についてヒギンズ（Higgins, 1987）が提唱した理論である（図表15-1）。

この理論は、私たちが描く理想の自分のイメージ、現実の自分のイメージ、義務や責任としての自分についてのイメージと感情との関わりについて考えたものである。こうした問題について実際にデータをとって調べられるように理論化をしている。

セルフディスクレパンシー理論で考えられている自己のイメージは、現実自己、理想自己、義務自己という3種類である。

まず、現実自己とは、実際に持っていると（その人自身や他者が）思う属性についてのイメージである。次に、理想自己とは、理想として持っていたい、

```
現実自己と理想自己のズレ
        ↓
良い成果が存在しないというネガティブな心理状態
        ↓
悲しさ、落胆、不満足といった抑うつに関する感情や動機の問題

現実自己と義務自己のズレ
        ↓
悪い結果が存在するというネガティブな心理状態
        ↓
恐れ、心配、緊張といった不安に関係する感情や動機の問題
```

図表15-1　ヒギンズのセルフディスクレパンシー理論

または他者から持ってほしいと思われている属性についてのイメージのことである。最後に、義務自己とは、持っているべきだと（その人自身や他者が）思う属性についてのイメージのことである。

このように、セルフディスクレパンシー理論では、現実自己、理想自己、義務自己という自分についてのイメージを想定している。ヒギンズによれば、理想自己とは、願望、希望など「なりたい自分のイメージ」のことである。義務自己とは、義務、責任など「あるべき自分のイメージ」のことである。理想自己と義務自己のことをヒギンズは、"自己指針（self-guide）"と呼んでいる。

セルフディスクレパンシー理論では、現在の状態、つまり現実自己（自己概念）と、望んでいる目標状態とのズレを減らしていくという点で理想自己や義務自己という自己指針に近づいていこうとする、という動機づけを考えているのである。

ところが、現実自己と理想自己のズレが大きくなるほど、「ポジティブな結果が存在しない」という心理状態を表すこととなり、その結果、落ち込みや落胆といった感情が起こりやすいと考える（図表15-1）。

一方で、現実自己と義務自己のズレが大きくなるほど、「ネガティブな結果が存在する」という心理状態を表すこととなり、その結果、動揺や不安といった感情が起きやすいというのである（図表15-1）。

ヒギンズの一連の研究では、これらの自己のイメージを質問紙によって測定して、さまざまな自己のイメージ同士のズレの大きさと感情との関係がどうなるかを調べている。

理想自己や義務自己は、現在の自分を引っ張っていってくれる指針として役立ってくれるものであるが、これらの自己指針があまりにも現在の自分とギャップがあり過ぎると、指針としての役割を果たすどころか、落ち込み、不安、動揺といったネガティブな感情を引き起こすもととなってしまうのである。

このような落ち込みや不安といったネガティブな感情の反応は、自動的に起こるものであり、本人がこれらの感情を起こそうと意識することなく起きるものだと考えられている（Higgins, 1989）。

なお、セルフディスクレパンシー理論は、その後促進焦点、防衛焦点づけ理

論としてさらに理論が進展している。日本でもセルフディスクレパンシーを検討した研究が複数ある（遠藤，1992）。

セルフディスクレパンシー理論をもとに日本の職場におけるさまざまな活動についても考えることができるであろう。

例えば、就職活動を行う際、自分の理想とする職業、職種や就職先、仕事内容、働き方を思い描いて、説明会や面接に望んだり、少なくとも就職先だけは確保しなくてはと考えて就職活動をしたりするであろう。その際、理想として描いたこれらのイメージがあまりにも現実の自分の持つ資質やスキルなどとかけ離れ過ぎていることで、落ち込み、落胆に関わる感情が起こるかもしれない。

また、実際に職に就いた後の職場での働き方についても、業績のあげ方や働き方、同僚や上司との関わり方、部下への指導のしかたなど、自分の理想とするイメージやこうすべきだと自分で考えるイメージと実際の自分の成果や働き方、関わり方があまりにかけ離れていることで、落ち込みや不安などのネガティブな感情が起こるかもしれないだろう。その場合は、自分の理想や義務に関わるイメージについて見直し、修正していく作業が必要になってくるのではないだろうか。

15-3　社会的比較理論

自分の能力の程度や意見の正しさについてどうだろうかと考える時、私たちは、他人の能力や意見とくらべて考えることがある。こうした自分と他人をくらべる行為についてフェスティンガー（Festinger, 1954）が社会的比較理論という理論を提唱している。この理論は、人には自分の能力や意見などを評価したいという欲求があることを主張した理論として知られている。そこで、以下に、社会的比較理論の主な仮説からいくつか紹介する。

私たちは、なぜ他人と自分をくらべるのであろうか。例えば、私たちは、自分で自分のことを評価する時に、これまでの自分のふるまい（就職活動、面接での受け答え、仕事ぶりなど）を自分でふりかえって評価することがある。一方で、他人のふるまいをみて、あるいは、思い描いて、それらと自分をくらべることで自分について評価する時もあるだろう。つまり、自己評価をする時には、

他者という存在がとても重要であることを社会的比較理論では示している。

まず、社会的比較理論の仮説1では、「人には自分の意見や能力を評価しようとする動因がある」として、私たちには自己評価をしたいという欲求があることを述べている。

仮説2では、「客観的、非社会的な手段が得られないほど、人は他者の意見や能力と自分のそれを比較する」として、私たちは他人と自分をくらべることで自己評価をすることを述べている。

では、他人と自分をくらべる時、くらべる相手は誰でも良いのだろうか。必ずしもそうではないだろう。例えば、自分よりもはるかに能力の高い同僚とは能力についてくらべようとは思わないだろう。また、自分の意見があまりに違い過ぎる同僚とくらべたところで、自分の意見の評価をすることが難しくなるだろう。

社会的比較理論によれば、「自分の意見や能力と比較対象の意見や能力の違いが大きくなるほどその人と比較しようとする傾向が減るだろう」としている。つまり、あまりにも自分とは意見が違い過ぎる相手と自分をくらべても自分の意見について正確に判断することが難しいため、比較的自分の意見と違いの程度が少ない他者がくらべる相手として選ばれる。あるいは、能力が違い過ぎる他者と自分をくらべてしまうと、自分にどれだけ能力があるか評価することが難しい。そこで、なるべく自分と似たような相手がくらべる相手として選ばれるというのである（図表15-2）。

さらに、他人と自分をくらべる時、単に自分を正しく評価したいという以外の気持ちがはたらいていることを社会的比較理論では示唆している。つまり、自分についてよく評価したい、悪い評価は避けたいという気持ちも働く可能性があると考えられる（仮説4）。

社会的比較理論を検討したさまざまな研究のうち、産業心理での領域に関わる社会的比較を調べた研究には藤島・三浦・清水・高橋（2007）の研究がある。

この研究では、大学生を対象に、3年生の12月から4年生の7月まで4回にわたる調査を行い、キャリア選択の活動の実態やその予測などを尋ねている。この調査の中では「あなたが通う大学の同年齢の学生」が獲得した就職内定数、

仮説1	人には自分の意見や能力を評価しようとする動因がある	
仮説2	客観的、非社会的な手段が得られないほど、人は他者の意見や能力と自分のそれを比較する	
仮説3	自分の意見や能力と比較対象の意見や能力の違いが大きくなるほどその人と比較しようとする傾向が減るだろう	
仮説4	能力評価の場合は、意見の場合にはほとんどみられないような、上方一方向の動因がある	

図表 15-2　社会的比較理論の主な仮説（Festinger, 1954 より）

	3年次　12月期	3年次　2月期	4年次　5月期	4年次　7月期
同年齢	3.00 (1.38)	2.77 (1.07)	2.73 (1.28)	2.45 (1.01)
自分	.00 (.00)	.23 (1.07)	.41 (.73)	.73 (.88)

カッコ内は標準偏差

図表 15-3　同年齢の学生の内定数推測と回答者自身の実際の内定数
（藤島・三浦・清水・高橋, 2007 より）

就職活動（就職ガイダンスへの参加、企業訪問、採用面接など11種類）の頻度を推定させている（図表15-3）。

　それらの推定値と回答者自身の実際の内定数や頻度と比較した結果、自分と同年齢の学生のほうが自分よりも内定数が多く、さまざまな就職活動も頻度を多くしていると推測していたことが示された。こうした結果は、自分をより正確に評価したい、より良く評価したいという欲求からは解釈しにくい結果である。藤島らは、自己向上に動機づけられた可能性を指摘している。

　その他、他人と自分をくらべることは、就職活動以外のさまざまな職業場面において、さまざまなシーンで行われていると考えられる。例えば、同僚の仕事ぶりをくらべて自分の仕事に関わる能力について考えたり、昇進までの早さについて同僚と自分をくらべてみたりすることがあるだろう。また、営業の成績や給与を自分よりも高い人とくらべることで不満を感じたり（Harris, Anseel & Lievens, 2008）、低い人とくらべることで自己評価を維持させるということも考えられる。

15-4　自己評価維持モデル

　私たちは、どのようにして自分の能力や特性について評価をしているのであろうか。また、どのようにして自分への評価をある程度の高さに維持しているのであろうか。自己評価維持（SEM）モデルは、こうした問いに関してテッサー（Tesser, 1988）が提唱したモデルである。

　このモデルは、人々がどのようにして自己評価を維持しようとするのか、そのプロセスを説明するモデルである。また、ここでいう「自己評価」とは、状況の変化に伴って変わりうるものであることを想定している。

　では、どのように自己評価が変わりうるのであろうか。自己評価維持モデルの基本的な考え方としては、私たちは、自分の自己評価をなるべく維持したり高めたりするように行動するというものである。

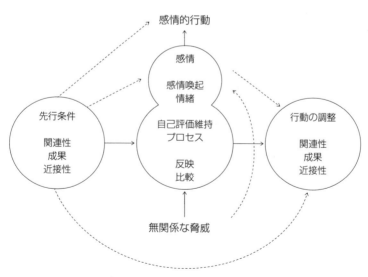

図表15-4　テッサーの自己評価維持モデル
（フィスク＆テイラー, 2008；宮本・唐沢・小林・原, 2013より転載）

その時に、自分と他者との関係が自己評価に大きく影響すると考えている。具体的には、心理的距離、自己関連性、遂行レベルという3つの要素を考えて、これらの要素同士の関係によって自己評価が決まってくると考えている。
　まず、心理的距離とは、自分と他人との間で心理的距離がどれだけあるかのことである。例えば、初対面の人よりは知り合い、知り合いよりは親しい友人のほうが心理的距離は近いと考えられる。
　また、自己関連性とは、何かの課題や活動が自己定義に関連している程度のことである。自分が打ち込んでいる仕事など、自分にとってとても重要なことがらであれば、自己関連性が高いということになる。
　最後に、遂行レベルとは、他者のあげた実際の遂行の程度のことである。
　これらの3つの要素の組み合わせによって、比較過程と反映過程という2つの過程がおこるとテッサーは考えている。
　まず、比較過程という過程では、自分にとってとても重要な、自己関連性の高い課題なり活動で他者が自分より優れた遂行をしたという時に、その優れた成果をあげた人が自分と心理的に距離が近い人ほど自己評価に対して脅威になるのだと考える。
　例えば、自分と同じ年に入社した同じ課の同僚（心理的に近い人）が自分も取り組んでいる仕事（自己関連性が高い）で高い成果をあげ（遂行レベル）上司から高く評価されたという場合がこれに当たるであろう。そうすると、自己評価への脅威となり、その同僚に対して、嫉妬心を感じたり、フラストレーション（欲求不満）が起きたりするかもしれないというのである。こうした過程を比較過程と呼ぶ。
　一方、反映過程という過程では、自分にとってそれほど重要ではない自己関連性の低い課題なり活動で他者が自分より優れた遂行をしたという時に、その優れた成果をあげた人が自分にとって心理的に距離が近い人ほど、その人の成功を誇る気持ちが強くなる、というプロセスを考えている。
　例えば、ある会社員の友人（心理的に近い人）が趣味で行っている落語（自己関連性の低い課題）のコンクールで賞をとったと聞かされた時、その友人に嫉妬を感じるというよりは友人を祝いたい気持ちになったり、自分のことのよ

うに喜んだり、誇らしい気持ちになるかもしれない。こうして他者が手に入れた栄光から自分自身の自己評価を上げようという現象があり、これを栄光浴と呼ぶのである。

では、自己評価維持モデルに基づいて、職業場面でのさまざまな出来事について、その後どう感じたり行動したりすると思うか考えてみよう。

あなたは、サラリーマンである。勤め先で自分と同じ部に所属をしている親しい同僚だけが新規のプロジェクトのメンバーに選ばれ、自分は選ばれなかった。この時、メンバーに選ばれなくて残念、悔しい、うらやましい、という気持ちを抱くだけでなく、自分はこの仕事が下手だ、向いていない、と今取り組んでいる仕事の能力について低く感じるかもしれないだろう。

一方、自分のつとめる企業に所属しているスポーツ選手がオリンピックでメダルをとったことをニュースで知ったとする。この時、自分と同じ企業に所属する日本人（心理的に近い人）がそのスポーツ（自己関連性の低い課題）でメダルをとった（高い遂行のレベル）ことで嬉しい気持ちとともに何となく誇らしいような気持ちにもなる人がいるのではないであろうか。

また、就職活動中の学生の場合を考えてみよう。友達（心理的距離が近い人）が自分自身の希望とは全く異なる職業（自己関連性が低い）を目指していて無事就職が決まった（高い遂行のレベル）という時に、自分のことのように友人の就職決定を喜んだり誇らしく思えたりするかもしれない。ところが、自分が目指している職業（自己関連性が高い）にこの友達が就職が決まったとなると、自己評価の脅威となり、そればかりか素直に喜べなかったり、心理的距離が近いはずの友達との距離が遠くなって疎遠になってしまったりすることもあるかもしれない。

その他、同僚との対人関係で、同じ課に属する同僚が仕事で高い成果をあげたことをまの当たりにして、焦りの気持ちや嫉妬心を感じて、自分も負けないように業績をあげようとする、ということもあるであろう。こうすることによって自己評価をある程度のレベルに維持していくことになる。

このように、仕事に関わる場面や職場の人との対人関係の中でモデルの考えに当てはまる場面がみられると考えられる。

15-5　人は人の中で人になる

　この章では、「自己意識と他者」と題して、自分自身の評価や自分に対する感情に関わるセルフディスクレパンシー理論、社会的比較理論、自己評価維持モデルという3つの理論やモデルを紹介した。

　私たちは、自分のふるまいを自分で直接ふりかえることによって自分を評価するだけではない。自分についてのさまざまなイメージを作り上げてそれら同士をくらべてみたり、他人と自分の意見や能力などをくらべて自分の姿を明らかにしようとしたりする。あるいは、自分とさまざまな関係にある他人のふるまいを手がかりにして、自分に対する評価を行おうとしたりする。

　このように、自分はどんな人間か、自分自身をよりよく知るためには、他人という存在の役割がとても大事であることが、さまざまな理論や研究から示されているといえるだろう。

　これらのことは、家庭、学校、趣味活動の場など日常生活のさまざまな場面のほかにも、産業心理や組織心理の研究対象となる場面でも適用しうる。例えば就職活動、採用面接、キャリアの形成、職場での対人関係、上司からどのような評価を受けるか、部下をどう評価するか、転職活動、キャリアをどのように終えるか、などいろいろな場面でも応用しうることができるといえるだろう。

　また、職業場面ではさまざまな対人関係から構成されている。例えば、会社の同僚同士、同じ会社のほかの部や課に属する従業員との関係、上司と部下、取引先との関係、顧客との関係、同じ業種に携わる人々との関係など、さまざまな対人関係から作られている。こうしたさまざまな対人関係の中で自己評価が作られ、保たれていく。さらには、職業場面で関わるさまざまな人々の自己評価が作られ保たれていく過程が、自分自身の自己評価に影響することもあるだろう。

参考文献

遠藤由美（1992）自己認知と自己評価の関係―重みづけをした理想自己と現実自己の差異スコアからの検討―, 教育心理学研究, 40, 157-163.
スーザン・T. フィスク＆シェリー・E. テイラー（宮本聡介・唐沢穣・小林知博・原奈津子編

訳) (2013) 社会的認知研究:脳から文化まで,北大路書房.
Festinger, L. (1954) A theory of social comparison processes, *Human Relations*, 7, 117-140.
藤島喜嗣・三浦香苗・清水裕・高橋幸子 (2007) キャリア選択支援に向けた心理学的研究 (Ⅱ):主観的幸福感と就職活動における社会的比較,昭和女子大学生活心理研究所紀要,10, 23-33.
Harris, M. M., Anseel, F. & Lievens, F. (2008) Keeping up with the Joneses: A field study of the relationships among upward, lateral, and downward comparisons and pay level satisfaction, *Journal of Applied Psychology*, 93, 665-673.
Higgins, E. T. (1987) Self-discrepancy: A theory relating self and affect, *Psychological Review*, 94, 319-340.
Higgins, E. T. (1989) Self-discrepancy theory: What patterns of self-beliefs cause people to suffer? In L. Berkowitz (Ed.), *Advances in Experimental Social Psychology*, Vol. 22, San Diego: Academic Press, pp. 93-136.
池上知子・遠藤由美 (1998) グラフィック社会心理学,サイエンス社.
池上知子・遠藤由美 (2008) グラフィック社会心理学,第2版,サイエンス社.
高田利武 (2011) 新版 他者と比べる自分〜社会的比較の心理学〜,サイエンス社.
Tesser, A. (1988) Toward a self-evaluation maintenance model of social behavior. In L. Berkowitz (Ed.), *Advances in Experimental Social Psychology*, Vol. 21, San Diego: Academic Press, pp. 181-227.
山本眞理子・外山みどり・池上知子・遠藤由美・北村英哉・宮本聡介編 (2001) 社会的認知ハンドブック,北大路書房.

第7部 ストレスとメンタルヘルス

第16章 ストレスの仕組み

Key words ストレス　ストレッサー　ストレス反応

16-1　ストレッサー

　ストレス社会と呼ばれて久しい昨今、ストレスに起因する各種問題が社会的にも注目され、その予防や対処についても数多くの研究が進められている。ストレスは、"環境からの刺激を受けることで生じる身体的・心理的反応"といった一連のプロセスであり、一般的に「ストレス」と表現される状態はストレス反応が生じている状態（ある刺激によって身体的・心理的変化が生じている状態）と言い換えることができる。そして、ストレス反応を引き起こすものは、ストレッサー（身体的・心理的変化を引き起こす刺激）と呼ばれる（図表16-1）。

　ストレッサーの種類をみると、とくに心理的なストレッサーや社会・文化的ストレッサーが心理学領域で取り扱うストレッサーであるともいえる。また、心理的ストレッサーに分類される悩みや葛藤など個人の心理的要因もストレッサーとなることがあり、ストレスを検討する際、個人の主観的側面も十分に考慮した検討が必要不可欠となる。

ストレッサー	具体例
物理的（環境的）ストレッサー	環境の温度、音、明るさなど
科学物質などによるストレッサー	大気汚染、アルコール、たばこ、薬物など
生物的なストレッサー	ウイルス、カビなど
心理的なストレッサー	悩み、葛藤、気分、感情など
社会・文化的なストレッサー	人間関係、経済状況、地域社会の慣習など

図表16-1　ストレッサーの種類

16-2　ストレスの古典的研究

ストレスと類似する概念や、ストレッサーあるいはストレス反応に関する研究は古くから行われてきたが、"ストレス"という用語を初めて用いた研究者は、Selyeであり、Selyeは、ストレスを"環境からの刺激によりもたらされる身体の非特異的反応"と定義づけた（Selye, 1974）。身体の非特異的反応とは、副腎皮質の肥大、胸腺・脾臓・リンパ節の萎縮、胃と十二指腸の出血や潰瘍などを指しており、Selyeをはじめとするストレス研究の初期では、主としてストレスに起因する身体的変化（身体的不調）が主な関心事であった。そして、こうした身体の非特異的反応の結果として生じる不適応的な状態は一般適応症候群と呼ばれる。

16-3　ストレスの基本型

また、Selyeは、ストレスの基本的な型を、ユーストレス（良いストレス）、ディストレス（悪いストレス）、オーバーストレス（ストレス負荷量が多い状態）、アンダーストレス（ストレス負荷量が少ない状態）の4種にまとめている（図表16-2）。

ユーストレスであれば、オーバーストレス（図-aの状態）であっても、心身の健康状態は低下することがなく、むしろ健康的に生活を送ることができる可能性がある。その個人にとって、活動量や生産性を最も高めるストレスをオプティマル・ストレス（最適なストレス）と呼ぶが、オプティマル・ストレスの状態は、ユーストレスが適度に加わる状態といえる。

一方、ディストレスがオーバーストレスである場合（図-b）は、早急にストレッサーを低減させることや、ストレス反応に対する対処が求められる。また、

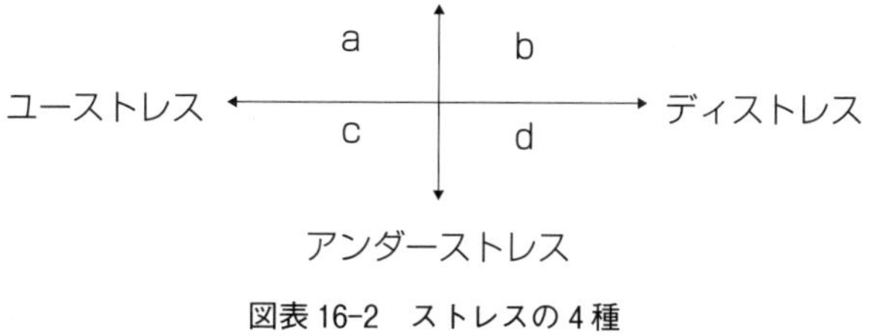

図表16-2　ストレスの4種

ディストレスがアンダーストレスである場合（図-d）は望ましい状態ではあるが、活動性高く活発に行動することを目指す場合、ユーストレスを受け取ることも必要である。

16-4　ストレス反応のプロセス

　ストレッサーに曝され、ストレス反応が生じる時、ストレス反応が生じるプロセスはいくつかに分けられる。ストレス反応が生じるプロセスについて代表的なものとして、警告反応期（stage of alarm reaction）、抵抗期（stage of resistance）、疲弊期（stage of exhaustion）という3つの時期を想定したものがある。

　警告反応期では、ストレッサーに曝された生体が最初に反応（警告反応）する時期であり、アドレナリンの分泌や交感神経系の活性化など生理的反応が生じる。そして、こうした生理的反応はストレッサーに対処するための反応であり、副腎皮質（ホルモンの分泌などをつかさどる副腎にあり、アルドステロンやコルチゾールの分泌をコントロールする）の機能を亢進させ、ストレッサーに適応することを試みる。また、警告反応期は、ショック相（phase of shock）と反ショック相（phase of counter shock）に分けられる。ショック相では、ストレッサーに対する対応がとれず（副腎皮質ホルモンの分泌など生体的な反応が生じていない状態）、受動的にストレッサーに曝されているだけの状態といえる。また、ここでは体温や血圧の降下、低血糖、神経系の活動抑制、急性胃腸管糜爛などが生じることもある。一方、反ショック相では、副腎皮質ホルモンの分泌などを通して、ストレッサーに対して積極的に対処（防御）する。ここでは、ショック相とは逆に、体温や血圧の上昇、高血糖、筋緊張などが生じることがある。

　警告反応期であるショック相と反ショック相を通して、抵抗期に移行すると、ストレッサーに対して積極的に"慣れよう"とする。生体的には安定した時期ともいえるものの、健康的な状況とはいえない。ここでは、副腎皮質の脂質量が増え、副腎の肥大が認められるなど、身体的な変化も認められる。また、抵抗期の間、当初のストレッサーと異なる別のストレッサーに曝されると抵抗できない。したがって、抵抗期は、当初、"慣れよう"としているストレッサーに対しての抵抗力は高いものの、別のストレッサーに対する抵抗力が弱まって

いる状態であるといえる。

警告反応期、抵抗期と続き、その期間でストレッサーに対処することができない場合、疲弊期に入ることになる。疲弊期では、身体的・心理的に疲弊した状態であり、体温や血圧は降下し、副腎の脂質量も減少するなどの変化も生じ、病的な状態に陥ることもある。疲弊期は、ストレッサーに対処するエネルギーが枯渇し、抵抗力を失ってしまう時期である。

16-5 心理社会的な出来事とストレス

1960年代にはいわゆるストレッサーを重視した研究が実施されている。その代表的研究は、Holms & Rahe (1967) の研究であり、ここでは、心理社会的な出来事が整理され、これらの出来事に遭遇した際、通常の状態（身体的・心理的状態）に回復するのに必要な労力が得点化され、社会再適応評価尺度

順位	ライフイベント	得点	順位	ライフイベント	得点
1	配偶者の死亡	100	23	子どもが家を離れる	29
2	離婚	73	24	姻戚とのトラブル	29
3	夫婦の別居	65	25	個人的な成功	28
4	留置所に拘留、刑務所に入るなど	63	26	妻の就職や離職	26
5	家族の死亡	63	27	就学や卒業、進学	26
6	けがや病気	53	28	生活状況の変化	25
7	結婚	50	29	習慣の変化	24
8	解雇	47	30	上司とのトラブル	23
9	夫婦間の和解	45	31	仕事の時間や状況の変化	20
10	退職	45	32	住居が変わる	20
11	家族が健康を害する	44	33	学校が変わる	20
12	妊娠	40	34	レクリエーションの変化	19
13	性的困難	39	35	教会活動の変化	19
14	家族が増える	39	36	社会活動の変化	18
15	仕事への適応	39	37	1万ドル以下の抵当か借金	17
16	経済状況の変化	38	38	睡眠習慣の変化	16
17	親友の死亡	37	39	家族・親戚づきあいの回数の増減	15
18	違った仕事への配置換え	36	40	食習慣の変化	15
19	配偶者との論争の回数の増加	35	41	休暇	13
20	1万ドル以上の抵当か借金	31	42	クリスマス	12
21	担保物件を失うなど	30	43	ささいな違反行為	11
22	仕事上の責任変化	29			

図表 16-3　社会再適応評価尺度

(social readjustment rating scale）が作成されている（図表16-3）。1年間に遭遇する心理社会的出来事が多い程（社会再適応評価尺度の合計得点が高い程）、病気への罹患率が上昇するとされている。

社会再適応評価尺度で示されたストレッサーは、具体的な出来事である。一方、ある出来事に遭遇した際、その結果として即ストレス反応が生じることはなく、ある出来事とストレス反応に介在する"認知的な評価"がストレス反応の発現を左右するという考え方が、1980年代に提唱され、この理論は、心理学的ストレス理論と呼ばれる。

16-6　心理学的ストレス理論

心理学的ストレス理論は、Lazarus & Folkman（1984）により提唱されたものであり、個人的な認知的要因を取り上げたストレス研究の代表である。心理学的ストレス理論における認知的要因として、"評価"が取り上げられている。評価は、第1次評価と第2次評価とに分類され、第1次評価では、「その刺激が自分にとって脅威であるか否か」の評価を行い、脅威であると評価した場合に、第2次評価に移行する（脅威ではないと評価した場合、ストレス反応は生じない）。第2次評価では、「脅威である刺激に対処（コーピング）が可能か否か」の評価であり、対処不可能と評価した場合に初めてストレス反応が生じる（対処可能であると評価した場合、ストレス反応は生じない）とされる。したがって、自分にとって避けたいような出来事に遭遇し、その出来事を避けることができないと評価した場合にストレス反応が生じることになる（図表16-4）。

図表16-3で示した社会再適応評価尺度の項目（生活上の出来事）は、ストレ

環境からの刺激 ───→ 1次的評価 ───→ 2次的評価 ───→ ストレス反応

1次的評価は環境からの刺激が脅威であるか否かの評価であり、
　脅威である場合、2次的評価へ移行する
2次的評価では、脅威である刺激に対して対処（コーピング）が可能か
　否かの評価対処不可能である場合、ストレス反応が生じる

図表16-4　心理学的ストレスモデル

ス反応を引き起こすストレッサーになる可能性が高いものであるが、Lazarus & Folkman による心理学的ストレス理論から考えると、その全てがストレス反応を引き起こすストレッサーになる訳ではない。その生活上の出来事が、自分にとって脅威であるとともに対処不可能なものである場合に、ストレス反応が生じることになる。

16-7 Daily Hassles

こうした中、とくに日常生活で避けることができないような出来事がストレッサーになる可能性が高いことが指摘され、これらの出来事は Daily Hassles と呼ばれる。したがって、Daily Hassles に直面する可能性が高い者は、ストレス反応を呈する可能性が高いことになる。ある人物にとって、日常生活上の出来事が"Hassles"であるか否かを考えることは、その人物のストレスを捉える上では欠かすことができない。例えば、"成し遂げることが困難な仕事"を目の前にした状況で、ある人物は「遣り甲斐がある仕事だ！」と認識し、果敢に取り組んでいるという状況であれば、それは"Hassle"とならないかも知れない。一方で「全然進まず、非常に困難だ」と認識するような状況であれば、それは"Hassle"となり、その後のストレス反応の引き金となる可能性もある。

また、ストレス反応を生じさせるストレッサーは具体的な出来事のみならず、個人的な認識や感情もストレッサーとなりえる。例えば、Glass（1977）は、現実的なコントロール可能性よりも、「自分ではコントロールすることができない（コントロール可能な出来事であったとしてもコントロールできないと自己評価する）」と認識することがストレッサーとなる可能性について示している。また、中野（2005）は、個人の心の内面にある葛藤もストレッサーとなることを示している（図表16-5）。

以上をみると、ストレスのプロセスの中で、ストレッサーとなりえる出来事・体験は、具体的な外的事象（外的な刺激）と個人内の心理的要因（感情など）であり、仮に自身にとって、避けることもできない脅威なものと評価し、また、その脅威なものへのコーピング可能性が限りなく少ないと評価した場合にストレス反応が生じることとなる。

葛藤	内容
他者への信頼と不信	他者と共感したい一方、拒否されたり裏切られたりすることで傷つきたくない
独立の要求と依存の要求	自分のことは自分でしたいが、自分ではどうしようもない時、他者へ依存したい
達成への期待と無気力	自分には将来の目標があり、それを成し遂げる確信を持つ一方、成し遂げることができないと落胆する
自尊心と劣等感	個性ある自分は魅力的であり他者から認められると確信する一方、他者と比べて劣ると認識する
強調と競争	他者と協力し、他者を認めることを重要と考える一方、他者より優れている必要もあり競争する
孤独への憧れと恐れ	他者から干渉されずに思うがまま行きたいと思う反面、誰からも相手にされないのではという恐怖
衝動と衝動への反発	性的・攻撃的衝動を満たしたいと思う反面、社会規範や道徳に反する行動をとることで罪悪感を抱く

図表 16-5　ストレッサーとなり得る葛藤の種類（中野，2005 に基づき著者作成）

16-8　ストレスと生理的反応

　何らかのストレッサーが加えられる時、生理的反応や脳機能の反応などといった身体的反応が生じる。これまで、とくにマウスなどの動物を対象に検討が進められ、ストレス状況下における副腎皮質ホルモンの分泌量に変化が生じることなどが明らかとされてきた。また、近年では、fMRIなどを用い、実証的なストレスに関する脳科学実験も盛んに行われている。

　生体（人間を含めた動物）がストレッサーに曝される時、副腎にある副腎皮質の働きにより、副腎皮質ホルモンが分泌される。ストレス状況下において副腎皮質ホルモンの分泌量が増加するメカニズムは図表16-6の通りである。

　まず、ストレス状況下において、視床下部正中隆起が働き、副腎皮質刺激ホルモン放出因子（CRH）が分泌される。CRHの分泌と合わせて脳下垂体から副腎皮質刺激ホルモン（ACTH）の分泌が促進され、副腎皮質が刺激され、副腎皮質ホルモンが分泌される。最終的に、副腎皮質から副腎皮質ホルモンが分泌された場合、フィードバック機構を通し、CRHならびにACTHの分泌は抑制される。こうした中、ストレス状況下でこうしたフィードバック機構あるいは各ホルモンの分泌のバランスが崩れることがあり、身体的な不調を引き起こ

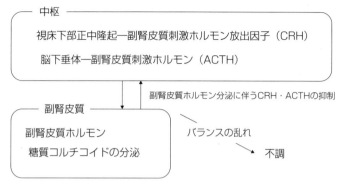

図表 16-6　ストレスと生理的反応

す原因ともなる。

　副腎皮質ホルモンは、鉱質コルチコイドと糖質コルチコイドであり、鉱質コルチコイドの主たる物質はアルドステロン、糖質コルチコイドの主たる物質はコルチゾールである。アルドステロンは、血中ナトリウムと血中カリウムのバランスをコントロールするホルモンであり、コルチゾールは、炭水化物や脂質をコントロールするホルモンである。そして、ストレッサーに曝される時、とくに糖質コルチコイドの分泌が増加する。したがって、糖質コルチコイドの分泌量を知ることでストレス状況下にいるか否かを判断できる可能性がある。こうした中、糖質コルチコイドであるコルチゾールの量は唾液により測定することが可能であることから、ストレスマーカー（ストレス状況下にあるか否かの指標）として、コルチゾールを測定することがある。

16-9　ストレスとストレス関連疾患

　ストレスに曝された時、そのストレスに起因し、病的な状態に陥ることがあり、こうした状態はストレス関連疾患と呼ばれる。ストレス関連疾患には、身体的不調が生じるもの、心理的不調が生じるものなどさまざまなものがあり、いずれにしても、早急に対処すること、また、ストレス関連疾患が生じないように予防的な取り組みを行うことなどが必要不可欠である。

　ストレス関連疾患は、前述の通り、副腎皮質ホルモンの影響による自律神経

系や交感神経系の乱れ、消化器系の症状や循環器系の症状、呼吸器系の症状、気分の落ち込み、イライラなど多様である。例えば、消化器系のストレス関連疾患といえる過敏性腸症候群は、ストレスが負荷される状況で、腹痛や下痢・便秘が生じる疾患であり、器質的問題（身体的な問題）がないにもかかわらず、機能的な問題（下痢や便秘）が生じている状態を指す。近年、一般労働者の間でも過敏性腸症候群に悩む者は少なくなく、その一因がストレスであるとするのなら、ストレスに対処することや、上手くマネジメントすることが望まれる。また、過敏性腸症候群以外にも、ストレスが背景に潜在するさまざまな疾患が存在する。人間の身体的・心理的不調がストレスにより引き起こされることを自覚し、自衛することが必要である。

16-10　ストレスと行動分析

　ストレス状況下におかれた場合、そのストレスがどのような社会的文脈で生じているのかを、より客観的かつ端的に捉えることも必要となる。ここでの社会的文脈とは、われわれが生活する環境と言い換えることもでき、どのような環境で、どのような刺激を受け取り、どのような反応が生じているのかを整理して捉えることが求められる。

　以上の観点からストレスの問題を捉える時、行動分析の考え方を応用することができる。行動分析をごく簡単に説明すれば、あるストレス反応が生じている時、そのストレス反応がどのような刺激により引き起こされているのか、あるいは、ある刺激が提示された時に生じる行動が、どのように別の行動を引き起こしているのかなど、社会的文脈における経験とその反応を整理して捉える方法といえる。ここで、Aさんと部長Bとの例を紹介する。以下を例示された時、こうしたストレス状況はどのように整理し理解することができるだろうか、考えて欲しい。

Aさんと部長B

AさんとAさんの上司である部長Bがいる。

ある時、Aさんは、仕事上の失敗をしてしまい、普段は穏やかな部長Bにひどく叱られてしまった。しかし、その後、Aさんが失敗をすることはなく、部長Bとの関係も悪化する訳でもなく、通常業務に当たっている。しかし、これまでと異なり、Aさんは慢性的な不調を抱えることになってしまった。その不調は、心拍数の増加や何ともいえない不安感であり、こうした不調を感じてから数ヶ月後に、Aさんは休職することになってしまった。

この例は、職場ストレスが一因となり、出社することができなくなったというものである。Aさんの慢性的な不調をストレス反応とした時、ストレッサーは部長Bである。そして、現在は休職（出社しないという行動）しているという状態である。この一連のプロセスを整理すると以下のようになる（図表16-7）。

図表16-7のⅠのプロセスでは、ストレッサーに対する認知的評価が生じていると考えられる。部長Bからの注意を「脅威である」と評価（1次的評価）し、「対処することができない」と評価（2次的評価）することで、結果としてストレス反応が生じていると考えられる。したがって、生じているストレス反応を低減させることが求められる。しかし、Aさんの問題は、"不調であることだけ"ではない。不調が生じた後、後発する行動として"出社しない"という問題が生じている（プロセスⅡ）。

Aさんにとって、"出社しない"ことはどのような意味を持つものなのだろうか。単純かつ経験的に考えれば、「脅威である部長Bと対面することが辛く、出社する度に心拍数が増加し不安が高まるので出社することができない」ということになるかも知れない。しかしながら、"出社しない"ことは、単なる行

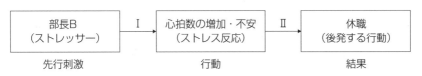

図表16-7　休職に至るAさんのプロセス

第16章　ストレスの仕組み　　*217*

動なのではなく、あるひとつの重要な意味を持つ行動であるといえる。それは、"出社しない"ことは、不調を低減させる道具になっているということである。

図表16-7のように、刺激—行動—結果という3つの関係を三項随伴性と呼ぶ。行動分析では、まず、この三項随伴性の関係をみいだし、この関係の中で、誤った学習が生じていないかどうかを確認し、誤った学習が存在するのであれば、その学習された行動を修正することが目標とされる。例えば、図表16-7で説明すれば、不調が生じている状態（ストレス反応が生じている状況）で、出社しないという選択をすることで、不調を感じる機会が少なくなり、それに伴い、これまで以上に出社できなくなるといった誤った学習が存在するといえる。ここでは、"出社しない"という行動を道具として使用し、不調がなくなるという体験を報酬とすることで、"出社できない"という行動が定着することとなる。

以上から、Aさんの不調（ストレス反応）やそれに伴う休職（ストレス反応を低減させる行動）を検討する時、プロセスI・プロセスIIのいずれかひとつを検討するのではなく、両プロセスを考慮しながら、ストレス反応や行動の成り立ちについて精査する必要がある。

参考文献

E. エンドレツィ（磯博行・津田彰訳）（1993）ストレスの心理と神経内分泌，二瓶社.
Glass, D. (1977) *Behavior patterns, stress, and coronary disease*, Hillsdale, New Jersey: Erlbaum.
Holmes, T. H. & Rahe, R. H. (1967) The Social Readjustment Rating Scale, *Journal of Psychosomatic Research*, 11, 213-218.
Lazarus, R. S. & Folkman, S. (1984) *Stress, appraisal, and coping*, New York: Springer.
中野敬子（2005）ストレス・マネジメント入門 自己診断と対処法を学ぶ，金剛出版.
日本化学会編（1992）ストレスを科学する，大日本図書.
野村忍（2006）情報化時代のストレスマネジメント，日本評論社.
Selye, H. (1974) *Stress without distress*, Philadelphia, PA: J. B. Lippincott.
Selye, H.（杉靖三郎・藤井尚治・田多井吉之介・竹宮隆訳）（1988）現代社会とストレス，法政大学出版局.

第17章
ストレスと人間関係、性格

Key words　職業ストレス　ストレスコーピング
　　　　　　ストレス生成モデル　素因―ストレスモデル
　　　　　　軽蔑のメッセージの悪影響

17-1　人はストレスの中を生きている

　「今日は就職活動がうまくいかなくてストレスがたまった」「上司とのやりとりが億劫でストレスだ」「部下が指示してもきちんと動いてくれなくて、ストレスで酒量が増えた」「自分のやりたいことと違う部署に異動になってしまい、ストレスだらけだ」などというように、「ストレス」という言葉は職場や日常生活でもよく使われる馴染みのある言葉になってきている。

　生理学者のセリエによると、「ストレスとは、心身の適応能力に課せられる要求と、その要求によって惹起される心身の緊張状態を全体的に表わす概念」と定義されている（平凡社『心理学事典』より）。ストレスという用語は、工学用語としても使われており、「外的圧力に対する弾性体内部の反発力」「物体に加えられる圧力」という意味もある（『大辞林』第三版より）。それが、外からのさまざまな刺激に対する人間の反応という文脈でも応用されて使われているようである。

　職場などで同じストレスを経験しても、全く心身に影響が出ずに平気でいられる人から、非常に苦痛だと受け止めて心身に影響が出る人までさまざまである。この違いはどのようなところにあるのだろうか。ひとつの考え方として、もともとストレスの影響を受けやすいような特性を持っている人が、ある程度の強いストレスを経験すると心身に問題を起こすのではないかという考え方がある。あるいは、同じストレスを経験しても、それに対する対処のしかた、つ

まりストレスコーピングの有無やその種類によっては、ストレスから影響を受ける程度も異なってくるかもしれない。さらには、職場での対人関係がうまくいかなくて、その事自体がストレスを作り出してしまうという場合もあるだろう。

この章では、職業ストレス、ストレスコーピング、ストレスが生み出されることに関わるストレス生成モデル、あるいはストレスの影響を受けやすい人とそうでない人を説明する素因―ストレスモデル、軽蔑のメッセージの悪影響などについて取り上げる。

17-2 職業ストレス

私たちは、日常生活でのさまざまな場面でストレスと感じる経験をするが、その中でも産業心理や組織心理で扱われてきたのが、職業ストレスである。例えば、厚生労働省が行った「平成25年労働安全衛生調査（実態調査）」では、「現在の仕事や職業生活に関することで強い不安、悩み、ストレスとなっていると感じる事柄がある」という労働者の割合は52.3％であった。さらに、強い不安や悩み、ストレスを感じることの内容についての質問では、「仕事の質・量」（65.3％）、「仕事の失敗、責任の発生等」（36.6％）、「人間関係」（33.7％）となっていた（厚生労働省，2014）。

- 職場で、有効かつ必要な態度や行動は、家庭ではむしろ逆効果だろう。
- 職場では効果的な行動は、良い親や配偶者となるには役に立たない。
- 職務を果たすのに多くの時間を使うため、家族との活動ができないことがある。
- 自分が家族と過ごしたい時間を、思っている以上に仕事にとられる。
- 仕事から帰った時、精神的に疲れきっていて、家族のために何もすることが出来ないことがよくある。
- 職場でのストレスのために、家に帰っても自分が好きなことさえ出来ないことがある。
- 家庭でのストレスのために、職場でも家族のことが頭を離れないことがよくある。
- 家庭での責任からくるストレスがよくあるので、仕事に集中するのが難しいことがある。

注：(1)「全くあてはまらない」から(2)「全くそのとおりである」の5段階で評定する。

図表17-1　多次元的ワーク・ファミリー・コンフリクト尺度で使われている質問項目
（渡井・錦戸・村嶋，2006より一部抜粋）

- 意図的に無視された
- （上司や同僚が）自分のきまり悪さを隠すために、私が責められた
- 上司や同僚がした約束を破られた
- 同僚とやりとりすることを許されなかった
- 人種的、宗教的あるいは不快な悪口を言われた
- 身体的危害を加えると脅された
- 「あなたの考え方はくだらない」などと言われた
- 他人の目の前でやり込められた
- 私の過去の誤りや失敗を蒸し返された

注：「一度もない」から「10回以上あった」までの5段階で回答する。

表17-2　職場の迫害尺度で使われている質問項目（田中, 2008より一部抜粋）

　また、近年、仕事と生活の調和、すなわちワーク・ライフバランスをいかに実現させるかが労働者の間での問題となっている。家庭と仕事のバランスをうまく保ちにくくなるワーク・ファミリー・コンフリクトと呼ばれる状態も検討されている。つまり、仕事上の役割と家庭での役割とが相互にぶつかり合うことから発生する役割葛藤（渡井・錦戸・村嶋, 2006）のことである。こうした職業生活と家庭生活の両立がうまく対応できないことからくるストレスも指摘されている（図表17-1）。

　さらに、職場での対人関係上のストレスとして、いじめやハラスメントといった問題も存在する。田中（2008）は、職場でのいじめや迫害といった迫害行動を体系的に調べるための「職場の迫害尺度」を作り、迫害経験が多いほど抑うつなどの精神的な面での悪影響を受けることを示している（図表17-2）。

17-3　ストレスコーピング

　職場でミスをしてしまった、仕事が多くてなかなかはかどらない、残業が多い、など職場でストレスに感じたことがあった時、それに対してどのように対処をするだろうか。ある人は、おいしいものを食べに行ったり、お酒を飲んだりして解消するかもしれない。またある人はウォーキングをしたり自転車に乗ったりして、体を動かすことで解消するかもしれない。さらには、飲み屋で同

下位尺度	項目（抜粋）
感情表出	不快を感じていることを態度であらわす 思っていることを顔に出さないようにする やりきれなさを態度に出す
情緒的サポート希求	友人に自分の立場を分かってもらう だれかになぐさめてもらう 身近な人に励ましてもらう
認知的再解釈	起こった出来事を肯定的に捉えようとする 嫌な経験の中でも望ましい点に目を向ける 問題の中で明るい要素を探そうとする
問題解決	事態が悪化しないように積極的にはたらきかける 困難を乗り越えるために努力する

図表17-3　General Coping Questionnaire 状況版の質問項目（佐々木・山崎，2004より抜粋）

僚に愚痴をいう人、日記やブログ、SNSにストレスに感じたことを書いてみる人もいるかもしれない。このように、ストレスに対する対処行動のことをストレスコーピングと呼ぶ。

　ストレスコーピングにはさまざまな種類が知られている。ストレスコーピングを測る尺度である General Coping Questionnaire 状況版（佐々木・山崎，2004）を紹介する（図表17-3）。この尺度には、感情表出、情緒的サポート希求、認知的再解釈、問題解決という4つの下位尺度があり、それぞれに8項目が含まれている。

　この尺度を用いた研究（内田・山崎，2008）では、女性において、抑うつが高いほど問題解決を使う頻度が低下することが示された。

　また、職場でのストレスコーピングについては、看護師（加藤・鈴木・坪田・上野，2007）とホームヘルパー（安次富，2005）を対象とした研究などがある。

17-4　ストレス生成モデル

　職場において同僚や上司、取引先との関わりの中でうまくいかないことがあったり、コミュニケーションですれ違いが起こったりすると、それをストレスだと捉えて苦痛だと感じる人もいるだろう。中には、職場におけるある人との関わりがひどく負担や苦痛に感じられ、関わった後にはとてもストレスに感じ

```
×「ストレス」→「うつ」
「うつ」→「ストレス」
「精神的不健康に関わる特性」→「ストレス」
```

図表17-4　ストレス生成モデルの考え方

てしまう、という人もいるかもしれない。このように対人関係の中でストレスが生まれるのだとする考え方をストレス生成モデルと呼ぶ。

では、ストレスはどのようにして作られるのだろうか。ストレス生成モデルでは、ストレスによって精神的不健康が作られるというよりは、精神的不健康がストレスをもたらしてしまう、と考えるのである。

例えば、うつの人の場合では、何らかのストレスを経験することによってうつになるというよりは、まわりの人々との関わりがうまくいかず、そのことで自らでストレスを作り出してしまい、そのためにうつを悪化させてしまうというのである（図表17-4）。

例えば、ポトソフら（Potthoffら, 1995）が行った研究では、重要他者に対する再確認傾向という抑うつのなりやすさに関わる特性について調査を行っている。この特性は、親友やパートナーなど、自分にとって大事な人に自分の価値を過度にしつこく確認しようとする特性のことである。この研究では、大学生を対象にして調査を行っている。その結果をまとめたところ、第1回調査の時に調べた再確認傾向が第2回調査で調べた社会的ストレスと関連があることがわかった。つまり、第1回調査の時に再確認傾向が高い大学生ほど、その後に対人関係上のストレスを経験していたと回答したのである。この研究結果から、再確認傾向が高い人は、周囲の人々と関わることで対人関係上のストレスを招いている、という流れがあることを示している。

17-5　素因―ストレスモデル

心の病気（精神疾患）になるかどうかは、病気になった本人が怠けていたり、甘えていたりするかで決まるのではない。素因といって、もともと心の病気になりやすい特徴を持っている人が多くのストレスにさらされてしまい、それに

		ストレス	
		弱い	強い
素因	弱い	発症しない	発症しても続かない
	強い	発症しても続かない	発症して長く続く

図表17-5　素因ストレスモデル（丹野・坂本，2001の表を一部改変）

うまく対応できなくなると初めて心の病気として発症するという考え方がある。こうした考え方を素因―ストレスモデルと呼ぶ（図表17-5）。

　図表17-5には、素因の程度が強いか弱いか、ストレッサーが強いか弱いかで4つに分けている。このうち、素因を強く持ち、かつ強いストレッサーを経験する場合に精神疾患が発症して長く続くというのである。つまり、素因とストレッサーの両方を持ち合わせている場合に問題になる、というのが素因ストレスモデルの考えである。

　例えば、うつの場合では、自分のネガティブなところに注意を向けようとする自己注目、過度に高い目標をかかげる完全主義、できごとやものごとの原因を考える時のくせである原因帰属スタイルなどが素因として知られている。こうした素因を持っている人が必ず精神疾患になるのかというと、そういう訳ではない。自己注目や原因帰属スタイルなどの素因を持つ人が、何か強いストレスを経験した時に、うつを発症させる可能性が高くなる、というのが素因―ストレスモデルという考え方なのである。

　例えば、仕事で失敗をして上司から強く叱責されるというストレスを感じる場面でも、完全主義の人のほうが完全主義でない人に比べるとストレスを感じる経験の心身への影響が大きいと考えられる。また、出来事や物事の原因を自分の中にあるなかなか変わりにくい原因（生まれつきの能力など）に求めようとする原因帰属スタイルを持つ人が、自分の部下の失敗に接すると、それを自分の指導能力のせいだと考えてしまい、ひどく落ち込むかもしれないだろう。

　このように、素因―ストレスモデルでは、素因とストレスを感じる経験をすることは、どちらか一方だけがあっても精神疾患の発症には十分ではないと考えられている。精神疾患を発症させるに当たっては、素因とストレスは足し算

のような関係だと、素因―ストレスモデルでは考えられているのである。

では、こうした素因を持っている人はどうすればよいであろうか。ひとつの方法として素因自体を弱める、あるいは減らす方向で対処をしていくことがあげられる。また、素因そのものについては無理に変えようとせず、自分の素因が何であるかをよく知り、強いストレスを感じた時に自分に合った適切な方法、得意な方法でストレスに対処することもひとつの方法として大事であろう。

17-6　軽蔑のメッセージの悪循環

ジョン・ゴットマンは、夫婦関係について多くの研究を行っている心理学者である。「結婚生活を成功させる7つの原則」「『感情シグナル』がわかる心理学　人間関係の悩みを解決する5つのステップ」など邦訳も多い。前者の著書によれば、結婚生活をうまく送るための原則やその原則に沿ったコミュニケーションをとるための工夫があげられている（図表17-6）。

ゴットマンの研究では、幸福な結婚生活を送っている夫婦は免疫システムの機能が高いこと、夫婦仲が険悪な関係の環境で育った子どもはストレスホルモンが異常に高いことが示されている（ゴットマンとシルバー，2007）。ゴットマンは多くの夫婦を対象に研究を進め、夫婦関係で起こる葛藤そのものが問題なのではなく、その葛藤を夫婦がどのように対処するかが重要なのだと考えている。

ゴットマンは、夫婦関係がうまくいかなくなるコミュニケーションのあり方として、非難、侮辱、自己弁護、逃避の4つを指摘している。こうしたコミュニケーションをお互いがとり合うことで、嫌なメッセージを送り合うことになってしまい、ますます夫婦関係が悪くなってしまうというのである（図表17-7）。こうした問題を持ち合わせてしまっている夫婦は、8割以上の高い確率で離婚するといわれていることがゴットマンの研究で示されている（ゴットマンとシルバー，2007）。そのため、コミュニケーションの中にみられるこうした問題に気づいて、改善していくことが夫婦関係を続けていくのに重要であるとしている。

ゴットマンの研究は、主に夫婦関係を対象にした研究であるが、このような

原則1	二人で「愛情地図」の質を高め合う
原則2	相手への思いやりと感謝の心を育てる
原則3	相手から逃げず真正面から向き合う
原則4	相手の意見を尊重する
原則5	二人で解決できる問題に取り組む
原則6	二人で行き詰まりを乗り越える
原則7	二人で分かち合える人生の意義を見つける

図表17-6　結婚生活を成功させる7つの原則
（ゴットマンとシルバー，2007を参照）

- 非難　パートナーの特定の行動ではなく、性格、人格や能力を攻撃すること。
- 侮辱　非難からおこるもので、パートナーをさげすむ。皮肉、無視、冷笑、挑発的な冗談など。信頼していないことのサインとなる。
- 自己弁護　弁解、言い訳をする、責任逃れをするなど。相手を責めることになり、本格的な衝突へとつながりうる。
- 逃避　反応を拒否し、パートナーとの対話を避ける。逃避がやりとりの典型的なパターンになると関係を脅かす。女性よりも男性の方がこうした反応をする傾向がある。

図表17-7　夫婦関係に問題を生じさせる「4つの危険要因」
（ゴットマンとシルバー，2007；Sharma, 2006より作成）

　コミュニケーションは、職場での対人関係で起こる問題にも応用して考えることができるであろう。例えば、上司と部下との間でのコミュニケーションにおいて、上司が仕事の内容を部下に指示をする、部下が上司に仕事の状況を報告したり、相談したりする、上司が部下に仕事のしかたについて注意する、などである。また、同じ従業員同士、社員同士のコミュニケーションにおいて、仕事の内容を相談したり、仕事の進め方や対応のしかたを検討したりする、といった場面などである。

　この時、上司が部下に対して高圧的に部下の人格を否定するようないい方で指示したり、相手を蔑むような態度で注意をしたらどうなるであろうか。部下も指示に従わずに反発したり、上司からの注意に対してつっかかったり、上司の注意に対して言い訳をしたりする、といったことが起こるのではないだろう

か。こうなることで、上司と部下とのコミュニケーションがうまく行われなくなり、ますます業務が進まなくなる、といった悪影響が考えられる。

同僚同士の関係でも、仕事の内容を確認したり、質問したりする際にこうしたコミュニケーションがみられると、確認の作業や質問への回答をスムーズに得ることができずに仕事がうまくすすまなくなり、職場での人間関係もうまくいかなくなるということが起こるだろう。職場の中でのコミュニケーションにこのようなコミュニケーションがみられないか確認し、コミュニケーションの取り方を改善していくことが必要であろう。

17-7　ストレスを理解して心の不調を予防しよう

この章では、「ストレスと人間関係」と題して、ワーク・ファミリー・コンフリクトなどといった職業場面におけるさまざまなストレス、ストレスに対処するためのさまざまなストレスコーピング、ストレス生成モデルと素因―ストレスモデル、ゴットマンによる軽蔑のメッセージの悪影響の考え方などについてみてきた。

18章の「心の不調の理論と予防」の内容とも非常に密接に関連することであるが、就職活動、長時間労働、家庭と仕事の両立、職場でのキャリア形成、転職、退職、失業など、心の不調につながりうるさまざまなストレスが、職場に関わる場面にみられる。そのため、自分をとりまくさまざまなストレスにうまく対処して、心の調子をくずさないようにこころがける必要がある。そのためには、自分にはどのような素因があるのかをよく知ることとともに、自分の抱える問題や自分の素因に合ったストレスコーピングを適宜取り入れることが重要であろう。

また、上司が部下の精神的な面での健康管理をしていくことも心の不調を防ぐ上で非常に重要な問題になってきている。そのためにも、上司が部下の素因をよく知ることに加えて、それぞれに合ったストレスコーピングをするようにうながすこと、必要なソーシャルサポートを上司が与えることなどが求められるだろう。

さらに、転勤や転職、失業などといった強いストレス経験でなくとも、職場

でのふだんのコミュニケーションの取り方に問題があって、それがつみかさなることで心身に不調が起こることも考えられる。自分たちがふだん職場でとっているコミュニケーションに問題があることにはなかなか気づきにくいかもしれない。職場でのコミュニケーションのあり方をあらためてふりかえり、業務がうまくすすまないようなコミュニケーションの取り方をしていないか、あらためて見直して、よりよい方法に改善していくことも重要であろう。

参考文献

安次富郁哉（2005）ホームヘルパーの心身健康度と影響因子の検討, 産業医科大学雑誌, 27(4), 325-338.

藤永保監修（2013）最新　心理学事典, 平凡社.

ジョン・M. ゴットマン&ナン・シルバー（松浦秀明訳）（2007）新装版結婚生活を成功させる七つの原則, 第三文明社.

ジョン・M. ゴットマン&ジョアン・デクレア（伊藤和子訳）（2004）「感情シグナル」がわかる心理学　人間関係の悩みを解決する5つのステップ, ダイヤモンド社.

加藤麻衣・鈴木敦子・坪田恵子・上野栄一（2007）看護師のストレス要因とコーピングとの関連：日本版GHQ30とコーピング尺度を用いて, 富山大学看護学会誌, 6(2), 37-46.

厚生労働省（2014）平成25年　労働安全衛生調査（実態調査）.
http://www.mhlw.go.jp/toukei/list/h25-46-50.html

内閣府　ワーク・ライフ・バランス｜内閣府男女共同参画局　http://wwwa.cao.go.jp/wlb/index.html

Potthoff, J. G., Holahan, C. J. & Joiner, T. E. (1995) Reassurance seeking, stress generation, and depressive symptoms: An integrative model, *Journal of Personality and Social Psychology*, 68(4), 664-670.
http://psycnet.apa.org/index.cfm?fa=buy.optionToBuy&id=1995-25312-001

佐々木恵・山崎勝之（2004）敵意と健康状態の因果関係における状況的コーピングの媒介機能, 健康心理学研究, 17(1), 1-9.

坂本真士・丹野義彦・安藤清志編（2007）臨床社会心理学, 東京大学出版会.

Sharma, P. (2006) Healthful Changes proven strategies for taking charge of your life.
http://healthfulchanges.com/wp-content/uploads/2014/10/Healthful-Changes.pdf

田中堅一郎（2008）職場の迫害が従業員の職務行動および心理的・身体的側面に及ぼす影響, 産業・組織心理学研究, 21(2), 97-108.

谷口弘一・福岡欣治編（2006）対人関係と適応の心理学—ストレス対処の理論と実践—, 北大路書房.

丹野義彦・坂本真士（2001）自分のこころからよむ臨床心理学入門, 東京大学出版会.

内田香奈子・山崎勝之（2008）大学生の感情表出によるストレス・コーピングが抑うつに及ぼす影響の予測的研究, パーソナリティ研究, 16(3), 378-387.

渡井いずみ・錦戸典子・村嶋幸代（2006）ワーク・ファミリー・コンフリクト尺度（Work-Family Conflict Scale：WFCS）日本語版の開発と検討, 産業衛生学雑誌, 48(3), 71-81.

第18章
心の不調の理論と予防

Key words 抑うつ　抑うつの自己注目理論　統合失調症　妄想観念　パーソナリティ障害

18-1 実は身近な心の不調

　厚生労働省による平成25年労働安全衛生調査（実態調査）によると、平成24年11月1日から平成25年10月31日までの1年間にメンタルヘルスの不調で連続して1ヶ月以上休業をした、あるいは退職をした労働者がいる事業所の割合は、全体の10.0％となっている（厚生労働省，2014）。このように、心の不調を起こすことによって休職する人が少なからず存在し、決してめずらしいことではないという現状がある。

　また、内閣府自殺対策推進室・警察庁生活安全局生活安全企画課による「平成25年中における自殺の状況」によると、日本において自殺で亡くなる人が2万7283人と3万人を下回り、ようやく2万人台になった。その内訳をみると、60代が最も多く、それに次いで40代、50代の働きざかりの世代も多い現状がある。こうした自殺の背景には精神疾患が関わっていることも知られている。そのため、どのようにして私たちの心に不調が起きるのか、そのメカニズムをあきらかにするだけでなく、心の不調を起こさないように、日常生活を健康に過ごしているうちから予防をしておくことがとても大事である。ここでは、心の不調に関わる理論として、抑うつの自己注目理論、原因帰属を取り上げる。

　また、若い年代がかかりやすい時期だとされ、働く世代の人々がかかる割合が高い精神疾患の中からうつ病、統合失調症についてみていく。うつ病はニュースやマンガ、映画などで取り上げられるようになり、周りの人々がどのように対応すれば良いかも徐々に知られるようになってきた。統合失調症について

も闘病記などが出版されて、その名前や特徴が徐々に知られるようになってきている。こうした精神疾患については、われわれは常識として知っておくべきことがらであろう。最後に、日常生活や職業場面での対人関係に大きな影響を及ぼす問題として、パーソナリティ障害を取り上げる。

18-2 抑うつとは

職場で何かストレスに感じることがあったり、嫌な経験をしたりして気分が落ち込むことは誰しも経験することである。一時的に気分が落ち込むだけでなく、やる気がなくなって無気力な状態になったり、食欲がないなど身体面での症状が出る場合は、抑うつ症候群と呼ばれる。さらには、抑うつ気分や抑うつ症状が長く続き、その他の原因によるものではないとなると疾患としての抑うつ、すなわちうつ病ということになる（図表18-1）。

18-3 抑うつの自己注目理論

それでは、どのようにして私たちは抑うつになってしまうのだろうか。これまでにさまざまな理論やモデルが出されているが、ここでは抑うつの自己注目理論を紹介する（坂本，1997）。

抑うつ気分	滅入った（悲しくなった、憂うつになった、ふさぎ込んだ、落ち込んだ）気分
抑うつ症候群	抑うつ気分とともに生じやすい症状の集まり。抑うつ気分、興味喪失、易疲労性、自信喪失、自責感、自殺企図あるいは自殺念慮、集中困難、神経運動性制止（動き方や話し方がゆっくりになる）、焦燥（イライラしてひとつのところに座っていられない、動き回る）、食欲・体重の変化、性欲の減退、睡眠の変化、絶望感、心気的憂慮（体の症状がひどく気になる）などの症状を含む
うつ病（疾病単位としての抑うつ）	抑うつ気分が一定期間持続し、抑うつ気分に関連したいくつかの抑うつ症状が伴い、器質的原因や物質性の原因が否定できる、統合失調症や失聴感情症状に該当しない

注：上記の「統合失調症や失聴感情症状」は坂本（1997）では、「精神分裂病、分裂感情病」となっている。

図表 18-1 抑うつの分類 (坂本, 1997 をもとに作成)

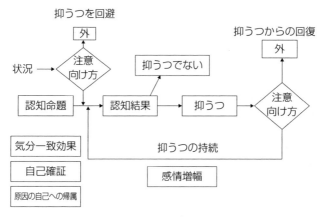

図表 18-2 抑うつの自己注目理論（坂本, 1997；図は坂本・佐藤, 2004 の図を一部改変して転載）

　この理論では、自己注目という自分の良くない側面に注意を向けつづけてしまうという特性に着目している。この自己注目が抑うつを引き起こして持続させるプロセスを説明しているのが抑うつの自己注目理論である（図表18-2）。

　まず、何らかの出来事、状況をきっかけとして自己注目が始まる。この時に注意を外にそらさずに自分のネガティブな側面に注意を向け続け、その結果意識に上ってくることがらがネガティブであることから（認知結果）、落ち込みの気持ちが起こってしまう。

　そして、落ち込みの気持ちが続いているのにもかかわらず、さらに自分の気持ちについて注意を向け続けてしまうことで、落ち込んだ気持ちと一致した過去のよくないエピソードが思い出され（気分一致効果）、よくない出来事の原因を自分の内面にある原因だと考え（原因の自己への帰属）、自分のネガティブな側面を確かなものとしようという働き（自己確証）が加わって、さらに抑うつが強まってしまうというのである。

　職業場面で経験される例から、ある会社員が仕事でミスをして上司から叱責を受けた時のことを考えてみる。この時、失敗した自分についてくよくよと考えるなど自己注目が起こると、記憶に蓄えられている自分についてのさまざまな情報（認知命題）から昔アルバイト先で失敗してお客に怒られたことや自分はだめな人間だという考えなどが意識に浮かび、抑うつ的な感情が生じる。そ

の時に注意を外にそらせず、仕事でミスをした自分や落ち込んだ気持ちなどをずっと考え続けてしまうことで、昔アルバイト先で失敗して怒られた経験やお客にクレームを付けられて落ち込んだ経験などがさらに思い出され、仕事でミスをするだめな自分についての証拠を集めて自分はだめな人間だとますます考えるようになる。そして、いっそう抑うつが強まってしまうということが考えられる。

　では、自己注目の状態から脱して抑うつから回復するにはどうすればよいのだろうか。その方法として、よくない経験をした時には自分に注意を向けないようにすること、よくないことだけでなくよいことが起こった時にも自己注目をすること、気晴らしなどの方法を取ることで自分自身から注意をそらすこと、などがあげられている（坂本・佐藤，2004）。

　例えば、仕事でミスをしてしまって上司から注意を受けても、そのことをひとりでくよくよと考え続けるよりは、お茶を飲んで気分転換したり、同僚と雑談してリフレッシュしたりすることで自己注目をせずにすみ、抑うつへの道をたどらずにすむのではないだろうか。

18-4　原因帰属と抑うつ

　営業の成績が良かった時に自分ががんばったからだと思う人もいれば、たまたま運が良かっただけだと思う人、自分の勘が当たったと思う人、さまざまであろう。また、営業の成績が悪かった時には自分の努力が足りなかったからだと思う人もいれば、たまたま運が悪かっただけだと思う人、勘が外れたと思う人、上司の指導のしかたが悪かったと思う人もいるだろう。

　このように、原因帰属とは、出来事や行動の原因について考えることである。ワイナーは、達成場面において原因帰属をする時の原因について分析し、所在（その原因が内的か外的か）、安定性（原因が安定しているか不安定なものか）、統制可能性（原因がコントロール可能か不可能か）という3つの次元をあげている（Weiner, 1979, 1985）。

　この原因帰属については多くの研究の蓄積があるが、とくに精神的な健康との関係も検討されている。すなわち、抑うつになることや抑うつが長引くこと

について、出来事の原因をどう考えるかが関わっているとされているのである（例えば、改訂学習性無力感理論（図表18-3），エイブラムソンら，1978）。

例えば、勤めているお店で客から理不尽なクレームをつけられて怒られたという経験（コントロール不能性の体験）をした時に、なぜこのような経験をしたのかについて「生まれつき頭が悪いからだ」と考えるか、「経験が足りなくてお客様への適切な対応を知らなかっただけだ」「たまたま運が悪かった」などと考えるかで、その後にどのような感情が起こるかが変わってくるであろう。

とくに、自分の内面にあって（内的）、時間がたってもなかなか変わりにくい（安定的）、生活全般に関わる（全般的）原因だと考えると、また同じようなネガティブな結果が起こる、自分ではコントロールができないと予期して、抑うつの感情が起こるとされているのである（Abramsonら，1978）。

職業場面でよくあるネガティブな経験には、採用試験に落ちた、面接での受けこたえがまずくて不採用になった、上司からの指示を誤解してミスをした、同僚との間で行きちがいがあった、部下の指導が上手く行かず部下がミスをした、などさまざまなものがあるだろう。それについて原因をどのように考える

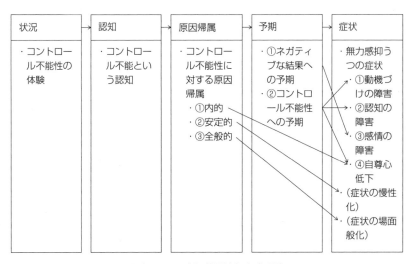

図表18-3　改訂学習性無力感理論
（Abramsonら，1978；丹野・坂本，2001の図より一部改変して転載）

かでその後に起こる気持ちが異なるものになるであろうし、その後にやる気が起こるかどうかも変わってくると考えられる。

また、職業場面で何か良い経験をしたとしてもそれを自分自身の内面にある原因だとは考えられず、嫌なことが起きた時にばかりどうしても自分のせいにしてしまってつらい、という場合は自分の考え方の特徴について対処をしていく必要がある。例えば、認知行動療法という心理療法で使われている「コラム法」のような考え方のくせに気づいて変えていくトレーニングが知られている（大野, 2003）。

18-5 妄想観念

「自分は妄想をするのが好きで…」「テレビで好きな芸能人を見ていて、つい妄想をしてしまった」など「妄想」という言葉を日常で使うこともある。これらはどちらかというと「空想」に近い意味合いで使われているようである。

統合失調症という青年期にかかりやすい精神疾患（図表18-4）の主な症状のひとつが妄想である。妄想とは、「誤った考えや意味づけに異常な確信をもち

幻覚	他人の声が聞こえてくる幻聴など
妄想	周囲の全てが新たな意味を帯び、不気味で、何かが起ころうとしているという不安緊迫感（妄想気分）、実際の知覚に、了解できるような理由なしに、異常な意味が付与される（妄想知覚）、突然媒介なしに、異常な考えを思いつき確信する（妄想着想）
自我障害	自分が存在するという感じが希薄になる（離人感）、他人の意志で動かされ、縛られているという体験（させられ体験）、自分の考えを他の人々が知っているという体験（考想伝播）
思考過程・会話の障害	会話の文脈がまとまらず、次第に主題からそれて、筋が通らなくなる（連合弛緩）
意欲・行動の障害	仕事や学業に積極的でなくなり、家庭生活は不規則、朝寝坊、身辺に無頓着になる（自発性消失）

図表18-4　統合失調症の主な症状（全ての症状ではない）
（野村・樋口・尾崎・朝田, 2012をもとに作成）

訂正できないもの」のことである（野村・樋口・尾崎・朝田，2012）。例えば、他人から迫害をうけているといった被害妄想や自分に特別な能力があると考える誇大妄想などが知られている。

統合失調症は、働く世代に含まれる若い年齢層での発生率が高いといわれている。統合失調症を患う人が同じ職場での同僚や部下となったり、客として接する人が統合失調症を持っていたり、同僚や部下が統合失調症となってその復帰を支えていくという場合もあるだろう。統合失調症について正しい知識を持ち、対応に活かしていくことが求められる。

〈赤面・動揺〉
- 何かで失敗してショックをうけたが平静を保とうとしているところを周りの人にみられているとき、自分の気持ちが見透かされているように感じた
- 友達にからかわれて顔が赤くなってしまったとき、動揺していることや平静を装おうとしていることがばれてしまっているように感じた
- 人の前で間違いを公然と指摘され、顔を赤らめているとき、ばつの悪い思いをしていたり恥ずかしいと感じていることがばれてしまうように感じた
- 嫌なことがあって涙目になってしまったとき、周囲の人に自分の悲しい気持ちや不快な気持ちを悟られてしまったのではないかと感じた
- 一人で歩いていて派手につまずいてしまったのを偶然通りすがりの人にみられてしまったとき、自分が動揺したことや取り繕ったことがばれてしまっていると感じた

〈苦手な相手〉
- 嫌いな人に話しかけられたとき、その人のことを嫌だと思っていることが顔に出てばれてしまったのではないかと感じた
- 皆からあまり好かれていない友人に話しかけられたとき、笑おうとしているのに顔が引きつっていて相手に自分が無理していることがばれてしまったかな、と思った
- あまり親しくない人と話さなければならないとき、実は真剣に聞いていなくてごまかしていることが態度や表情から相手にばれてしまったと思った
- 普段から苦手だなと思っている友達と話すとき、苦手意識が表情に出て相手に見透かされてしまったかなと感じた
- 嫌いな人と話しているとき、自分がその人を嫌いだということが表情で悟られてしまったように感じた

図表 18-5　自我漏洩感尺度の項目（佐々木・丹野，2004 より抜粋）

また、妄想に関連して、自己漏洩感（佐々木・丹野, 2004）と呼ばれるものがある。佐々木・丹野は、自己から他者へ「漏れ出ていく」という主題を持つ主観的な体験のことを自我漏洩感と呼んでいる。そして、こうした自我漏洩感は、自己から他者に漏れ出るものが傍らにいる他者に不快を与え、その結果、他者に蔑まれ忌避されると感じるという特徴を併せ持つとされている。

自我漏洩感を測定する尺度には、「苦手な相手」「赤面・動揺」「不潔」「お見通し」「賞賛」という5つの下位尺度が含まれている。実際の項目（図表18-5）をみると、職場でも経験するような状況、すなわち、赤面する状況や苦手な人や嫌いな人と関わるような状況が含まれている。

佐々木らの研究では、健康な人を対象にして調査を行い、健康な人であっても、こうした自我漏洩感を抱く経験が多いことを示している。

18-6　パーソナリティ障害

パーソナリティ障害とは、「その人の置かれた社会・文化のなかで、一個の人格として期待される適切な人間関係が持続的に保てず、社会的機能ないし職業への従事に顕著な制約が長期間続いている社会不適応な行動パターン」とされている（野村ら, 2012）。

アメリカ精神医学会による精神疾患を診断するためのマニュアルであるDSM-IV-TRによると、パーソナリティ障害は図表18-6のような10種類に分けられている。それぞれ対人関係のあり方や感情の持ち方、行動の特徴が異なっている。

例えば、この中の境界性パーソナリティ障害は、さまざまな領域における人格の不安定さと自己の空虚感が目立つ、という特徴を持つという。具体的な特徴としては、挿間的に出現する強い不快感、イライラ、不安などの感情の問題、手首切傷（リストカット）や薬を多量に服用するといった自殺企図、性的逸脱、浪費、過食などの衝動的な行動、他者と適度な距離が取れずに依存的態度を取るなど行動面での問題があげられている（野村ら, 2012）。

こうしたパーソナリティ障害についても一般向けの書籍が出版されるようになってきている（例えば、岡田, 2004）。正しい知識を持った上で、パーソナリ

```
妄想性パーソナリティ障害
統合失調質パーソナリティ障害
統合失調型パーソナリティ障害
反社会性パーソナリティ障害
境界性パーソナリティ障害
演技性パーソナリティ障害
自己愛性パーソナリティ障害
回避性パーソナリティ障害
依存性パーソナリティ障害
強迫性パーソナリティ障害
```

図表18-6　パーソナリティ障害の種類

ティ障害の人の感情の持ち方や行動の特徴を理解し、対応することが求められる。

その他のメンタルヘルスに関わる問題として、最近問題となっているのが、大人の発達障害である。発達障害にもさまざまな種類があるが、広汎性発達障害については、相互的な社会関係とコミュニケーションのパターンにおける質的障害、限局した常同的で反復的な関心と活動の幅によって特徴づけられる一群の障害、と定義されている（ICD-10による）。

発達障害の場合は、対人関係を作ることが難しい、場の空気を読んで適切に対応することが難しい、他人の気持ちを推し量ることが難しいなどの対人関係上の問題がある。そのため、職場での対人関係を円滑に作ったり、スムーズに業務を遂行していく上で支障となったりすることがある。

パーソナリティ障害も発達障害のいずれも、外見など外からはわかりにくい障害である共通点がある。また、対人関係上でトラブルがあった、業務を進める際にミスやトラブルがあったなどの問題が起こった時に、本人の意欲や性格、甘えが原因だと誤解をされやすいという問題もある。適切な対応を取るためのマニュアルや書籍も出ている（備瀬監修，2013；宮岡・内山，2013）。そのため、職場にパーソナリティ障害や発達障害の社員、従業員がいる場合にはこうした書籍や資料を参考にして、適切な対応を考えていく必要があるだろう。

18-7　偏見を持たないことが最大の予防策

　本章では、心の不調に関わる理論、モデルをいくつか紹介し、働く世代に多い精神疾患としてうつ病と統合失調症を紹介した。こうした精神疾患は、決して珍しい病気でもなければ、特殊な環境にある人だけがかかる疾患という訳ではなく、誰でもかかりうる疾患なのである。

　また、自分自身はかからなかったとしても、職場の同僚や顧客で精神疾患にかかっている人、以前にかかったことのある人と接する機会があるかもしれない。あるいは、同僚や部下が精神疾患になって休職し、その復帰をささえる立場として関わることも考えられる。

　現在では、残念ながら依然として精神疾患に対してのさまざまな偏見や差別があり、疾患を持つ人が働きにくい、生活しにくいという現状がある。そのため、精神疾患についての正しい知識を持ち、予防に役立てたり、よりよい関わり方に活かすことが必要である。

　そうしたことに活かすためのさまざまな情報が現在はインターネットで入手することができる。例えば、「こころの耳：働く人のメンタルヘルス・ポータルサイト」という厚生労働省による働く人のためのポータルサイトもある。このサイトでは、当事者だけではなく、周囲の家族、事業者・上司・同僚向け、支援する人々向けの内容がそろっている。こうしたサイトでまず基本的な知識を得ることもよいだろう。

　さらに、当事者の闘病記や体験談も多く出版されるようになってきている（ハウス加賀谷・松本キック『統合失調症がやってきた』、細川貂々『ツレがうつになりまして。』、中村ユキ『わが家の母はビョーキです』『わが家の母はビョーキです2 家族の絆編』など）。これらの書籍には、症状の変遷や当事者の悩みやそれを支える家族など周囲の人々の関わりも描かれている。マンガやエッセイ形式で読みやすくまとめられているので、一読してみると良いだろう。

参考文献

Abramson, L. Y., Seligman, M. E. P., Teasdale, J. D. (1978) Learned helplessness in humans: Critique and reformulation, *Journal of Abnormal Psychology*, 87(1), 49-74.
ハウス加賀谷・松本キック (2013) 統合失調症がやってきた，イースト・プレス．
備瀬哲弘監修 (2013) ちゃんと知りたい 大人の発達障害がわかる本，増補改訂版，洋泉社．
細川貂々 (2006) ツレがうつになりまして。，幻冬舎．
池上知子・遠藤由美 (2008) グラフィック社会心理学，第2版，サイエンス社．
こころの耳：働く人のメンタルヘルス・ポータルサイト http://kokoro.mhlw.go.jp/
厚生労働省 (2014) 平成25年 労働安全衛生調査 (実態調査)．
   http://www.mhlw.go.jp/toukei/list/h25-46-50.html
厚生労働省 みんなのメンタルヘルス総合サイト http://www.mhlw.go.jp/kokoro/index.html
内閣府自殺対策推進室・警察庁生活安全局生活安全企画課 平成25年中における自殺の状況．
   https://www.npa.go.jp/safetylife/seianki/jisatsu/H25/H25_jisatunojoukyou_01.pdf
中村ユキ (2008) わが家の母はビョーキです，サンマーク出版．
中村ユキ (2010) わが家の母はビョーキです2 家族の絆編，サンマーク出版．
野村総一郎・樋口輝彦・尾崎紀夫・朝田隆編 (2012) 標準精神医学 第5版，医学書院．
岡田尊司 (2004) パーソナリティ障害―いかに接し，どう克服するか，PHP研究所．
大野裕 (2003) こころが晴れるノート―うつと不安の認知療法自習帳，創元社．
坂本真士 (1997) 自己注目と抑うつの社会心理学，東京大学出版会．
坂本真士・佐藤健二編 (2004) はじめての臨床社会心理学，有斐閣．
佐々木淳・丹野義彦 (2004) 自我漏洩感状況に対応した測定尺度の作成，精神科診断学，15(1), 25-36.
丹野義彦・坂本真士 (2001) 自分のこころからよむ臨床心理学入門，東京大学出版会．
宮岡等・内山登紀夫 (2013) 大人の発達障害ってそういうことだったのか，医学書院．
Weiner, B. (1979) A theory of motivation for some classroom experiences, *Journal of Educational Psychology*, Vol 71(1), 3-25.
Weiner, B. (1985) An attributional theory of achievement motivation and emotion, *Psychological Review*, 92(4), 548-573.

第19章
ストレスマネジメント

Key words ストレスコーピング　ストレスマネジメント　予防

19-1　ストレスコーピング

　ストレッサーに曝されストレス反応が生じた場合、そのストレッサーやストレス反応に適切に対処することが求められる。こうした対処のことをストレスコーピングと呼び、ストレスコーピングには個人差がある。例えば、ストレス状況下における情動変化（ストレス反応）に対処することを好む者やストレッサーそのものに対処することを好む者などさまざまである。そして、前者のように、情動に対処するストレスコーピングを情動焦点型コーピング、後者のように、ストレッサーに対処するストレスコーピングを問題焦点型コーピングと呼ぶ。例えば、人間関係の問題が原因で気分の落ち込みなどといったストレス反応が生じている時、生じている落ち込みに対処することが情動焦点型コーピング、人間関係を円滑にすることに力を注ぐ対処が問題焦点型コーピングである。

　図表19-1は、ストレスコーピングの具体的方法であり、情動焦点型コーピングを行う際に有効な方法といえる。

　17章では、ストレスの仕組みについて簡単に紹介したが、そこで扱ったストレスのプロセスに係る用語を図表19-2にまとめる。ストレスコーピングやストレスマネジメントを実行する上で、ストレスのプロセスに関する基礎的な理解は欠かすことができず、ストレスコーピングやストレスマネジメントの具体的な方法を修得するための土台として、ストレスの仕組みを十分に理解し説明できる必要がある。

方法	理由
運動する 例）軽く汗をかく有酸素運動 　　好きな運動をする　など	・ストレスにより、交感神経系ホルモン（アドレナリン）が過剰に分泌される。 （過剰な交感神経系ホルモンは筋肉活動で消費可能） ・慢性的なストレスにより、筋緊張が引き起こされ、頭痛や腰痛、疲労を感じる （筋肉運動で筋緊張や筋緊張にともなう状態が緩和）
リラックスする 例）ゆっくり入浴する 　　好きな音楽を聴く 　　自律訓練法 　　ヨーガや禅　など	・ストレスにより、心身の緊張状態が引き起こされる （心理的なリラックス状態は身体的緊張を緩和し、身体的なリラックス状態は心理的緊張を緩和する）
感情を発散する 例）気分転換をする 　　趣味や旅行を楽しむ 　　模様替えをする　など	・同じ生活場面で同じことをしたり、考えたりすることで、感情を溜め込み、慢性的なストレス状態に陥りやすくなる
社会的支持基盤をつくる 例）家族との団欒 　　友人との交流 　　相談する機会を持つ　など	・ストレスを喚起するような問題を抱えた場合、ひとりで抱え考え込むことでより深刻になることがある

図表19-1　具体的なストレスコーピング

ストレッサー	ストレス反応を導く外的・内的な刺激 ストレス反応が生じない場合はストレッサーとは呼ばれず、外的・内的な刺激である
ストレス反応	ストレッサーによって引き起こされる身体・心理的反応
1次的評価	外的・内的な刺激が「自分にとって脅威であるか否か」の評価 脅威でない場合は評価は収束（ストレス反応は生じない）
2次的評価	1次的評価の結果、その刺激が「自分にとって脅威」と評価された場合に発動 その脅威な刺激が「対処（コーピング）可能か否か」の評価 対処可能な場合は評価は収束（ストレス反応は生じない）
コーピング	自身にとって脅威となる外的・内的刺激に対する対処 情動焦点型コーピング（自身の内的状況に対処）や問題焦点型コーピング（ストレッサーに対処）などに分けられる

図表19-2　ストレスのプロセスに係る用語

19-2　ストレスコーピングと心身相関

　図表19-1で紹介した通り、ストレスコーピングの具体的な方法はいくつも存在し、個人によって適用しやすい方法を選択した上で、適宜ストレスコーピングを実施することが望ましい。また、こうしたストレスコーピングの方法は、身体的側面へ働きかけるコーピングと心理的側面へ働きかけるコーピングの2種に分けることができる。例えば、運動することや、ゆっくり入浴するなどといった方法は、身体的側面へ働きかけるコーピングである。一方、趣味や旅行を楽しむことや、友人や家族との時間を楽しむなどといった方法は、心理的側面へ働きかけるコーピングである。

　とくに心身医学の領域でストレスの問題を扱う際、心身相関という概念が重要視されている。心身相関とは、心理的側面の状態と身体的側面の状態とが相関関係にあるという考え方であり、心理的な不調は身体的な不調につながり、身体的な不調は心理的な不調へとつながる（心理的に健康な状態は身体的に健康な状態へとつながり、身体的に健康な状態は心理的に健康な状態へとつながる）といった概念である。

　心身相関の概念から考えると、例えば、心理的な落ち込みや不安を抱えている際、筋弛緩法など、身体的側面に関与するようなリラクセーション法を実施することで、心理的な安定が導かれることとなる。いずれにしても、ストレス反応が生じている状況では、その状況により、その個人が"使いやすい"コーピングの方法を選択することが望ましい。

19-3　身体的リラクセーション

　ここでは、まず身体的なリラクセーション法について紹介する。身体的なリラクセーション法は、主として筋弛緩を促すものが多い。これは、ストレス状況下において心理的緊張が高まることに伴い筋緊張が生じることから、筋緊張から筋弛緩の状態をもたらすことで、心理的緊張の低減を促すことを目的に行われる。ここでは、代表的な筋弛緩法として漸進的筋弛緩法を紹介する。

漸進的筋弛緩法　　漸進的筋弛緩法とは、身体部位を漸進的（順序に則っ

て）にリラックスした状態（筋弛緩状態）へと導く方法である。具体的には、安静の状態で椅子に座り、上半身は"手""手から肘""手から肩"、下半身は"足""足から膝""膝から腰""腰から首（背中）""顔"のような順番で、段階的に力を抜く作業を行う。力を抜く時、一度事前に力を入れる。ここで入れる力は強過ぎず、筋肉に力が入っていると感じることができる程度の力が良い。力が入っている感覚を10秒〜15秒程度感じとることができたら、その力を抜き、フワッと力が抜けていく感覚を10秒〜15秒程度感じとる。その後、まだ残っている力を再度抜き、その力が抜けきる感覚を10秒〜15秒程度感じ取る。一度ではなく二度力を抜くことで、最後まで残っている力（筋緊張）を取り除くことができる。身体的な緊張を解すことができる有効なリラクセーション法である。

19-4 心理的リラクセーション

身体的リラクセーションと同様に、有効なリラクセーション法として、心理的側面のリラックスを促すものがある。心理的側面のリラックスを促す方法は多様であるが、ここでは、マインドフルネスについて紹介する。

マインドフルネス　マインドフルネスは、マインドフルネス瞑想やマインドフルネス認知療法など多様である。ここでは、マインドフルネス認知療法のエッセンスを紹介する。マインドフルネス認知療法を紹介する前提として、ごく簡単に認知療法を紹介する。

認知療法では、スキーマ（誕生してから長い間で形成された個人の考え方）が、考え方の癖を生み、その結果として自動思考（ある状況でフッと浮かぶ個人的な考え）を想定している。そして、その自動思考が否定的な場合、スキーマやスキーマに伴う思考の様式を修正し、自分を苦しめる自動思考をなくすことを目指すものである。具体的には、「自分は周囲から評価される（認められる）人間だ」というスキーマが存在している時、「他人は自分のことを受け入れるべきだ」という"べき思考"が日常的に使用される思考の形態となる。そこで、周囲から認められない経験をする時、その"べき思考"とは矛盾する体験をすることとなり、その結果として、「自分は何て駄目な人間なのだろう」という自動思

コラム11　メンタルヘルス・マネジメント

　メンタルヘルスを保持・増進することや、メンタルヘルスの不調を予防することに対する社会的ニーズは高まりをみせて久しい。こうした中、メンタルヘルスの保持・増進やメンタルヘルスの不調を予防する取り組みを包括してメンタルヘルス・マネジメントと呼ぶ。メンタルヘルス・マネジメントの方法は多様であり、それを適用する個人や組織、環境などにより、オーダーメードの方法を作り上げる必要がある。

　ここでは、ある病院で実践しているメンタルヘルス・マネジメントシステムを紹介する。この病院は200床程度の病院であり、関東近郊に所在している。各種医療従事者が働く中、看護師の離職率の高さが問題となり、その背景には人間関係の問題や職場ストレスの問題が潜在していることから、職員のメンタルヘルスを改善することを目的に、"実態調査"、"スタッフのカウンセリング"、"ラインケアの整備と管理者への評価""管理者研修・スタッフ研修"が、外部の専門家により実施されている。

　例えば、実態調査では、スタッフ全員を対象としたストレスに関する調査や、健康診断と同時に実施するメンタルヘルスに関する調査などが行われている。ここでの各種調査を通し、メンタルヘルスの現状が明確化され、組織として取り組むべき問題が同定され、具体的な支援が実施される。また、こうした調査結果を全スタッフ対象に提示することで啓発が行われている。

　また、スタッフのカウンセリングでは、昼休憩の時間に予約制の相談室が開設され、1ケース30分の相談が無料で実施されている。ここでカウンセリングを担当するカウンセラーは、メンタルヘルス・マネジメントを担当している外部の専門家（臨床心理士）である。相談希望者は、管理者から紹介されて来談するケースと自発的に来談するケースの2種であり、いわゆる心理カウンセリングに留まらず、コンサルテーションが実施されることもある。

　ラインケアの整備と管理者への評価では、主としてラインケアの取り組みと効果について評価が行われるとともに、メンタルヘルスの不調を抱えるスタッフに対する接し方についてアドバイスが行われる。ケースカンファレンス、スーパーバイズに近い形での関わりといえよう。

　そして、管理者研修・スタッフ研修では、ラインケアに関する研修やカウンセリングの方法に関する研修、ストレスマネジメントに関する研修などがそれぞれ実施されている。単発の研修であるものの、研修を担当した外部の専門家は継続してメンタルヘルス・マネジメントを担当しているため、フォローアップやより深化させた研修を展開することが可能である。

　以上、組織におけるメンタルヘルス・マネジメントの一例を紹介したが、これに限

> らず、その組織や個人に合った支援が最も機能するメンタルヘルス・マネジメントといえる。

考が生じる、といった流れが想定される。そこで、認知療法では、考え方の癖を探し出し、その妥当性や有用性を考えながら、より適応的な思考に修正するような関わりが行われる。

こうした中、マインドフルネス認知療法では、とくに自動思考にとらわれることがないよう、一歩離れた場所で、その自動思考あるいは自動思考に伴う感情を観察するといったスキルを身につけることが目標となる。ある自動思考が浮かび、否定的感情が浮かんだ時、客観的に観察することで、その感情に飲み込まれず、適切な態度で自分自身の感情と"つき合う"ことができるように練習するものであり、練習の最中に感情に飲み込まれそうになった場合、身体的リラクセーション法や呼吸法、瞑想法を適用し、客観的な態度を身につけるよう工夫する。

19-5　心身に働きかけるリラクセーション

心理的な安静と筋弛緩の両者を促す有効な方法として、自律訓練法がある。自律訓練法は、Schultzにより考案された、実証的研究も数多く行われている科学的な方法である。ここでは、主に言語暗示によって心理的安定を促すとともに身体的変化（腕や脚の重さや温かさ）を感じ取り、"ゆったりしたリラックス状態"を体験する方法である。

自律訓練法　仰臥（仰向けで横になる姿勢）や椅子にかけた状態でリラックスし、「両腕、両脚が重たい（重感）／暖かい（温感）」や「気持ちが落ち着いている」などといった言語的な暗示文を2～3分程度くりかえし、その変化に気づき、感覚を味わう。暗示文は公式と呼ばれ、第1公式から第6公式、背景公式からなる（図表19-3）。暗示文をくりかえし、その暗示文に沿った心身の変化を感じ取る（例えば、重感の暗示文をくりかえしている場合は、腕の重さを感じ取る）。

第1公式をくりかえす中で、手脚の重さを感じることができたら、第2公式

公式	練習名	暗示文
背景公式		気持ちが落ち着いている
第1公式	重感訓練	右手が重たい、左手が重たい、右脚が重たい、左脚が重たい
第2公式	温感訓練	右手が温かい、左手が温かい、右脚が温かい、左脚が温かい
第3公式	心臓調整練習	心臓が規則正しく打っている
第4公式	呼吸調整練習	とても楽に呼吸をしている
第5公式	腹部温感練習	胃のあたりが温かい
第6公式	額部冷涼感練習	額が涼しい

図表19-3　自律訓練法の暗示文

に移り、第2公式をくりかえす中で、手脚の暖かさを感じることができたら、第3公式に移り、各段階では、背景公式をくりかえしながら進める。

　慣れない間は、暗示文をいくらくりかえしても感覚を感じられないこともあるが、しばらく続け、練習に慣れてくることで、重感や温感などの感覚を感じ取れるようになる。また、暗示文に沿ったさまざまな感覚を感じ取ることができるようになったら、その感覚をじっくり味わう（「手が重く感じるな」「手が暖かいな」などと自然な身体の変化を感じ取る）ことで心身はリラックスした状態となる。禁忌もしくは注意すべき点があるので事前に十分な準備を行うとともに専門家に相談することが望ましい。

　以上で紹介したストレスコーピング法は、ほんの一例であり、その個人に合った方法を適用することが最も効果的である。自分自身にとって一番やりやすく、一番効果が感じられやすいコーピングは何か整理しておくことが、ストレス反応を抑制し、心身の健康度が低下する予防にもなるだろう。

19-6　ストレスマネジメント

　現代社会において、ストレスを低減する試みやストレス予防について関心が高まって久しい。とくに職場ストレスの問題は増加し、平成24年に実施された労働者調査（厚生労働省，2012）の結果では、職場生活において強い不安や悩み、ストレスを感じる事項の第1位は、職場の人間関係であることが示されている（図表19-4）。

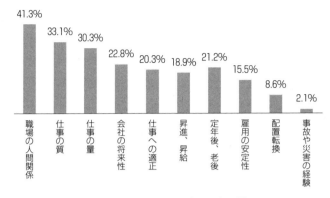

図表19-4 仕事や職業生活に関する強い不安、悩み、ストレスの有無及び内容別労働者割合（平成24年調査）

　こうした結果をみると、職場における人間関係の問題（環境の問題）をマネジメントすること（人間関係の問題がストレッサーであるとするなら、ここでのマネジメントは問題焦点型コーピングに相当する）、また人間関係の問題に起因する心理的な変化をマネジメントすること（ここでのマネジメントは情動焦点型コーピングに相当する）が必要不可欠であるといえる。ここでは、とくに職場におけるストレスマネジメントを取り上げる。ストレスマネジメントとは、各種ストレスに関する理論やストレスコーピング法を駆使し、ストレスの問題を包括的にマネジメント（管理や支援など）することといえる。

　とくに職場という環境において、例えば、人間関係を調整することや組織の仕組みを変えることを目指した場合、労働者がひとりで取り組むだけではうまくいかないことも多く、組織の課題として組織全体で関わることが求められる。一方、労働者個人の心身の変化に関わりを持つ場合、組織全体の関わりというよりも、個人の取り組みやその個人と密接に関連する社会（他者）からの支援が求められる。したがって、職場においてストレスマネジメントを実践する際、マクロな視点とミクロな視点の両者を持ち、ストレスマネジメントの目的に合った方法を上手に選択する必要がある。

19-7　ラインケアとセルフケア

　職場におけるストレスマネジメントは、まさに労働者の支援である。労働者を支援する際、ラインケアとセルフケアという2系統がある。ラインケアは職場の上長から部下へ"ライン"でケアすることを指し、セルフケアは労働者自身が自らストレスマネジメントの方法を行使し、ストレス反応を低減させることや、ストレス状況下での過度のストレス反応の出現を予防することを指す。

19-7-1　ラインケア

　ラインケアは、職場の上長（上司）や管理監督者が、ストレスの仕組みや心理的な不調、精神疾患などについて十分に理解することから始まる。ラインケアを行う当事者が、仮にこれまで多くのストレス状況下に立たされた経験があり、幾度となく直面した課題を自らの力で全ての困難を乗り越えてきたと自負していたとすると、ストレスの仕組みは理解できたとしても、部下の心理的な不調や精神疾患などについて「なまけなのではないか！」と感じてしまうなど、本質的な理解を得ることが難しい場合がある（コラム3参照）。したがって、ここで、ストレスの仕組みや心理的な不調、精神疾患などについて"本質的理解"を求めるために、十分な心理教育的な取り組み（例えば、管理者研修においてストレス関連疾患の状況を説明し理解を求める）も欠かすことができない。

　基本的であり本質的であるともいえる理解を得た上で、ラインケアの実践が始まる。実践といっても、過剰かつ不自然に支援を実施するという訳ではなく、ごく自然に支援を遂行する。具体的には、部下の行動的・心理的特徴を観察し、いつもと異なるような"違い（部下の不調など）"が生じているか否かを確かめるといったことである。いつもとの"違い"を自覚するためには、部下の普段の様子を知る必要がある。したがって、ラインケアの第一歩であるいつもとの"違い"をみつけるためには、日々、他者に関心を持つ姿勢が求められる。そして、いつもとの"違い"が発見できた場合、適切な支援リソース（例えば、産業保健スタッフや産業医など）を提供することが求められる。一方、適切な支援リソースを用いることと同様に、職場の上長として部下の悩みや困難に耳を

1．準備と意識づけ	メンタルヘルスやストレスに関する情報提示（問題意識の啓発）	広報活動
2．問題の抽出	メンタルヘルスケアに対するニーズ、その職場の問題を抽出	調査
3．方法論の提示	具体的なケアの手段を提示、理解の促進	研修など
4．方法論の体験	具体的なケアの手段を疑似的に体験、利用できる状態へ	
5．日常への適用と評価	体験した手段を適宜、個人で利用、効果の評価	フォローアップ

図表19-5　ストレスマネジメント研修の流れ（山蔦・杉山, 2011 より転載）

傾けることも十分な支援リソースとなる。したがって、ラインの上流にいる上司と支援スタッフが協働しながら、ストレス反応を呈する労働者を支援する一連のプロセスがラインケアといえる。

　加えて、休職に追い込まれた労働者がいる場合、復職支援もラインケアの重要な任務となる。詳しくは他書に譲るが、休職・復職に割かれるエネルギーは多大である。これは、休職・復職を経験している当事者もそうであるが、それを支援する者に留まらず職場全体にも大きなエネルギーが求められる。ラインケアを行う時、職場の上長の理解と具体的方法の習得は欠かすことはできないが、一方で、職場全体の理解と協力も必要不可欠である。

　ラインケアの重要な役割のひとつに"啓発活動"がある。例えば、社員研修という機会を設け、ストレスの仕組みやストレス反応の弊害などの情報を提供し、ストレス反応が生じることは決して"他人事"ではないことを伝え、ストレスマネジメントへのモチベーションを高めることで、日常生活で遭遇する実際のストレスに上手に対処できる可能性も広がる。図表19-5はラインケアの一環としてストレスマネジメント研修を導入する際の手順例である。このほか、例えば健康教育領域における各種教育のストラテジーは、ストレスマネジメントを促進する際に用いることが可能である。また、図表19-5の3および4で体験した実際のストレスコーピング方法を日常的に用いるケアがセルフケアということになる。

19-7-2　セルフケア

　セルフケアとは、自分自身で実践するストレスマネジメントである。セルフケアを実践する時、ラインケアと同様にストレスの仕組みやストレス反応をはじめとした心身の不調について十分に理解をする必要がある。
　セルフケアは、職場の労働者（管理監督者などを含めた全ての労働者）をはじめ、労働者以外のストレスを抱える人々が実践することが望まれるケアである。労働者以外のセルフケアを紹介すると、例えば、児童・生徒に対するストレスマネジメントの取り組みや大学生を対象としたストレスマネジメントを目標とした心理教育的支援、高齢者のストレスマネジメントなどがあげられる。さまざまな研究領域で、数多くのストレスマネジメント法が提唱されており、介入効果も実証されている方法も多数存在する。
　セルフケアで使用される方法は、前述したストレスコーピング法であり、個人のストレスマネジメントを促進する上で、ストレスコーピング法を正しく伝え、個人のストレス反応に適用することができるよう、事前の教育も必要不可欠である。

19-8　ソーシャルサポート

　ソーシャルサポートとは、社会的な支援を指す。ストレス状況下において、ストレス反応を対処し、健康度を保つために、ソーシャルサポートは鍵概念となる。具体的なストレスコーピング（図表19-1）として"社会的支持基盤をつくる"をあげているが、これは、社会的支持基盤を作ることで、他者からのサポートを得ることがストレスコーピングにつながることを意味している。
　ソーシャルサポートには、いくつかの種類があり、これは、情緒的サポート、道具的サポート、情報的サポート、評価的サポートなどである。情緒的サポートとは、例えば、悩みを抱えている場合、話し相手になることなどであり、道具的サポートとは、お腹が空いている場合、食べ物を差し出すなどといったサポートである。また、情報的サポートとは、道に迷っている場合、道順を知らせるなどといったことであり、評価的サポートとは、ポジティブなフィードバ

ックを与えるなどといったことである。いずれのサポートも、サポートを受ける側が本当に必要としていることを適切なチャネルを使って提供することが求められる。

　ストレスマネジメントを実践する際、ラインケアでもセルフケアでも、当事者のモチベーションを高めることが必須の条件となる。とくに職場におけるマネジメントやケアを実施する際、研修の機会にその重要性を周知し、その一回限りで終わることなく、継続した支援を行うことも課題である。

参考文献

ジョン・カバット・ジン（春木豊訳）(2007) マインドフルネスストレス低減法，北大路書房.
厚生労働省 (2012) 平成24年度　労働者健康状況調査
　http://www.mhlw.go.jp/toukei/list/h24-46-50.html
F. マクナブ（祐宗省三監訳）(1991) ストレス・マネジメント，北大路書房.
チャンドラ・パテル（竹中晃二監訳）ガイドブックストレスマネジメント―原因と結果，その対処法―.
M. G. ウィリアムズ & J. D. ティーズデール（越川房子監訳）(2007) マインドフルネス認知療法　うつを予防する新しいアプローチ，北大路書房.
山蔦圭輔・杉山崇編著 (2011) カウンセリングと援助の実際，北樹出版.

おわりに

　編者（杉山）は心理学ほど、遠目にみていると面白そうなのに近づくと実はつまらない学問はないのではないか、と思っています。
　もう少し正確にいえば、心理学はもっとうまく使っていただけたら、もっともっとみなさんのお役に立てるのですが、心理学者や大学の先生たちはこのことにあまり興味を示しませんでした。
　この本はそのような心理学からの脱却を目指して書かれています。みなさんはお読みになっていかがだったでしょうか。
　日本の心理学は"輸入"と"翻訳"なので日本人には直観的にわかりにくい心理学でした。さらに、日本の心理学界には「心理学を使ってもらおう」という意識が世界的にみても低い状況が続いています。このような本を読むみなさんの知りたいことや関心に目を向けるよりも、自分たちが「心理学を作っている研究活動」を知ってもらおう、興味を持ってもらおうという態度が強かったと思います。
　研究活動はスマホや加工食品にたとえると生産ラインに当たります。みなさんはスマホを使ったり食品を食べたりには関心があると思いますが、その生産ラインはどうでもいいですよね。これまでの心理学は生産ラインをみせようとする傾向がありました。これはこれで面白くもありますが、「じゃあ、どう使えるの？」という問いかけに答えることがどこまで意識されていたかは疑問です。
　これからは「使っていただける心理学」や「使いやすい心理学」をみなさんにお届けする心理学者が増えることでしょう。すでに米国ではこのような流れができており、日本も少しずつですがみなさんにお届けする仕組みができつつあります。
　どうぞ、心理学を楽しんで、使ってください。そして、みなさんの生産性と幸福感を高めてください。そして、もし「心理学はいいものだ」と思っていただけたなら、心理学の生産ライン、つまり私たちの研究活動を応援してやってください。
　では、みなさん、心理学で生産的で幸せな毎日を !!

杉　山　　崇

入門！産業社会心理学――仕事も人間関係もうまくいく心理マネジメントの秘訣

2015年5月11日　初版第1刷発行

編著者　杉山　崇

発行者　木村　哲也

定価はカバーに表示　　印刷　新灯印刷／製本　川島印刷

発行所　株式会社　北樹出版

〒153-0061　東京都目黒区中目黒1-2-6
URL : http://www.hokuju.jp
電話(03)3715-1525(代表)　FAX(03)5720-1488

Ⓒ Takashi Sugiyama 2015, Printed in Japan　ISBN 978-4-7793-0455-2
（落丁・乱丁の場合はお取り替えします）